Hannes Sieberer (Hrsg.)

Als Agent hinterm Eisernen Vorhang

Fünf West-Spione über ihre DDR-Erfahrungen

edition ost

Das Buch

In diesem Buch berichten fünf Männer, die im Auftrag westlicher Nachrichtendienste in die DDR reisten. Sie sollten dort spionieren oder als Fluchthelfer aktiv werden. Die einen handelten aus Überzeugung, die anderen wegen der in Aussicht gestellten Summe. Freunde der DDR waren sie alle nicht. Aus Sicht der DDR handelte es sich aber ausnahmslos um Feinde. Sie wurden von der Spionageabwehr entdeckt und verhaftet. Keiner von ihnen saß die hohe Strafe ab, zu der er verurteilt worden war. Jeder wurde ausgetauscht oder »freigekauft« – so lief das im Kalten Krieg der Systeme.

Erstmals berichten sie hier über ihre Motive, ihre geheimdienstliche Tätigkeit, über die Behandlung während ihrer Haft in der DDR. Jeder hat seine eigene Sicht auf diese Zeit. Und während die einen vom größten Fehler ihres Lebens schreiben, erklären andere, daß sie unverändert stolz darauf sind, was sie taten. Nebenbei aber machen sie, bei allen Ressentiments, überzeugend deutlich, daß sie fair und korrekt behandelt worden sind.

Der Herausgeber

Hannes Sieberer stammt aus Schwaz in Tirol. Zur Blütezeit des Silber- und Kupferbergbaus im 15. und 16. Jahrhundert war Schwaz mit 20.000 Einwohnern (heute etwa 12.000) die größte Bergbaumetropole Europas und nach Wien die zweitgrößte Ortschaft im Habsburger Reich.

Sieberer wurde als Oberschüler von der CIA angeworben und arbeitete von 1976 bis zu seiner Verhaftung 1982 als »Kurt Klepp« für die Amerikaner.

In der DDR wurde er wegen Spionage im besonders schweren Falle zu 15 Jahren Haft verurteilt; Austausch auf der Glienicker Brücke 1985.

Studium der Politikwissenschaften, 1990 Promotion zum Dr. phil. an der Universität Innsbruck (Dissertation zum Thema »Nachrichtendienste in den internationalen Beziehungen«).

Dr. Hannes Sieberer publizierte 2005 seine Erfahrungen aus der Zeit des Kalten Krieges in »Verheizt und vergessen. Ein US-Agent und die DDR-Spionageabwehr«.

Er ist verheiratet und lebt in Schwaz in Österreich.

Inhalt

In Zeiten von Lügen und Täuschung
ist das Aussprechen der Wahrheit fast ein revolutionärer Akt.

Hannes Sieberer

Vorwort

Bis 1990 sprach man von einer bipolaren Welt. Der eine Pol befand sich im Weißen Haus, der andere im Kreml. Die beiden Großmächte hatten eine Anzahl von Verbündeten um sich geschart, die sie zur Durchsetzung ihrer nationalen Interessen benötigten, welche jedoch als die kollektiven einer sogenannten Wertegemeinschaft ausgegeben wurden.

Daß nationale Großmachtinteressen vor Gemeinschaftsinteressen rangierten (und rangieren), läßt sich an vielen Vorgängen beweisen. Nicht erst 1990, als beispielsweise die Sowjetunion unter Bruch aller bilateralen Verträge ihren Verbündeten DDR fallen ließ in der Hoffnung, dadurch die eigene Existenz zu retten. Die USA handelten nie anders. Erinnert sei nur an den Deutschlandplan der SPD vom 18. März 1959, der eine mögliche Wiedervereinigung der beiden deutschen Staaten zum Ziel hatte – was durchaus im Interesse der geteilten Nation und des Kontinents gewesen wäre. Da jedoch das Konzept auf eine entmilitarisierte und atomwaffenfreie »Entspannungszone« in Mitteleuropa orientierte, verschwand es auf Druck der USA binnen weniger Monate im Archiv. Der Plan kollidierte nämlich mit der von Washington seit 1945 verfolgten Europa-Strategie. Diese kannte nur zwei Ziele. Zum einen wollten sich die USA in der Alten Welt dauerhaft einrichten und erfolgreich behaupten, zum anderen sollten die Sowjets für immer aus Zentraleuropa herausgedrängt werden. Eine deutsche Konföderation unter den formulierten Bedingungen war für die Großmacht jenseits des Atlantik folglich inakzeptabel. 1990 jedoch, als erstens die Präsenz der USA in Europa nicht mehr zur Disposition stand und zweitens – Dank Gorbatschow – der vollständige Rückzug der Russen aus Zentraleuropa beschlossene Sache war, stimmte Washington einer deutschen Vereinigung zu. Die Nachkriegsstrategie der USA war erfolgreich aufgegangen.

Bis dahin jedoch sorgten beide Großmächte, als es sie noch gab, für die Aufrechterhaltung des Status quo in Europa.

Was beide Super- und Führungsmächte nicht davon abhielt, die Grenzen der anderen Seite in einem kalten Krieg auszutesten, nach deren Schwachstellen zu forschen und Möglichkeiten zu suchen, das Gleichgewicht der Kräfte aus der Balance zu bringen. Angesichts des atomaren Patts war man sich in Washington und in Moskau bewußt: Wer als erster schösse, stürbe als zweiter. Nur wenn ein Gegenschlag ausbliebe, weil der Erst- auch ein finaler Enthauptungsschlag war, hätte ein militärischer Konflikt siegreich für die eine Seite sein können.

Um das herauszubekommen, setzten beide Blöcke ganze Armeen von Agenten in Bewegung. Und besonders viele waren an der Frontlinie der von den USA und der UdSSR geführten Paktsysteme, von NATO und Warschauer Vertrag, im Einsatz. In den beiden deutschen Staaten standen nicht nur die meisten Soldaten und Atomwaffen auf dem Kontinent, sondern auch die meisten Spione. Berlin, die geteilte Stadt, wies weltweit die vermutlich höchste Dichte an Nachrichtendienstlern auf. Das Ministerium für Staatssicherheit der DDR in Ostberlin war auf diesem Feld nur eine von sehr vielen vergleichbaren Institutionen, was heute offenkundig aus dem Blick geraten ist.

Und wie jeder andere Staat der Welt auch, verfolgte die DDR ihre Interessen. Zu diesen gehört es, sich vor nachrichtendienstlichen Angriffen zu schützen. In der Bundesrepublik Deutschland besorgten das Verfassungsschutz und Militärischer Abschirmdienst, in der DDR seit den 50er Jahren die Spionageabwehr des MfS. Diese kooperierte zwar mit »verbündeten« Diensten, aber in alle ihre Karten ließ sie diese auch nicht schauen. Dem MfS, darin unterschied es sich kaum von anderen Diensten, stand das nationale Hemd näher als der internationale Rock. Das räumt auch Armeegeneral Wladimir Krjutschkow ein. In seinem Vorwort der 2006 in Rußland erschienenen Erinnerungen Werner Großmanns – Mielkes Stellvertreter seit 1986 und letzter Chef der Hauptverwaltung Aufklärung – schreibt der einstige KGB-Chef: »Werner Großmann war ein wahrer Freund der Sowjetunion, aber vor allem war er ein deutscher Patriot.«

In diesem einen Satz werden der Kontext sichtbar, in welchem die Spionageabwehr der DDR handelte, und deren Intentionen. Primär ging es um nationale Interessen, um den Schutz des eigenen Staates. Und daß dieser real bedroht war, macht auch das vorliegende Buch deutlich. Oder wie Markus Wolf (1923-2006) auf einer internationalen Konferenz im Mai 2005 bekundete: »Wir haben ja nicht gegen Feindbilder operiert. Wir hatten wirkliche Feinde.«

Bislang publizierte die *edition ost* vornehmlich Beiträge aus der Perspektive der Verteidiger. Beteiligte und Betroffene schilderten ihre Erfahrungen bei der Abwehr geheimdienstlicher Angriffe auf die DDR. Erstmals wird nunmehr die Perspektive gewechselt. Im vorliegenden Buch berichten Menschen, die – als Überzeugungstäter oder für Geld – gegen die DDR gearbeitet haben. Sie glaubten, auf diese Weise etwas Nützliches für Demokratie und Freiheit zu leisten.

Nun wissen wir, daß Begriffe wie Demokratie und Freiheit sehr unterschiedlich interpretiert werden und in verschiedenen Teilen der Welt darunter auch Unterschiedliches verstanden wird. Bei manchem Menschen ist der Wunsch nach etwas Eßbarem weitaus größer als der nach Demokratie: davon wird er nämlich nicht satt. Erst wenn die existentiellen Dinge des Daseins geklärt sind, kann man sich auch damit befassen. Und stets lautet dann die Frage: Demokratie für wen, Freiheit für wen?

Winston Churchill, sich der Defizite der westlichen Demokratie durchaus bewußt, relativierte diese mit der gewiß zutreffenden Bemerkung »Die Demokratie ist die schlechteste Staatsform, ausgenommen alle anderen.« Doch auch der kluge britische Premier verließ mit dieser Auffassung nicht den Londoner Feldherrnhügel. Und das scheint wohl die Crux der meisten westlichen Demokraten, insbesondere der in Washington regierenden, zu sein: Sie sind davon überzeugt, daß ihre »Staatsform« allen anderen überlegen ist, und darum müßte der Rest der Welt, wenn er denn selig werden will, nach diesem Muster leben. Sofern Herrscher etwa in »Schurkenstaaten« dies nicht von allein begreifen, wird eben nachgeholfen. Indem man sie durch einen Staatsstreich oder durch eine »Revolution« beseitigt, oder notfalls das Land militärisch besetzt.

Bekanntlich leisten die Geheimdienste ihren Beitrag an dieser Art der Demokratisierung in Gegenwart wie Geschichte.

In diesem Buch aber soll es weniger um Demokratie und Freiheit gehen, und was der eine oder der andere darunter verstand oder versteht. Hier werden vor allem die Fragen beantwortet, warum sich unbescholtene, gutgläubige Bürger in die Abhängigkeit von Nachrichtendiensten begaben, was sie mit diesen erlebten und welche Konsequenzen diese Verbindung für ihr weiteres Leben hatte. Da reicht das Spektrum von ungebrochenem Stolz bis zu fortdauernder Enttäuschung.

Ganz nebenbei erfährt man auch einiges über die Behandlung der Westspione durch die Ostorgane. Ehrlich, sachlich und zu großen Teilen frei von ideologisch motivierten Vorurteilen berichten die Autoren über Verhaftung und Verhöre, über den Gefängnisaufenthalt und die Kameradschaft im Knast. Sie enttäuschen vermutlich mit ihrer Darstellung all jene, die die seit Jahren umlaufenden Klischees und Stereotype inzwischen für die DDR-Realität halten. So war sie nämlich nicht. Selbst eingedenk der Tatsache, daß nirgendwo auf der Welt Gefängnisse zu den angenehmen Seiten des Daseins zählen, und auch Strafanstalten in der DDR waren keine Erholungsheime, gebieten es Fairness wie Wahrhaftigkeit, sich an die Tatsachen zu halten. Die Autoren widerstanden erfolgreich der weitverbreiteten Neigung, persönliche Erlebnisse und Wertungen opportunistisch der vorherrschenden Meinung anzupassen. Das macht ihre Berichte in der Auseinandersetzung mit der Vergangenheit wichtig. Es handelt sich um unabhängige Zeugen, die vom Verdacht freizustellen sind, sie steckten mit der »Stasi« unter einer Decke.

Zugleich offenbaren sie auch das Dilemma, in welchem sich gegenwärtig jene Welt befindet, aus der sie kamen, und deren Charakter inzwischen global geworden ist. Solange der Westen seinen Widerpart im Osten besaß und diesen als Herausforderung verstand, hatte er eine Aufgabe. Nunmehr übriggeblieben erleidet der Westen das Schicksal jeder Bewegung, die einen Sieg erstritten hat. Denn jetzt geht es nicht mehr darum zu demonstrieren, *wogegen* man ist, womit man einst Menschen und Kräfte unter der eigenen Fahne versammelte, sondern *wofür* man steht. Wenn sich die Energie nur aus der Auseinandersetzung speist und nun, aufgrund des Wegfalls dieses Konfliktes und dem Ende der Bipolarität, man auf sich selbst zurückgeworfen ist, zeigen sich die Grenzen der eigenen Ideen.

Der Missionierungseifer wächst offenkundig in dem Maße, wie sich die Überzeugungskraft verliert. Man setzt nicht mehr auf die Kraft der Argumente, sondern auf die der Propaganda. Es geht nicht um Wahrheit, sondern um Rechthaberei, nicht um Vermittlung von Fakten, sondern um Indoktrination. Die Auseinandersetzung mit der Vergangenheit war nie so ideologisiert wie gegenwärtig. Die grobschlächtigen Deutungsmuster aus der Hochzeit des kalten Krieges sind zurückgekehrt. Nicht grundlos überschreibt Herausgeber Dr. Hannes Sieberer seinen Beitrag am Ende des Buches mit »Wortmalerei in Schwarzweiß hat wieder Konjunktur«. Aus der Ferne – Sieberer lebt in der neutralen Alpenrepublik – nimmt man offenkundig bestimmte Entwicklungen und Veränderungen besonders aufmerksam wahr. Das ist auch der Auslöser für dieses Buch gewesen – ein Versuch, aus diesem simplen Gut-Böse-Raster auszubrechen.

Natürlich sind sich Herausgeber, Autoren und Verlag einig, daß auch ihre Ansichten letztlich subjektiver Natur sind. Diese haben die Eigenschaft, anfechtbar zu sein, weil andere andere subjektive Erfahrungen gemacht haben und darum zum gleichen Gegenstand Abweichendes berichten. Sie können ebenso recht haben – wie sie sich auch irren können. Doch wie man deren Meinung zuläßt und zur Kenntnis nimmt, sollte man auch mit den hier publizierten Mitteilungen verfahren.

Auch sie gehören mit »zur Wahrheit«.

Der Verlag,
Winter 2008

Darauf bin ich noch immer ein wenig stolz

Von Eberhard Fätkenheuer

Eberhard Fätkenheuer, geboren 1944, arbeitete als Ingenieur für Kraftfahrzeuginstandhaltung in der DDR-Hauptstadt und seit 1975 für den US-Geheimdienst Military Intelligence.
Er wurde am 28. Juni 1979 in Magdeburg festgenommen und vom Militärobergericht Berlin zu 13 Jahre Haft verurteilt, von denen er sechs Jahre absaß. Er wurde am 11. Juni 1985 auf der Glienicker Brücke ausgetauscht.
Eberhard Fätkenheuer lebt in Berlin und ist als Fahrerlaubnisprüfer bei DEKRA tätig.

Aufgewachsen bin ich in Oranienburg, das nördlich von Berlin liegt, und dort in jenem Stadtteil, das einem Konzentrationslager seinen Namen gab: Sachsenhausen. Mein Vater, 1971 verstorben, war Lehrer von Beruf. Eine Zeitlang war er auch Direktor einer Schule für Bibliothekare.

Wenn ich mit dem Kopf durch die Wand wollte oder in der Schule bei politischen Fragen aneckte, meinte er: »Halt den Mund, Junge, und tu, was man von dir will.« Wiederholt machte er mir den Vorwurf, daß ich die Folgen nicht absehen könnte. Heute muß ich sagen, daß mein Vater durchaus klug, und sein Hinweis berechtigt war. Doch was kümmert das einen jungen Menschen, der wild und unangepaßt leben wollte. Und letztlich war er, als er sich in meinem Alter befand, nicht anders. Besonnenheit und Weisheit kommen offenbar erst mit den Jahren.

Vater war Mitglied der NSDAP und während des Krieges Leutnant bei der Luftwaffe. Diese Hypothek zwang ihn gleichsam nach Kriegsende in die SPD. Er gab dieser Nötigung nach, weil das der Preis dafür war, wieder unterrichten zu dürfen.

Nach Jahresfrist fand er sich in der Sozialistischen Einheitspartei Deutschlands wieder, jenem Zusammenschluß von KPD und SPD in der Sowjetischen Besatzungszone. Die Spuren blieben für immer. Auf dem Totenbett forderte er mir das Versprechen ab: »Trete niemals in eine Partei ein.« Dieses Versprechen habe ich gehalten und werde es auch nie brechen.

Mein Vater war als Kirchenältester in der evangelischen Gemeinde stark engagiert und hielt mich zum regelmäßigen Kirchgang an. An die gemeinsam besuchten Gottesdienste in Sachsenhausen erinnere ich mich noch sehr gern. Meine Mutter lernte Zuschneiderin, arbeitete aber nur kurze Zeit in diesem Beruf. Die Ehe der Eltern war nicht frei von Spannungen. Mutter reagierte oft sehr impulsiv, war unangepaßt, was meinem stets um Ausgleich bemühten Vater offenkundig mißfiel. Es gab zu Hause wiederholt Auseinandersetzungen.

1950 wurde ich in Sachsenhausen eingeschult. Ich entsinne mich einer Begebenheit in der 5. Klasse. Ich wurde vom Direktor ermahnt, nicht mit dem Stuhl zu kippeln – ich würde das Schuleigentum zerstören. Am nächsten Tag brachte ich von zu Hause einen weißen Küchenstuhl mit, der sehr stabil gebaut war. Fortan saß ich auf diesem Stuhl. Als ich die Grundschule verließ, stand dieser Stuhl noch immer im Klassenzimmer …

Mit 10 Jahren nahm ich erstmals an einem Ferienlager teil. Dort verletzte sich ein Mädchen an der Augenbraue, und ich versorgte die Wunde mit einem blutstillenden Pulver, das Jahre zuvor mein älterer Bruder in einem Bombentrichter gefunden hatte, in welchem die Russen Medizinbestände der Wehrmacht entsorgt hatten. Obwohl das Mittel half, gab es großen Ärger. Ich hätte eigenmächtig gehandelt, lautete der Vorwurf. Zur Strafe wurde ich nach Hause geschickt.

In der 11. Klasse, ich besuchte bereits die Erweiterte Oberschule, fuhren wir mit der Klasse nach Thüringen. Ich verabredete mich mit einem einheimischen Mädchen, das ich im Vorjahr kennengelernt hatte. Im entscheidenden Moment klopfte es an der Tür. »Eberhard, komm sofort raus!« Es war Biologielehrer Haschke, den ich eigentlich sehr mochte, denn Biologie war mein Lieblingsfach. Zuerst habe ich alles geleugnet. Doch offenkundig hatten er und ein zweiter Lehrer uns gesehen, wie wir im Zimmer verschwunden waren. Auch diesmal durfte ich anderentags meine Koffer packen. Es sollte nicht das letzte Mal sein, daß ich vor der Zeit meine Zelte abbrechen mußte. Im Jahr darauf wurden wir, wie damals in der DDR üblich, zum Kartoffellesen aufs Land geschickt. Dazu hatte ich wenig Lust, überdies mokierte ich mich über die mickrige Bezahlung; ich glaube, pro Korb gab es einen Groschen. Ich hatte mich beim Schuldirektor zu melden und mußte beim Renovieren von Klassenräumen helfen.

1963 begann ich eine Berufsausbildung als Kraftfahrzeugschlosser und beendete nach zwei Jahren die Lehre. In dieser Zeit holte ich meine 12. Klasse an der Volkshochschule Berlin-Pankow nach und bestand als Klassenbester die Reifeprüfung. Ich wohnte damals zur Untermiete bei einer alten Dame. Meine Tage bestanden aus Arbeit, Lernen und Schlaf. Essen gab es in der Ausbildungsstätte. Ich leistete mir immer zwei Mittagsportionen für etwa eine Mark und aß das Gleiche dann noch einmal abends. Am Wochenende fuhr ich zu meinen Eltern nach Sachsenhausen.

Noch vor dem Ende der Lehre schrieb ich mich zum Studium an der Humboldt-Universität ein. Ich wollte Lehrer für Mathematik und Physik werden. Ganz leicht fiel mir das Studium nicht. Doch ich war recht fleißig und büffelte oft mit zwei anderen Kommilitonen. Meine Noten waren durchaus passabel. Leider zerplatzte mein Traum, wie mein Vater Lehrer zu werden, noch bevor er begonnen hatte.

Zu Beginn des Wintersemesters 1965/66 gab es den obligatorischen Kartoffeleinsatz. Unsere Seminargruppe wurde in die LPG Steinmocker, einem Ort in der Nähe von Anklam, geschickt. Fern der Uni und ohne Betreuer fühlten wir uns frei und ungezwungen. Wir diskutierten heiß und hielten feurige Reden, Alkohol war auch im Spiel. Wir grölten auch Lieder wie dieses: »Nieder mit der Mauer, nieder mit der Mauer auf dem Friedhofsplatz, denn sie kommt, ja sie kommt, die Revolution. Raus mit den Panzern, raus mit den Panzern aus dem Spielzeugland, denn sie kommt, ja sie kommt, die Revolution.«

Am 19. September 1965 wurde in der Bundesrepublik binnen weniger Tage ein neuer Bundestag gewählt. Während wir die Kartoffeln ausbuddelten, alberte ich mit einem Kommilitonen herum. »Ich glaube, die CDU wird wieder gewinnen.«

»Nein, die SPD.«

»Wollen wir wetten?«, hielt ich dagegen. »Ich setze fünf Mark, daß die Union es macht.« Und setzte noch einen drauf: »Jeder kommt aus seinem Elend raus. Wählt Franz-Josef Strauß!«

Etwas Böses habe ich mir dabei nicht gedacht, sondern es sollte nur ein Scherz sein, um meine Wette zu bekräftigen. Außerdem lag mir noch eine Erinnerung im Magen: Als ich die 9. Klasse besuchte, fanden Volkskammerwahlen statt. Man spannte uns Schüler ein, damit das Wahlresultat von knapp 100 Prozent erreicht wurde. Am Wahlsonntag fuhr man uns mit einem LKW auf die umliegenden Dörfer. Immer wenn das Fahrzeug stoppte, riefen wir auf Kommando im Chor: »Wart ihr immer noch nicht wählen, euch soll das Gewissen quälen!« Das fand ich schon damals albern und peinlich zugleich.

Ein paar Tage später besuchten wir eine Filmvorführung im Kulturraum der LPG Steinmocker. Vor dem Spielfilm lief wie immer der »Augenzeuge«. In einem Beitrag war Strauß, seit der *Spiegel*-Affäre 1962 ohne Ministeramt, zu sehen. Da ließ ich noch einmal meinen Spruch los.

Ein inoffizieller Mitarbeiter, ein IM, aus der LPG-Leitung hat mich daraufhin denunziert. Zwei Tage später wurde ich abgeholt und zur Kreisdienststelle Anklam des MfS gebracht. Der Vernehmer wollte von mir wissen, mit welchen Organisationen ich zusammenarbeitete, welcher Gruppierung ich angehörte, ob es Hintermänner gäbe und ähnlichen abstrusen Unsinn. Nach 24 Stunden ließ man mich wieder laufen.

Aus meinen Akten ist ersichtlich, daß noch ein zweiter Student vernommmen worden war. Gegen mich war ein Ermittlungsverfahren eingeleitet worden. Das merkte ich auch so: Daheim in Sachsenhausen wurde ich von zwei Herren mit einem 311er Wartburg abgeholt. Ich nahm im Fond Platz und bemerkte, daß die Türgriffe entfernt waren. Offenkundig wollte man verhindern, daß ich selbständig ausstieg. Das Fahrzeug hielt in der Keibelstraße unweit des Alexanderplatzes. In dem gewaltigen Backsteinbau befand sich das Polizeipräsidium und eine U-Haftanstalt. Untermieter war offenbar auch das MfS.

Das zweite und das dritte Mal brachte man mich nach Pankow in die Kissingenstraße.

Jedesmal ging es um vermeintliche Hintermänner.

- 24 -

91

Die Mehrzahl der Angehörigen dieser Seminargruppe steht unter dem Einfluß der Hetzsendungen westlicher Fernseh- und Rundfunkstationen. Es gibt solche Erscheinungen, daß Studenten, die Sendungen des Westfernsehens nicht gesehen haben, von anderen Studenten als nicht hinreichend objektiv informiert betrachtet werden. Während der Seminare zum gesellschaftswissenschaftlichen Unterricht kam es häufig zu Provokationen seitens der Studenten [redacted], [redacted] und [redacted], welche durch sog. Anfragen an die Dozenten die in den Hetzsendungen westlicher Fernseh- und Rundfunkstationen enthaltenen Auffassungen zu bestimmten aktuellen Tagesfragen verbreiten.
So wurden von dem Studenten [redacted] vorwiegend in den Pausen die Aggressionshandlungen der USA in Vietnam, dem Kongo und der Dominikanischen Republik begrüßt, wobei er erklärte, daß es notwendig sei, daß die Amerikaner dort Ruhe und Ordnung schaffen. Auch kam es vor, daß Prag als die Hauptstadt des Protektorats bezeichnet wurde.
Die offen vorgebrachten feindlichen Argumente wurden von den anderen Studenten widerspruchslos hingenommen, ohne daß es hierüber die geringsten Auseinandersetzungen gab.
Obwohl bei weitem nicht alle Studenten derartige Auffassungen teilen, wagen es selbst die positiv eingestellten Studenten, insbesondere die weiblichen Studenten, nicht, ihre Meinung zu äußern und gegen negative Auffassungen Stellung zu nehmen.

Obwohl der größte Teil der Studenten der Freien Deutschen Jugend angehört, wurde bei der Untersuchung der Vorkommnisse festgestellt, daß sich aus dieser Tatsache kein bestimmender Einfluß ergibt. Die Mitgliedschaft im sozialistischen Jugendverband ist größtenteils nicht mit politischen Konsequenzen verbunden, sondern wird formal aufrecht erhalten, um bei der Durchführung des Studiums keine Schwierigkeiten zu bekommen. Da eine solche Haltung auch gewählte Funktionäre des Verbandes einnehmen, wird innerhalb der Grundorganisation keine aktive Arbeit geleistet. Veranstaltungen werden äußerst mangelhaft – oftmals nur zu den Verbandswahlen – durchgeführt und beschäftigen sich fast ausschließlich mit organisatorischen Fragen. Ein erzieherischer Einfluß wird kaum ausgeübt und die Arbeit ist von dem Bestreben getragen, den übergeordneten Leitungen keinen Anlaß zur Kritik zu geben.

Auszug aus dem Untersuchungsbericht des MfS zu den Vorkommnissen in Steinmocker vom September 1965: »Die Mitgliedschaft im sozialistischen Jugendverband ist größtenteils nicht mit politischen Konsequenzen verbunden, sondern wird formal aufrecht erhalten, um bei der Durchführung des Studiums keine Schwierigkeiten zu bekommen.«

Da es diese nicht gab, mußte das Ermittlungsverfahren eingestellt werden. Allerdings empfahl man der Humboldt-Universität, mich zu exmatrikulieren.

Diese reagierte. Ich sehe mich noch vor dem Disziplinarausschuß stehen. Fünf oder sechs Leute saßen hinter einem mit rotem Tuch überzogenen Tisch und meinten mir ins Gewissen reden zu müssen. Was ich zu meiner Verteidigung vorbrachte, prallte an ihnen ab. Dem Ausschuß saß Konrad Senglaub vor, seit 1962 Direktor des Museums für Naturkunde. Er war ein freundlicher und fairer Mann und schlug mir vor, in seinem Haus zu arbeiten. Und da ich kein Quartier mehr hatte – meine Pankower Vermieterin war verzogen – bot er mir auch an, im Museum zu wohnen. Das tat ich dann einige Monate.

Später bewarb ich mich auf eine Annonce als Technologe bei einem volkseigenen Pkw-Reparaturbetrieb in Berlin. Ich wies meinen Facharbeiterbrief als Kfz-Schlosser vor, das reichte. Ich begann am 1. Januar 1966 und bekam sogar ein Telefon mit Schwenkarm zu meinem Kollegen gegenüber. Ich war voll unbändiger Lust und wollte zeigen, was in mir steckte.

Die Zentrale Verwaltung der über ganz Ost-Berlin verteilten Betriebsteile befand sich in der Neustädtischen Kirchstraße 4/5. In den frühen 70er Jahren zog die Botschaft der USA in dieses Haus. Das aber nur nebenbei.

Mein Vater bemühte sich im Ministerium für Hoch- und Fachschulwesen der DDR erfolgreich um die Fortsetzung meines Studiums. 1967 nahm ich ein Fernstudium an der Ingenieurschule Zwickau auf. Es dauerte fünf Jahre, wobei mir das erste Jahr meines Lehrerstudiums angerechnet wurde. Im Jahr 1971 hielt ich stolz mein Ingenieurzeugnis in den Händen.

In der Arbeit hatte ich schnell Erfolge. Mein erstes Projekt war eine Stoßdämpferprüfmaschine. Ich habe die Maschine komplett konstruiert und gezeichnet, sie wurde gebaut und war der Hit auf der »Messe der Meister von Morgen« in Leipzig, wo es das Büro für Neuererwesen ausgestellt hatte. Mehrere Fachzeitschriften der DDR berichteten darüber. Das erfüllte mich mit Stolz.

Manchmal sprach mich unser Parteisekretär an, ob ich nicht Interesse hätte, in die SED einzutreten. Darauf lächelte ich ihn an und sagte: »Martin, es muß doch auch parteilose Kommunisten geben.« Dagegen hatte er kein Argument.

1973 wurde ich Leiter des Parkhauses in der Keibelstraße. In der unteren Etage des Neubaus befand sich die erste Kraftfahrzeug-Diagnosestation der DDR, ich also der »Oberarzt«, wie mich scherzhaft ein Moderator in einem Live-Interview des *Berliner Rundfunks* bezeichnete. Danach wurde ich zum Leiter der Abteilung Planungstechnologie berufen. Eine meiner Mitarbeiterinnen, eine Bauingenieurin, kam frisch von der Universität. Diese Helma Hempel heiratete ich im Mai 1977.

Nach außen führte ich das Leben eines angepaßten Bürgers. Zu diesem Staat und zu dieser Gesellschaft hatte ich jedoch keine Beziehung. Ich hielt den DDR-Sozialismus für eine synthetisch zusammengehaltene, zusammengelogene Sache und hoffte auf einen demokratischen Sozialismus mit menschlichem Antlitz. Ich sah nicht voraus, daß dieses System zum totalen Scheitern verurteilt war. Auch wenn Schritte zur Veränderung am 17. Juni 1953 in der DDR, im Herbst 1956 in Ungarn und im Sommer 1968 in Prag von sowjetischen Panzern niedergewalzt worden waren. Im Gegensatz dazu schien mir die westliche Welt entkrampft und frei. Vom Kraftpotenzial der USA war ich beeindruckt.

Insofern rannten die Amerikaner bei mir offene Türen ein, als sie mich ansprachen und für eine nachrichtendienstliche Tätigkeit warben. Das geschah Mitte der 70er Jahre, hatte allerdings eine Vorgeschichte, die 1968 in Prag begann.

Ich war 24 und reiste mit der Bahn an die Moldau. Im Vorjahr hatte ich dort Vera P. auf dem Wenzelsplatz kennengelernt, die ich neuerlich zu treffen hoffte.

Im Zug begegnete mir Jens aus Sachsenhausen, der in Begleitung von Gspandl und einem weiteren Österreicher war. Gspandl war etwas jünger als ich. Wir beschlossen, Prag gemeinsam unsicher zu machen und mieteten uns ein Zimmer. Ich freundete mich mit Carl an. Diese Beziehung war sehr intensiv, kein Mann stand mir in meinem Leben jemals so nah wie er. Sein Vater war Besitzer einer größeren Bäckerei in Hainburg, einer Kleinstadt in Österreich, die sich gegenüber von Bratislava befindet. Carli war ebenfalls Bäcker und stand unmittelbar vor seiner Meisterprüfung. 1976, als sein Vater an Krebs starb, übernahm er das Geschäft. Er führt es noch heute.

Seit 1968 trafen wir uns regelmäßig. Mal besuchte er mich in Berlin oder in Oranienburg, mal trafen wir uns in Bratislava. Einmal organisierte ich mit Hilfe meiner Schwester, die mit einem Oberförster befreundet war, einen Jagdausflug. Carli schoß seinen ersten Rehbock, und meine Mutter kochte stundenlang den Kopf, damit er das Gehörn mitnehmen konnte.

In der slowakischen Hauptstadt mieteten wir uns immer im Hotel »Devin« ein. Carli bezahlte alles, was mir sehr imponierte. Auf der anderen Seite: Mit österreichischen Schilling konnte man dort wie die Made im Speck leben. Er war für mich wie der reiche Onkel aus Amerika. Von ihm bekam ich meine erste Digitaluhr, er schenkte mir einen Rekorder und Sachen, die bei uns nicht einmal im Intershop zu haben waren. Als 1977 mein Sohn Daniel zur Welt kam, wurde Carli sein Taufpate.

Im April 1975 war ich mit meiner 71jährigen Mutter nach Prag gereist. Im Hotel »Flora« traf ich mich mit Carli. Wir waren bereits sieben Jahre befreundet, als er mich dort wegen einer nachrichtendienstlichen Tätigkeit ansprach hat. Er kenne Leute, sagte Carli, die an bestimmten Informationen interessiert seien. »Welche Informationen?«, fragte ich.

Carli sagte, es ginge um Militärtransporte sowjetischer Streitkräfte und der Nationale Volksarmee. Ich sollte mir merken, wer wann wohin fahre und ihm darüber berichten. Das hätte nichts mit Spionage zu tun und wäre ungefährlich.

Ich fühlte mich in seiner Schuld, und weil ich ihm beweisen wollte, was in mir steckte, sagte ich rasch zu.

Obgleich wir uns nie über Politik oder meine Biographie unterhalten hatten, wußte er so ziemlich über mich Bescheid. Offenkundig hatte er die wesentlichen Dinge aus unseren Gesprächen herausgefiltert. Ein derart zielführendes Gespräch hatte er mit mir nie geführt, wie ich es einmal erlebte, als er sich mit einem Kollegen unterhielt, den er zufällig bei mir traf. Dieser diente für längere Zeit bei der NVA. Er hatte ihm dezidiert militärische Fragen gestellt, was mir durchaus auffiel, aber ich maß dem keine Bedeutung bei. Erst später wurde mir der Grund bewußt.

Carlis Offerte in Prag löste bei mir mehr Neugier denn Angst aus. Außerdem war ich regelrecht stolz, einen so guten Freund im Westen zu haben, von dem ich glaubte, daß er viel von mir hielt.

In meiner Anklageschrift las sich das später so: »Seit 1968 unterhielt der Beschuldigte durch einen umfangreichen Brief-

Karl Gspandl mit einer unbekannten Ungarin, Herbst 1975

verkehr und persönliche Zusammentreffen in der DDR und anderen sozialistischen Staaten eine enge Verbindung zu dem österreichischen Staatsbürger Carl Gspandl. Dieser überließ ihm wiederholt Geschenke und finanzierte gemeinsame Treffen, wodurch er zielstrebig ein Vertrauens- und Abhängigkeitsverhältnis entwickelte.«

Das traf zu. Gleichwohl will ich auch heute nicht glauben, daß ich manipuliert worden sein soll. Doch ich habe Carli nie gefragt, ob er mich all die Jahre als Agent aufgebaut hat und warum er nicht schon früher Andeutungen in diese Richtung gemacht hat.

Ich weiß auch nicht, ob Carli noch andere Agenten führte.

Tatsache ist, daß in und um Oranienburg viele sowjetische Einheiten konzentriert waren, sie gehörten zum Ring um Berlin. Die Stützpunkte zogen sich hin bis Bernau. Und in der Mitte lag Wandlitz, wo in der Waldsiedlung abgeschottet die SED-Führung wohnte. Falls die aus der ihr vorgegebenen Rolle gefallen wäre, hätte Moskau rasch reagieren können …

Nach unserem Treffen im Hotel »Flora« besuchte mich Carli im Juni 1975 in Pankow. Dazu heißt es in den Unterlagen: »Im Juni 1975 wurde der Beschuldigte, nach entsprechender Vereinbarung, von Gspandl in seiner Wohnung in der Hauptstadt der DDR, Berlin, aufgesucht. Bezug nehmend auf seine Bereitschaftserklärung zur Zusammenarbeit forderte Gspandl für seine Auftraggeber Angaben über die persönliche Entwicklung des Beschuldigten sowie Personalangaben zu Familienangehörigen. Der Beschuldigte kam dieser Aufforderung nach, übergab ein von ihm gefordertes Paßfoto und lieferte Angaben zu Name, Alter, Beruf, Wohnort, Familienstand, Ehepartner, Kinder seines Bruders, seiner Schwester und deren Lebensgefährten aus, was er nach seiner 2. Eheschließung im Mai 1977 auch über seine Ehefrau vornahm.«

Carli hat mir wirklich detailliert Fragen zu meinen Verwandten gestellt und wollte sehr viel darüber wissen. Ich habe mich etwas darüber gewundert, aber unterdrückte meinen Argwohn. Wenn jemand so lange Zeit dein Freund ist, sagte ich mir, wird das schon seine Richtigkeit haben. Der haut dich nicht in die Pfanne.

Beobachtungen und Eindrücke wie diese belasteten unmerklich unsere Beziehungen. Später wurde mir bewußt, daß damit die Entfremdung begann. Aus der innigen Freundschaft wurde zunehmend eine geschäftsmäßige Verbindung, aus der emotionalen Beziehung eine sachliche. Er wurde mein Instrukteur, der mir Anweisungen gab, der mich befragte und mich dadurch kontrollierte.

Im Herbst 1975 trafen wir uns am Plattensee in Ungarn. Dort fand eine Agentenschulung stattfand. Unsere zwischenmenschliche Beziehung schien erledigt. Das Feuer, das bis dahin zwischen uns loderte, sollte nie wieder aufflammen – auch dann nicht, als wir uns nach meiner Entlassung wiedersahen. Das erste Mal nach sieben Jahren Freundschaft übernahm Carli eine eindeutige Führungsrolle. Das war für mich etwas ganz Neues. Bisher hatten wir unsere Aktivitäten immer demokratisch beraten und entschieden. Es war ein Miteinander, doch plötzlich hatte er das Sagen.

Carli hatte mich nach Balatonsemmes, einem kleinen Ort südlich des Plattensees eingeladen. Er hatte einen Bungalow in einer Feriensiedlung angemietet und alles im voraus bezahlt.

Er gab mir ein Kofferradio. Es verfügte über drei Kurzwellenbereiche, bei dem sich jede Frequenz einstellen ließ. Das war nun mein »Dienstradio«, ein Geschenk der Amerikaner. Doch wir nutzten dieses hervorragende Gerät nicht nur für geheimdienstliche Zwecke. Carli hatte auch zwei Musikkassetten mitgebracht, die wir unablässig spielten. Wenn ich heute bestimmte Titel der Rolling Stones höre, oder George McCrae mit »Rock Your Babe« oder Abba mit »Ring, Ring«, muß ich automatisch an jene Tage am Balaton denken.

Zuerst brachte er mir das Aufsetzen von Geheimbriefen bei. Hier mußte ich auf viele Feinheiten achten. Nicht völlig unkompliziert war das sogenannte »Sandwich-Verfahren«, das folgendermaßen funktioniert: Auf einer Glasfläche wurden ein Blatt faserhaltiges Papier mit dem Klartext, ein neutrales Blatt, das direkt auf die Glasfläche gelegt wurde, und das geheime Durchschlagpapier so angeordnet, daß der Geheimtext auf die Rückseite eines normalen Briefes aufgebracht werden konnte. Es war angegeben, mit welchem Bleistift geschrieben werden mußte. Der Bleistift durfte nicht zu spitz, aber auch nicht zu rund sein, um den Geheimtext zu schreiben.

Vorher sollte aber auf der Vorderseite des Geheimbriefes ein sogenannter Klartext aufgebracht werden. »Liebe Tante, so und so, der Hund ist krank« oder dergleichen unverfängliches Zeug. Allerdings durfte es auch nicht zu unsinnig sein, weil auch das Verdacht wecken konnte. Dann erhielt ich drei Adressen, die ich mir versteckt notierte. Carli trug mir auf, daß ich beim Schreiben stets allein sein müsse.

Wir übten eine Weile, dann erhielt ich vier Blatt Geheimpapier und einen Schreibblock mit Papier in der richtigen Zusammensetzung. Das Geheimpapier fühlte sich pergamentartig an, ungefähr so wie Kohlepapier, nur daß es weiß war.

Als nächstes lernte ich den Empfang von Funksprüchen via Radio. Auch das war für mich völlig neu. Ich durfte mir nur wenige Notizen machen und mußte viel im Kopf behalten. An zwei Wochentagen wurde gesendet. Ich notierte mir Frequenzen und Sendezeiten. Ich sollte ausprobieren, welche Frequenz besser zu hören war. Dazu nutzte ich Kopfhörer, damit daheim die Nachbarn nichts mitbekamen. Am Anfang gab es einen Erkennungscode, mit dem man feststellte, ob es sich um eine neue oder um eine alte Sendung handelte. Dann wurden Fünfer-Zahlenblöcke durchgegeben. Eine Computerstimme las die

Ibolia, Teresa und »Helmut Prantl« alias Eberhard Fätkenheuer: Entspannung nach der Agentenausbildung am Plattensee, Herbst 1975. Auf dem Tisch das für die Kommunikation mit »dem Auftraggeber« benötigte Transistorradio

Zahlen vor, zum Beispiel 13796. In der Regel waren es zwanzig bis dreißig Zahlenblöcke, manchmal auch mehr. Mit einem Zahlencodebuch ergänzte man jede Fünferkombination mit einer anderen. Dieses Buch, sagte Carli, existiere nur zweimal: Eines hätten die Amerikaner, das andere bekäme ich.

Die Kombination der Zahlengruppen unterlag keiner mathematischen Ordnung. Sie wurden völlig willkürlich erstellt und boten damit eine Sicherheit, nicht von Dritten geknackt zu werden. Die Zahlen, die man nach der »Falschen Addition« erhalten hatte, wurden schließlich mit einer Buchstaben-Zahlentabelle bestimmt. Es war sehr aufwendig. Mein erster Funkspruch, den ich am Plattensee zu entschlüsseln hatte, lautete: »Du hast nun gelernt, alles zu dechiffrieren. Herzliche Grüße – Dein Radiotechniker.«

Zu der mir übergebenen »Agentenausrüstung« gehörte auch ein drei Zentimeter dickes Stullenbrett. In diesem Brett befanden sich unter einer fest aufgeklebten Kachel in einem Hohlraum das Nummernbuch, die Buchstaben-Zahlen-Tabelle und Fotos über Militärtechnik mit der dazugehörigen Erklärung.

Ich hörte mir Carlis Ausführungen über Militärtechnik an. Zum Beispiel sollte ich darauf achten, wie viele Achsen Panzer hatten, ob die Fahrzeuge sauber oder schmutzig waren usw. Die Amerikaner forderten mich sogar irgendwann einmal per Funkspruch auf, den Haarschnitt der Russen festzustellen. Wenn sie ganz kurze Haare hätten, handelte es sich um frisch einberufene Rekruten.

Mir wurde aufgetragen, daß ich bei jeder Beobachtung eine sogenannte »Coverstory« parat haben sollte. Cover kannte ich bisher nur im Zusammenhang mit Schallplatten. Gemeint war etwas anderes: eine glaubwürdige Geschichte, mit der ich – sofern ich gefragt wurde – begründete, weshalb ich mich ausgerechnet an diesem Ort aufhielt. Andere Dienste, wie ich heute weiß, nennen das »Legende«. Und Carli verpaßte mir einen Decknamen. Für die »geheimen Dinge« hieß ich von nun an »Helmut Prantl«. Wurde ein Treffen vereinbart, lautete die Formel -2, -2, was bedeutete: zwei Tage und zwei Stunden vor dem genannten Termin.

Am Plattensee wurde allerdings nicht nur geheimdienstlich geschult. An einem Abend fuhren wir zu einem mir bekannten Weinbauern, der im Süden wohnte. Ich durfte Carlis Auto, einen Mini, fahren. Das war ein ganz anderes Gefühl als im Wartburg Tourist, mit dem ich angereist war. In Siklos kauften wir fünf Liter Wein, den uns der Winzer in einen Plastikbehälter füllte. Es war ein sehr schmackhafter Olaz-Riesling, der uns die Schulungsarbeit etwas auflockerte.

An einem anderen Abend aßen wir in Siófok in einem piekfeinen Restaurant. Nachdem Carli uns das teuerste Essen ausgesucht hatte, verlangte er eine Rechnung, um daheim die Spesen abrechnen zu können. »Laß es dir schmecken, das bezahlt alles der amerikanische Steuerzahler«, grinste Carli.

Nach dem feudalen Mahl sprachen wir zwei junge Frauen an. Sie blieben zwei Nächte bei uns. Ibolia, die blauschwarzes Haar hatte, schenkte mir zum Abschied einen kleinen Zopf, den ihre Schwester Teresa für mich abschnitt, nachdem sie ihn fein säuberlich geflochten hatte. Auf meine vorsichtigen Andeutungen in bezug auf die Mädchen – Aids gab es damals noch nicht, wohl aber andere schmerzhafte Krankheiten, die man sich bei solchen Gelegenheiten zuziehen konnte – griente Carli nur und antwortete doppeldeutig: »Das ist das Risiko des Spielers ...«

Nach der Schulung verstaute ich das Stullenbrett und das Kofferradio in meinem Pkw. Und auch einen Anzug aus Österreich, der sehr schick und von guter Qualität war. Als ich ihn am Plattensee probeweise anzog, sagte Carli: »Jetzt wird aus dem Ost-Ebi ein West-Ebi.« An der Grenze gab es zum Glück keine Kontrolle, und ich kam mit den geheimdienstlichen Sachen gut nach Hause. Ich stürzte mich gleich auf das Stullenbrett, in welchem das Material versteckt war. Dazu sollte ich die Kachel zerschlagen, was ich natürlich nicht tat. Ich versuchte vorsichtig die Platte abzunehmen, um sie später einsetzen zu können. Ganz gelang mir das nicht. Entgegen der Weisung klebte ich die Kachel säuberlich zusammen und hängte das Brett über meinem Herd auf.

Die Amerikaner bombardierten mich bald mit ihren Funksprüchen, und ich war stolz, weil ich diese entschlüsseln konnte. Es war nicht immer einfach, aus der Sendung schlau zu werden. Oft mußte ich auch wegen des schlechten Empfangs Sendungen wiederholt abhören.

Die Auftraggeber äußerten sich über die Qualität meiner Geheimbriefe und gaben mir Anweisungen. Ihr Ton war recht burschikos, sie behandelten mich wie einen amerikanischen Befehlsempfänger, der nach ihrer Pfeife zu tanzen hätte. Und wenn ich es recht bedenke: So war es wohl auch.

Die erste Anfrage bezog sich auf eine sowjetische Einrichtung in Oranienburg, von der sie wissen wollten, welche Truppen, Uniformen, Ausrüstungen und Fahrzeuge dort waren. Es fiel mir leicht, an dieses Objekt heranzukommen, denn gegenüber lag ein Friedhof. Ich ging dorthin und brauchte nur einen Blick durch den Maschendrahtzaun zu werfen, um zu erkennen, welche Farben z. B. die Kragenspiegel der Offiziere hatten und welche Fahrzeuge herumstanden. Das schrieb ich in einem Geheimbrief nieder, dessen Empfang die Amerikaner per Funk bestätigten.

Ein andermal befragte ich einen Arbeitskollegen, der früher in Bernau bei der NVA war und sich gut bei den sowjetischen Streitkräften auskannte. Ich erkundigte mich beiläufig nach der

Art der Bewaffnung und der Größe der Raketen. Da lächelte er mich an und sagte: »Man könnte glauben, du willst mich ausspionieren.« Daraufhin lachte auch ich. »Mich interessieren nun einmal diese Dinge, weil ich nie bei der NVA war.«

Nach meiner Verhaftung wurde er deshalb von der Staatssicherheit vernommen. Ihm war da sicher nicht zum Lachen zumute.

Sabine, mit der ich von 1969 bis 1974 verheiratet war, wurde für mich als Quelle interessant, weil sie inzwischen in Waren an der Müritz lebte. Die Amerikaner hatten Fragen zu einem Objekt in Warenshof, das in jener Gegend lag. Dort waren laut den mir gelieferten Informationen sowjetische Raketen stationiert. Ich sprach offen mit Sabine und ihrem Mann darüber. Wie sich aber herausstellte, war das keine Raketenbasis der Russen, sondern der NVA, denn das Objekt wurde von Angehörigen der Volksmarine bewacht. Somit konnten dort auch keine atomar bestückten Raketen deponiert sein, denn die DDR-Streitkräfte hatten darüber keine Verfügungsgewalt.

Erfolgreicher hingegen war das Auskundschaften eines Raketenobjektes der Sowjets in der Nähe des Werbellinsees. Dazu verhalf mir ein Ausflug mit meinem Schwager, der beim MfS beschäftigt war.

Wir machten mit meiner Schwester und ihm eine Autofahrt nach Carinhall in der Schorfheide. Von Görings Anwesen zwischen dem Großdöllner See und dem Wuckersee waren nur sehr wenige Grundmauern, eingefallene Keller und Überreste von Säulen erhalten. Göring selbst hatte die Bauten kurz vor Kriegsende in die Luft jagen lassen.

Auf der Fahrt dorthin sprach mein Schwager von einem sowjetischen Raketenobjekt und zeigte in die Richtung, wo er es vermutete. Tage später fuhr ich mit meiner Freundin Sigrid dorthin. Auf einer Anhöhe habe ich sie mit dem Rücken zum Objekt gedreht, sie geküßt, und während sie die Augen schloß, zählte ich die Raketen, die mit Tarnnetzen bedeckt waren. Ich merkte mir ihre Länge und die Richtung, in die sie zeigten. Sigrid hat davon nichts mitbekommen.

Nach meiner Verhaftung wurde auch Sigrid vernommen. Ebenso Sabine und ihr Ehemann. Wie ich später in den Protokollen gelesen habe, war meine Ex-Frau die einzige, die mich belastete, indem sie von irgendwelchen Autoschiebergeschäften berichtete. Das aber interessierte die Vernehmer nicht.

Zu den in der Magdalenenstraße Vernommenen gehörte auch Petra H., die Tochter eines NVA-Offiziers, der seit zehn Jahren in Oranienburg stationiert war. Ich hatte von einem unterirdischen Depot in Kremmen gehört, in welchem angeblich Raketen lagerten, und bei ihr nachgefragt. Vage natürlich, und mit der Bitte, sich mal bei ihrem Vater danach zu erkundigen. Sie tat es. Tage später nahm ich meinen Pilzkorb und machte mich auf den Weg. Bald stieß ich auf entsprechende Warnschilder und einen Zaun, womit mir klar war, daß ich auf der richtigen Spur war. Mit Hilfe des DDR-Autoatlas', den mir Carli am Balaton übergeben hatte, konnte ich präzise die Koordinaten bestimmen, die ich den Amerikanern übermittelte …

Im Laufe der Zeit wurde mir durchaus bewußt, in welcher Gefahr ich mich befand. Um das Risiko der Entdeckung und Identifizierung so gering wie möglich zu halten, vermied ich es, auf den Geheimbriefen Fingerabdrücke zu hinterlassen, indem ich sie mit Handschuhen in den Briefkasten warf. Dabei mied ich diese im Wohngebiet. Manchmal fuhr ich bis nach Dresden und steckte sie dort ein.

Ich hatte gehört, daß in jedem Bezirkspostamt Stasi-Mitarbeiter saßen, die sämtliche Post, die in den Westen ging, kontrollierten. So ganz glaubte ich nicht daran, aber heute wissen wir mehr. Die Amerikaner lenkten auf meine Bedenken hin ein und gestatteten mir, daß ich die Umschläge und jeden zweiten Brief mit der Schreibmaschine tippen durfte. Das hielt ich für wesentlich sicherer als das Handschriftliche.

Aber auch das Schreiben der Klartexte per Hand hielt ich für riskant. Darum spannte ich Helfershelfer ein. Angela H., eine Freundin, schrieb für mich an meine Tante Paula, ohne daß sie etwas ahnte. Bei ihrer Vernehmung konnte sie das glaubhaft versichern. So kam sie ungeschoren davon.

Die Amerikaner hatten in Berlin-Treptow einen Toten Briefkasten eingerichtet. Im Königsheideweg befanden sich numerierte Schächte für die Frischwassergewinnung. Neben einem von ihnen, unter einer Grasnabe, lag das Versteck. Darin fand ich, in schwarze Folie gewickelt, ein Identifizierungshandbuch über Militärtechnik und ein Bündel Ost-Mark für

Spesen. Ich schaute mich um und tat so, als ob ich mir den Schuh zubinde. Um nicht aufzufallen, hatte ich mich dabei von meiner Ehefrau begleiten lassen. Helma hatte ich 1977 in meine Spionagetätigkeit eingeweiht. Das geschah notwendigerweise: Sie hatte mich beim Abhören meiner Funksprüche überrascht. Ich versuchte sie zu beschwichtigen, später fragte ich sie, ob sie nicht mit mir in den Westen gehen wolle. Natürlich wollte ich ihr damit imponieren, indem ich ihr unter dem Siegel der Verschwiegenheit anvertraute, was für Wahnsinns-Möglichkeiten ich im Westen hätte.

Sie hatte kein großes Interesse und fürchtete, daß »alles stinke«. Zudem vermutete sie, daß Carli dahinter stecke, den sie offenkundig nicht sonderlich schätzte. Sie stellte aber keine weiteren Fragen und schützte sich nach der Regel: »Was ich nicht weiß, macht mich nicht heiß.«

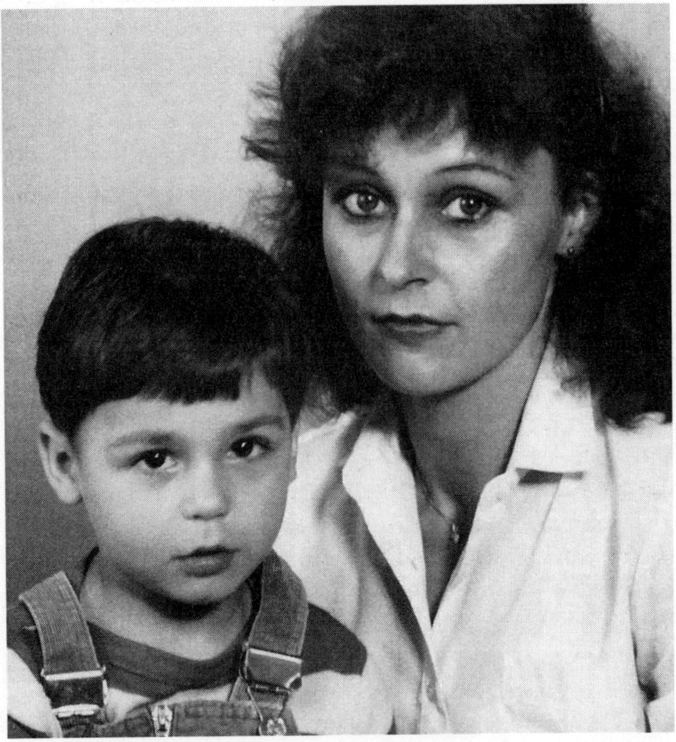

Helma Fätkenheuer mit Sohn Daniel, 1981

Sie wußte nun aber, daß sie an einen Feierabendspion geraten war, was nicht mehr rückgängig zu machen war.

Einmal nahm ich sie mit nach Berlin-Karlshorst – wo sich viele sowjetische Dienststellen befanden –, um auftragsgemäß einen Neubau zu identifizieren. Wir haben das Gebäude auch gefunden und liefen gemeinsam am Umgrenzungszaun entlang. In einem Geheimbrief habe ich die genaue Lage beschrieben. Nie drang ich in Objekte ein, überstieg einen Zaun oder dergleichen. Das Risiko schien mir zu groß.

Ich berichtete den Amerikanern alles. Ob mir die Informationen nebensächlich erschienen oder nicht, war unerheblich. Ich wollte ihnen beweisen, daß ich in der Lage war, die an mich gestellten Anforderungen zu erfüllen. Ich habe nie versucht, sie zu hintergehen, Dinge zu erfinden, um sie ruhig zu stellen – obwohl mich die Amerikaner mehr und mehr mit ihren Fragen und Aufgaben überforderten. Erstens fehlte mir die Zeit, und zweitens verlor ich zunehmend die Lust am Spionieren. Irgendwann wurde mir alles zu viel: Berichterstattung, Herumfahren, das mühevolle Abhören der Radiosendungen …

Ich fühlte mich ausgequetscht, bevormundet. Sie forderten mich, als wäre ich in erster Linie ihr Angestellter, der lediglich nebenbei eine Berufstätigkeit ausübte, mit der er seinen Lebensunterhalt bestritt. Dabei machte mir meine Arbeit beim VEB Auto-Service Berlin mehr Spaß als mein Hobby, die Spionage. Und außerdem fraß sich zunehmend die Angst vor der Entdeckung in meinen Bauch.

Im September 1977 wurde unser Sohn Daniel geboren. Meine Frau nahm dies wiederholt zum Anlaß, auf mich einzureden. Ich solle den Quatsch lassen, ich hätte nun mehr Verantwortung. So wuchs der Wunsch, die Spionagetätigkeit zu beenden. Carli, den ich nur noch selten traf, versuchte nicht, mich umzustimmen. Ich glaubte sogar, daß er dies verstand.

Ich wußte nicht, wie die Amerikaner reagieren würden und befürchtete Widerspruch. In zwei Radiosendungen zeigten sie jedoch Verständnis und wiesen mich an, sämtliche Unterlagen zu vernichten – was ich allerdings nicht tat. Ich kann schwer etwas wegwerfen. In der von mir in Pankow in einem Dachgeschoß zum Wohnraum ausgebauten Waschküche versteckte ich unter den Fußbodenbrettern das Geheimmaterial.

Später, bei der Vernehmung, sagte ich aus, daß ich alles in Sachsenhausen verbrannt hätte. Es hieß dann, man habe an der beschriebenen Stelle keine Rückstände gefunden, ich hätte gelogen. Ich ging den Vernehmern auf den Leim und verriet schließlich mein Versteck unter den Dielen.

1977 registrierte ich Anzeichen dafür, daß sich die Ermittlungsorgane bereits an meine Fersen geheftet hatten. In Bratislava – ich war mit meiner Frau zu einem Treffen mit Carli geflogen – verschwand der tschechische Grenzer für zehn Minuten mit unseren Ausweisen. Ich war gewarnt. Aber: Während des Aufenthaltes bemerkte ich nicht, daß wir – wie ich später erfuhr – rund um die Uhr observiert wurden, und wir reisten auch unbehelligt wieder aus. Vielleicht hatten mir meine angespannten Nerven doch nur einen Streich gespielt, dachte ich.

Wie ich aus den in der Gauck-Birthler-Behörde einliegenden Stasi-Unterlagen weiß, wurden seit dem 1. November 1978

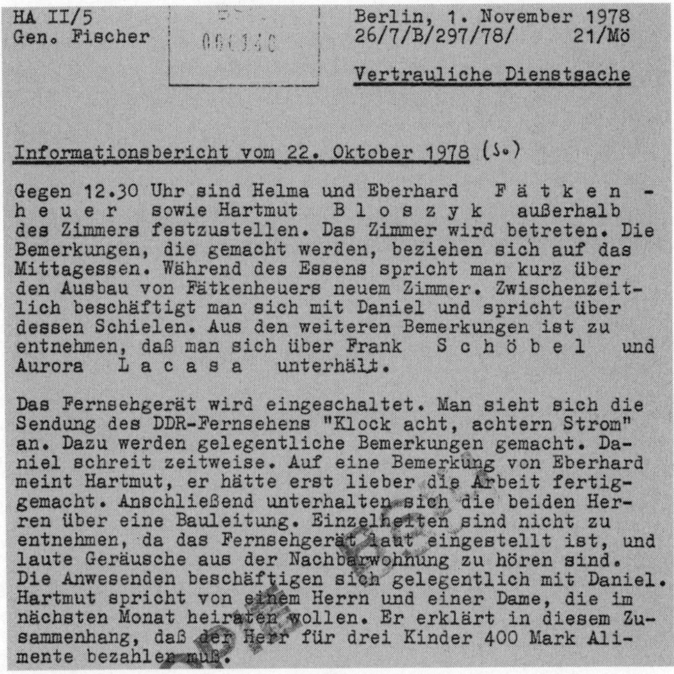

HA II/5
Gen. Fischer

Berlin, 1. November 1978
26/7/B/297/78/ 21/Mö

Vertrauliche Dienstsache

Informationsbericht vom 22. Oktober 1978 (S.)

Gegen 12.30 Uhr sind Helma und Eberhard F ä t k e n - h e u e r sowie Hartmut B l o s z y k außerhalb des Zimmers festzustellen. Das Zimmer wird betreten. Die Bemerkungen, die gemacht werden, beziehen sich auf das Mittagessen. Während des Essens spricht man kurz über den Ausbau von Fätkenheuers neuem Zimmer. Zwischenzeitlich beschäftigt man sich mit Daniel und spricht über dessen Schielen. Aus den weiteren Bemerkungen ist zu entnehmen, daß man sich über Frank S c h ö b e l und Aurora L a c a s a unterhält.

Das Fernsehgerät wird eingeschaltet. Man sieht sich die Sendung des DDR-Fernsehens "Klock acht, achtern Strom" an. Dazu werden gelegentliche Bemerkungen gemacht. Daniel schreit zeitweise. Auf eine Bemerkung von Eberhard meint Hartmut, er hätte erst lieber die Arbeit fertiggemacht. Anschließend unterhalten sich die beiden Herren über eine Bauleitung. Einzelheiten sind nicht zu entnehmen, da das Fernsehgerät laut eingestellt ist, und laute Geräusche aus der Nachbarwohnung zu hören sind. Die Anwesenden beschäftigen sich gelegentlich mit Daniel. Hartmut spricht von einem Herrn und einer Dame, die im nächsten Monat heiraten wollen. Er erklärt in diesem Zusammenhang, daß der Herr für drei Kinder 400 Mark Alimente bezahlen muß.

Bericht der Spionageabwehr des MfS, der auf einem Protokoll eines Lauschangriffs fußt, 1978

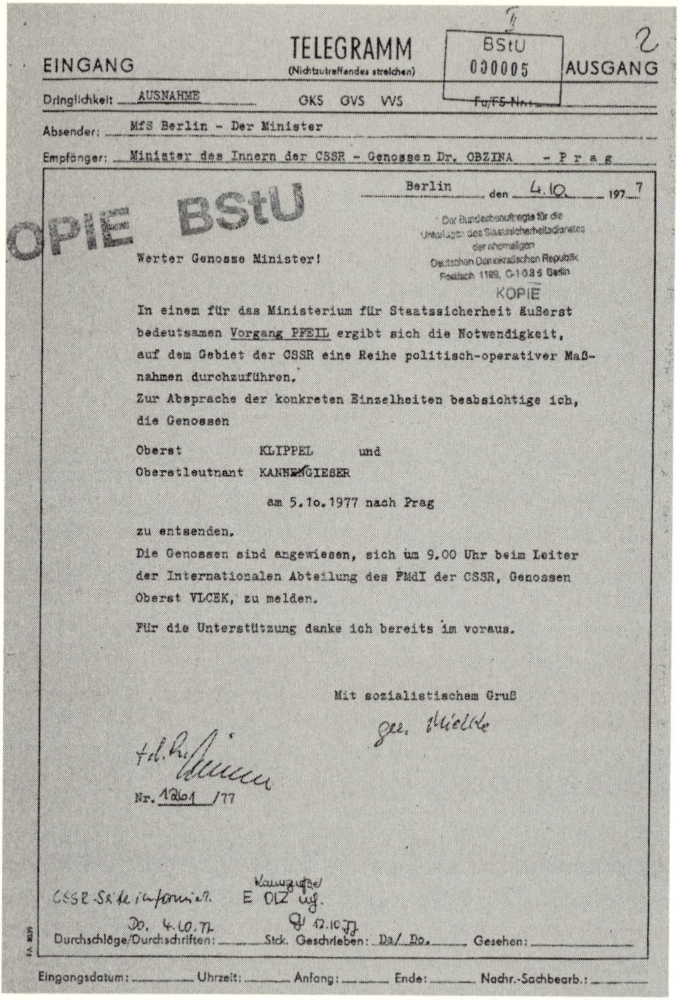

TELEGRAMM
(Nichtzutreffendes streichen)

EINGANG — AUSGANG

BStU 000005

Dringlichkeit: AUSNAHME — GKS GVS VVS — Fu/FS-Nr.

Absender: MfS Berlin - Der Minister

Empfänger: Minister des Innern der CSSR - Genossen Dr. OBZINA - P r a g

Berlin den 4.10. 1977

KOPIE BStU

Der Bundesbeauftragte für die Unterlagen des Staatssicherheitsdienstes der ehemaligen Deutschen Demokratischen Republik Postfach 1199, O-1086 Berlin

KOPIE

Werter Genosse Minister!

In einem für das Ministerium für Staatssicherheit äußerst bedeutsamen Vorgang PFEIL ergibt sich die Notwendigkeit, auf dem Gebiet der CSSR eine Reihe politisch-operativer Maßnahmen durchzuführen.
Zur Absprache der konkreten Einzelheiten beabsichtige ich, die Genossen

Oberst	KLIPPEL	und
Oberstleutnant	KANNGIESER	

am 5.10.1977 nach Prag

zu entsenden.
Die Genossen sind angewiesen, sich um 9.00 Uhr beim Leiter der Internationalen Abteilung des FMdI der CSSR, Genossen Oberst VLCEK, zu melden.

Für die Unterstützung danke ich bereits im voraus.

Mit sozialistischem Gruß

gez. Mielke

Nr. 1261 /77

Durchschläge/Durchschriften: Stck. Geschrieben: Da/ Do. Gesehen:

Eingangsdatum: Uhrzeit: Anfang: Ende: Nachr.-Sachbearb.:

Minister Mielke bittet am 4. Oktober 1977 seinen Kollegen in Prag in Sachen Fätkenheuer (»Vorgang Pfeil«) um Amtshilfe und kündigt die Ankunft von Klippel und Kanngießer an

unsere Wohnung und das Telefon abgehört. Der Lauschangriff brachte jedoch wenig, weil ich die Spielregeln der Konspiration einhielt. Zum Beispiel stellte ich das Radio laut und wir rückten bei der Unterhaltung zusammen. Die Protokolle waren, wie ich nach Augenschein bestätigen kann, sehr unergiebig.

1978 fuhren wir mit einem in der DDR gekauften fabrikneuen Golf nach Ungarn. Wir wurden sehr intensiv kontrolliert. Ich erklärte es mir damit, daß ich einem westdeutschen RAF-Terroristen ähnlich sah. Das war natürlich Unsinn, aber es beruhigte mich. Carli sagte mir, daß die Amerikaner mich im

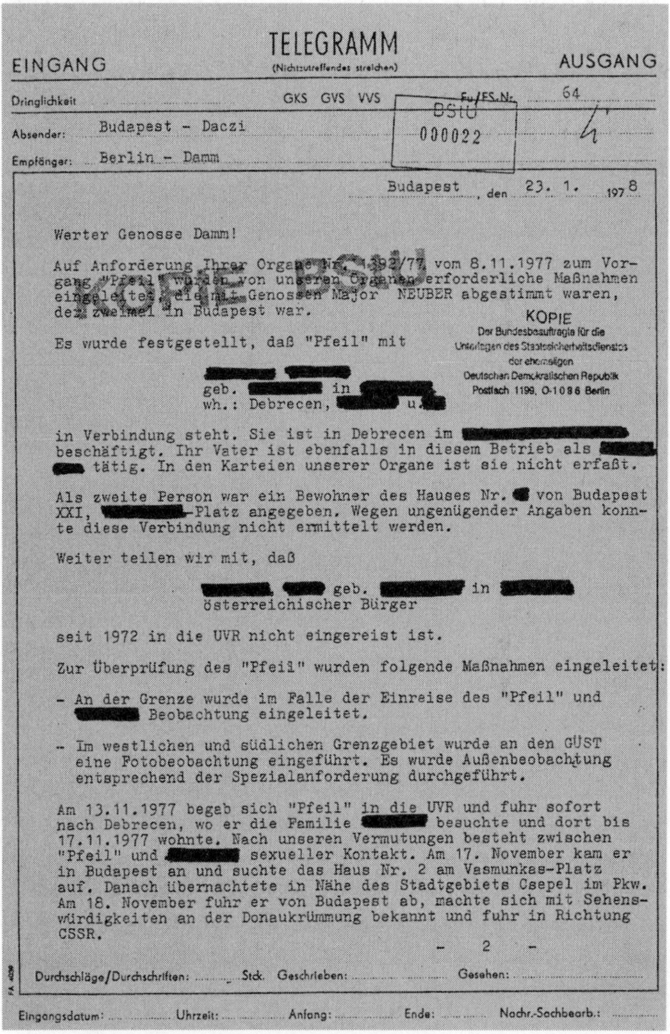

EINGANG TELEGRAMM AUSGANG
(Nichtzutreffendes streichen)

Dringlichkeit GKS GVS VVS Fu/FS-Nr. 64

BStU 000022

4

Absender: Budapest - Daczi

Empfänger: Berlin - Damm

Budapest, den 23. 1. 1978

Werter Genosse Damm!

Auf Anforderung Ihrer Organe Nr. 192/77 vom 8.11.1977 zum Vorgang "Pfeil" wurden von unseren Organen erforderliche Maßnahmen eingeleitet, die mit Genossen Major NEUBER abgestimmt waren, der zweimal in Budapest war.

KOPIE
Der Bundesbeauftragte für die Unterlagen des Staatssicherheitsdienstes der ehemaligen Deutschen Demokratischen Republik
Postfach 1199, O-1086 Berlin

Es wurde festgestellt, daß "Pfeil" mit

[redacted]
geb. [redacted] in [redacted]
wh.: Debrecen, [redacted] u. [redacted]

in Verbindung steht. Sie ist in Debrecen im [redacted] beschäftigt. Ihr Vater ist ebenfalls in diesem Betrieb als [redacted] tätig. In den Karteien unserer Organe ist sie nicht erfaßt.

Als zweite Person war ein Bewohner des Hauses Nr. [redacted] von Budapest XXI, [redacted]-Platz angegeben. Wegen ungenügender Angaben konnte diese Verbindung nicht ermittelt werden.

Weiter teilen wir mit, daß

[redacted] geb. [redacted] in [redacted]
österreichischer Bürger

seit 1972 in die UVR nicht eingereist ist.

Zur Überprüfung des "Pfeil" wurden folgende Maßnahmen eingeleitet:

- An der Grenze wurde im Falle der Einreise des "Pfeil" und [redacted] Beobachtung eingeleitet.

- Im westlichen und südlichen Grenzgebiet wurde an den GÜST eine Fotobeobachtung eingeführt. Es wurde Außenbeobachtung entsprechend der Spezialanforderung durchgeführt.

Am 13.11.1977 begab sich "Pfeil" in die UVR und fuhr sofort nach Debrecen, wo er die Familie [redacted] besuchte und dort bis 17.11.1977 wohnte. Nach unseren Vermutungen besteht zwischen "Pfeil" und [redacted] sexueller Kontakt. Am 17. November kam er in Budapest an und suchte das Haus Nr. 2 am Vasmunkas-Platz auf. Danach übernachtete in Nähe des Stadtgebiets Csepel im Pkw. Am 18. November fuhr er von Budapest ab, machte sich mit Sehenswürdigkeiten an der Donaukrümmung bekannt und fuhr in Richtung CSSR.

- 2 -

Durchschläge/Durchschriften: .... Stck. Geschrieben: .... Gesehen: ....

Eingangsdatum: .... Uhrzeit: .... Anfang: .... Ende: .... Nachr.-Sachbearb.: ....

»Pfeil« beschäftigt auf Verlangen Ostberlins auch die ungarische Staatssicherheit – Bericht vom 23. Januar 1978

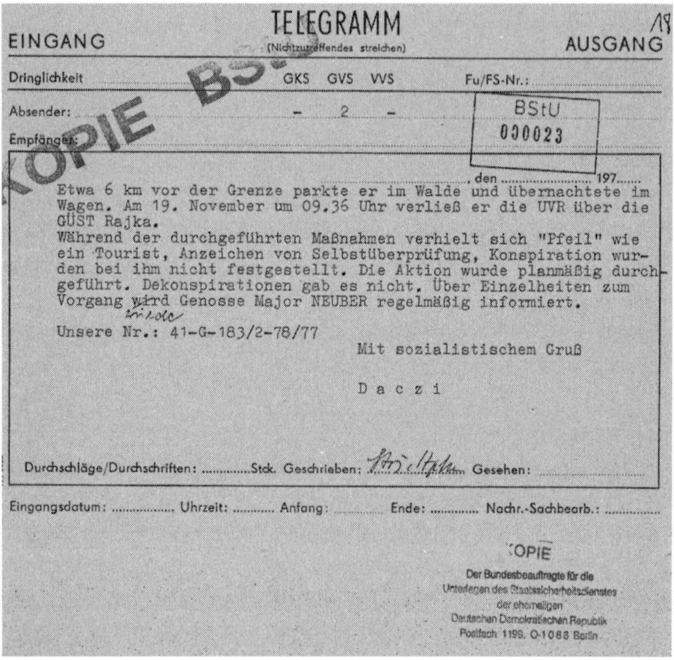
TELEGRAMM
(Nichtzutreffendes streichen)
EINGANG AUSGANG
Dringlichkeit GKS GVS VVS Fu/FS-Nr.:
Absender: - 2 -
Empfänger:
BStU 000023
KOPIE BStU
, den 197
Etwa 6 km vor der Grenze parkte er im Walde und übernachtete im Wagen. Am 19. November um 09.36 Uhr verließ er die UVR über die GÜST Rajka.
Während der durchgeführten Maßnahmen verhielt sich "Pfeil" wie ein Tourist, Anzeichen von Selbstüberprüfung, Konspiration wurden bei ihm nicht festgestellt. Die Aktion wurde planmäßig durchgeführt. Dekonspirationen gab es nicht. Über Einzelheiten zum Vorgang ~~wird~~ wurde Genosse Major NEUBER regelmäßig informiert.
Unsere Nr.: 41-G-183/2-78/77
Mit sozialistischem Gruß
D a c z i
Durchschläge/Durchschriften: Stck. Geschrieben: Gesehen:
Eingangsdatum: Uhrzeit: Anfang: Ende: Nachr.-Sachbearb.:
KOPIE
Der Bundesbeauftragte für die Unterlagen des Staatssicherheitsdienstes der ehemaligen Deutschen Demokratischen Republik Postfach 1199, O-1086 Berlin

Blatt 2 des Observationsbericht über »Pfeils« alias Eberhard Fätkenheuers Ungarnreise im November 1977

Ernstfall herausholen würden – aber wie das praktisch ablaufen sollte, sagte er nicht. Zu einem früheren Zeitpunkt waren mir drei Treffplätze zugewiesen worden. Zwei befanden sich in München (!) und einer in Berlin-Pankow. Dieser Nottreffplatz war an der Buche neben der Kirche in der Breiten Straße.

Doch wenn ich mich dort eingefunden hätte: Was wäre geschehen? Wer hätte mich dort erwartet? Und vor allem: Was war eine Notsituation? Wenn ich gefaßt worden wäre? Dann war es bereits zu spät, und ich konnte mich schwerlich in Pankow an der Buche oder in München in der Votivkirche einfinden.

Außerdem hatte ich immer noch Carlis Worte im Ohr: »Das ist eine ganz sichere Sache, praktisch ist es so gut wie unmöglich, daß man dir auf die Schliche kommt.«

In einem meiner Briefe, die ich an eine der drei Deckadressen in München richtete, berichtete ich der »Tante Paula« im Klartext von unserer Ungarn-Reise. Das sollte mir zum Verhängnis werden. Durch einen Schriftvergleich – meine Reiseunterlagen für Ungarn hatte ich ebenfalls handschriftlich ausgefüllt – konnte ich identifiziert werden. Das muß eine immense Arbeit gewesen sein. »Erichs Mühlen mahlen langsam, aber gewissenhaft«, kommentierte mein Vernehmer lakonisch diesen Prozeß, womit er gewiß recht hatte. Tausende Reiseanträge waren nach graphologischen Gesichtspunkten mit meinem Schreiben an »Paula H. Pies« in München abgeglichen worden.

Im Jahr darauf, 1979, bemerkte ich erstmals vor meiner Tür ein Auto mit drei Herren. Das fand ich recht seltsam. Ein andermal saßen in der kleinen Parkanlage gegenüber unserem Haus zwei Herren auf einer Parkbank. Ich ging hinüber. »Suchen Sie jemanden?«, erkundigte ich mich. Sie schwiegen.

Am 28. Juni 1979 hatte ich dienstlich in Magdeburg zu tun. Mit einem Mitarbeiter wollte ich für eine neue Service-Station Regale bestellen. Die Lieferzeit betrug zwei Jahre, wir brauchten sie aber schon in einem halben Jahr. Mit einer Auspuffanlage für den Trabant des Abteilungsleiters vom Maschinenbauhandel Magdeburg brachte ich das Geschäft bereits am Vormittag unter Dach und Fach. Ich hatte jedoch für die Dienstreise zwei Tage geplant und ein Hotelzimmer gebucht.

Auf der Straße wurde ich von einem braunen Wolga verfolgt. Das Fahrzeug überholte und stoppte mich, indem es sich querstellte. Drei Männer sprangen heraus und kamen zu meinem Auto. »Sind Sie Eberhard Fätkenheuer?«

Ich wurde aufgefordert auszusteigen und sie zu begleiten. »Zur Klärung eines Sachverhaltes«, wie es hieß.

Ich stieg in den Wolga ein. Am Armaturenbrett sah ich einen kleinen Zettel. Auf dem stand mein Name, das Geburtsdatum und der Geburtsort und irgendetwas von § 98. Damals wußte ich noch nicht, daß § 98 der Strafgesetz-Paragraph für Spionage war. Die drei sprachen kein Wort. Wohin fuhren wir? Wie mir erst später klar wurde, hielten wir im Hof der Bezirksverwaltung des MfS. Ich hatte kurzzeitig mit dem Gedanken gespielt, aus dem Auto zu springen und zu fliehen, die Westgrenze lag nicht fern von Magdeburg. Doch ich verwarf diese Idee, ehe ich sie zu Ende gedacht hatte: Die Chance, auf diese Weise wegzukommen, war mehr als gering.

Zunächst ließ man mich unendlich lange zwei Stunden in einem Raum warten. Dann holte man mich. Wir gingen wieder in den Innenhof, wo zwei PKW mit Berliner Kennzeichen standen. Ich wurde aufgefordert, in den Fond des einen Fahrzeuges einzusteigen. Vorn nahmen zwei Männer Platz, neben mich setzte sich ein dritter.

Schweigend fuhren wir auf der Autobahn Richtung Osten. Ich schaute über die sommerlichen Felder, Wälder flogen vorüber, und ich ahnte instinktiv, daß ich einen solchen Blick vermutlich lange Zeit nicht wieder haben würde. Vor uns fuhr der zweite PKW.

Wie sich zeigte, fuhren wir nicht in die Berliner Innenstadt. Die Autos passierten das Ortsschild von Zeuthen, einem am Wasser und im Grünen gelegenen Vorort. Dann hielten wir vor

U-Haftanstalt Berlin-Hohenschönhausen

einem villenähnlichen Bau. Ich wurde aufgefordert auszusteigen. Man führte mich in die erste Etage. Der Raum war wie ein Wohnzimmer eingerichtet. Vom Fenster sah man aufs Wasser.

Dann kam einer, der sich mir mit Name und Dienstgrad vorstellte. Ich solle, sagte er unvermittelt, ihm etwas über meine nachrichtendienstliche Tätigkeit erzählen. Überrascht antwortete ich: »Wie bitte? Welche nachrichtendienstliche Tätigkeit?« Ich stellte mich unwissend. Wie nicht anders zu erwarten, wartete mein Gegenüber mit Fakten auf. Es war die Rede von Carli, unseren Treffen in Bratislava und dergleichen mehr. Offenkundig wußte man das Wesentliche. Angesichts dessen räumte ich ein, Carli zu kennen. Im Laufe der Nacht bestätigte ich auf Band, was man mir vorhielt. Den Anfang und das Ende jeder Spule mußte ich auf dem Band mit einem weißen Fotostift namentlich quittieren.

Ein zweiter Vernehmer – ich hatte den Eindruck, daß er der Vorgesetzte des anderen war – erkundigte sich, ob ich vor meiner Abreise nach Magdeburg mit meiner Frau vereinbart hätte, mich telefonisch bei ihr zu melden. Das verneinte ich. Es schien ihm wichtig, daß meine Frau verunsichert sein oder Verdacht schöpfen könnte.

Der Vernehmer sagte immer wieder: »Das ist noch nicht alles. Da fehlt noch was. Wir haben mit Ihnen was vor, aber Sie müssen uns offen die Dinge nennen.« Er drängte: » Machen Sie, die Zeit läuft, sonst kommen wir hier nicht weiter.« Ich wußte nicht, was sie mit mir vorhaben könnten und wie sich die Dinge entwickeln sollten. Ich erinnere mich nur: Ich sang bald wie ein Vögelchen. Zwischendurch durfte ich die Toilette in Begleitung aufsuchen. Am Ende der Nacht bekam ich etwas zu essen.

Morgens wurde ich abgeholt. Ich meinte, daß sich der Umgangston verändert hatte. Man behandelte mich ein wenig schroffer als vordem, ich bekam Handfesseln angelegt und eine Schweißerbrille übergestreift, damit ich nichts sehen konnte. Ich wurde, nachdem ich in das Auto gestiegen war, an der Mittelkonsole angekettet und spürte, wie ein Tuch darüber gebreitet wurde. Offenkundig sollte nicht von draußen bemerkt werden, daß ich arretiert war.

Man sagte nicht, wohin wir fuhren, und zunächst wußte ich auch nicht, in welche Haftanstalt ich gebracht worden war. Ich mußte, wie in solchen Einrichtungen üblich, alle Sachen abgeben, es folgte der peinliche Blick in den After, dann erhielt ich lange Unterhosen, ein gestreiftes Hemd und einen blauen Trainingsanzug. Ich wurde in eine Zelle gebracht, die vielleicht zweieinhalb mal vier Meter maß. Links war ein Waschbecken, darüber ein eingemauerter Spiegel – offenbar deshalb eingemauert, damit man sich nicht mit Glasscherben die Pulsadern aufschneiden konnte –, daneben eine Kloschüssel. Rechts standen ein Tisch mit Hocker und eine Pritsche, auf der drei durchgelegene Matratzen lagen, und auf diesen eine Decke, ein Laken und ein Bettbezug. Um ein Kopfkissen zu sparen, war das Kopfende der Holzpritsche mit einer Schräge versehen.

Zur Zellenausrüstung gehörten ferner ein Plastikteller und ein Becher sowie Besteck aus dem gleichen Material und eine Zahnbürste und Zahnpasta. In etwa drei Meter Höhe an der Decke hing eine Leuchtstoffröhre hinter einer verschmutzten Sicherheitsglasscheibe. Die schwere Zellentür war mit Blech beschlagen und hatte, wie man es aus Filmen kannte, ein Guckloch, die Essenklappe, Riegel oben und unten. Dazwischen saß das stabile Kastenschloß.

Zelle in Hohenschönhausen

Über der Tür befand sich eine Lampe, die nachts etwa alle halbe Stunde anging, wenn der Posten seinen Kontrollblick durch den Spion warf.

Die Fenster bestanden aus zwei Reihen Glasbausteinen, die im Abstand von ungefähr 20 cm eingemauert waren. So sehr ich mich auch mühte, ein kleines Stück Himmel zu erblicken – es war nicht möglich.

Nachts wurde es kalt. Die dicken Mauern ließen keine Sommerwärme in die Zelle. Ich fror unter der dünnen Decke und ließ mir am nächsten Morgen eine zweite geben.

Noch am ersten Tag wurde ich einem Militärhaftrichter vorgeführt, der mir eine nachrichtendienstliche Tätigkeit gegen die GSSD vorhielt.

»GSSD? Was ist das?«

»Die Gruppe der Sowjetischen Streitkräfte in Deutschland.« Dann diktierte er einer jungen Frau meinen Haftbefehl in die Maschine. Anschließend wurde ich erkennungsdienstlich behandelt. Für das Foto auf dem Drehstuhl mußte ich noch einmal meine Zivilsachen anziehen.

In meinem Kopf kreisten ziemlich banale Fragen, die mir damals unerhört wichtig waren: Was muß ich veranlassen, damit draußen alles weitergeht? Soll ich die Wohnung und das Telefon kündigen, die Zeitung abbestellen? Wen muß ich benachrichtigen? Ist Helma, meine Frau, auch verhaftet? …

Bei einer Vernehmung am zweiten oder dritten Tag fragte man mich, warum ich meine Frau ausbooten wolle. Was meint der damit?

»Ihre Frau weiß von nichts. Sie hatte von Ihrer nachrichtendienstlichen Tätigkeit keine Ahnung.«

Bruchstückhaft bekam ich mit, was ich später detailliert erfahren sollte. Helma war, nachdem sie Daniel im Kindergarten abgegeben hatte, ebenfalls verhaftet und vernommen worden. Im Unterschied zu mir bestritt sie alles, sie wußte von nichts. Ich hingegen – in der Überzeugung, daß ihr Beitrag dem MfS bekannt sei – hatte von ihrem Part berichtet. Das war ein großer Fehler. Denn bis auf die Tatsache, daß sie mich zum Treffen nach Bratislava begleitet hatte, war der Staatssicherheit nichts bekannt. Hätte ich mir doch auf die Zunge gebissen und nichts über sie erzählt, vielleicht hätte man sie dann wieder laufen lassen. Genau das hielt sie mir später vor. Ich kann das nicht ungeschehen machen. Mir ist jedoch bewußt, daß ich damit unendlich große Schuld auf mich geladen habe.

Es folgte Vernehmung auf Vernehmung.

Nach jeder Vernehmung mußte ich das Protokoll unterzeichnen, jede Seite. Die Handschrift meines Vernehmers war gut lesbar. Von Zeit zu Zeit wurde mir ein Stoß Protokollseiten vorgelegt, die säuberlich mit der Schreibmaschine getippt worden waren. Auch hier hatte ich Zeile für Zeile zu lesen und jede Seite zu unterschreiben. Korrekturen mußte ich besonders kennzeichnen und ebenfalls signieren.

Die Vernehmungen erfolgten tagsüber, alles verlief gesittet. Weder leuchtete man mit mit einer Lampe ins Gesicht noch wurde irgendwelche körperliche Gewalt angewandt. Ich hörte später von keinem Mitgefangenen, daß er geschlagen worden sei. Nachts hatte ich normale Bettruhe. Nur an einem Abend gab es einen Zwischenfall, der mich schockierte. Ein paar Zellentüren weiter rief ein offenkundig älterer U-Häftling mit lauter Stimme über den Flur: »Alles Käse, Rübe ab!« Das wiederholte sich an mehreren Abenden, obwohl jedesmal ein Schließer lautstark auf den Mann einredete.

Am Morgen wurde das Frühstück durch die Klappe geschoben. Dann begann das Warten. Holen sie einen zur Freistunde oder zur Vernehmung? Und wann? Betrat ein Uniformierter die Zelle und sagte »Eins«, hatte ich mich zu erheben. Dem Kommando folgte eine lässige Handbewegung oder der Nachsatz: »Kommen Sie«. Dann stellte ich mich vor die Zelle und wartete.

In einer Einzelzelle war man immer die Nummer Eins.

Auch in Zellen mit mehreren Häftlingen hatte jeder eine Nummer. Wir waren keine Individuen, sondern Zahlen: Eins – Zwei – Drei – Vier … Auf dem Flur hieß es dann »Gesicht zur Wand!«. So stand man, bis die Tür verschlossen war. Es folgten das Kommando »Gehen Sie!« oder »Strich!« Das hieß bis zu einem weißen Strich zu gehen, an dem man verharrte. Wenn es nach oben ging, riefen sich die Läufer laut ihre Kommandos zu. »Schick!« rief der von oben, und der unten antwortete: »Kommt!« An mich ging der Befehl: »Gehen Sie!«

Ich stieg allein die Treppe nach oben und wurde dort von einem Uniformierten übernommen, der mich über den langen

Flur führte. Es fand keine Kommunikation statt. »Gesicht zur Wand! Strich! Gehen Sie!«, »Schick!« und »Kommt!« – diese Kommandos habe ich noch heute im Ohr, als hätte ich sie erst gestern gehört.

Bei der Vernehmung sah ich Himmel und Bäume und Häuser vor dem Fenster. Ich versuchte, Grün und andere Farben in mich aufzusaugen.

Zur Freistunde ging man in braungestreiften Filzpantoffeln, die trug man im Sommer wie im Winter, drinnen wie draußen. Von einer Freihofzelle sah man ein paar Birkenzweige, aus den anderen nur Himmel und den bewaffneten Posten, der von oben auf uns in den sogenannten Tigerkäfig hinabblickte. Deren Umfassung war zirka vier Meter hoch, wir bewegten uns auf wenigen Quadratmetern.

Wir hatten es mit Läufern, Schließern, dem Hauptmann Einkauf und dem Hauptmann Frisör zu tun. Sie wirkten unnahbar, wahrten die Form und hielten Distanz. »Hauptmann Einkauf« ein schwarzhaariger und gepflegter Offizier, fiel ein wenig aus dem Muster. Er war höflich, fast zuvorkommend, was bei mir die Frage provozierte, wie ein solcher Mann sich hierher verirren konnte. Er paßte nicht in diesen Laden. Er verkaufte Tabakwaren und Bohnenkaffee, was mich durchaus überraschte. Aber Butter, Milch, Saft, Schokolade oder Süßigkeiten waren nicht in seinem Angebot.

Ich begann dem Personal Spitznamen zu geben. Den schwarzhaarigen Schließer-Unterleutnant, der am schnellsten schließen konnte und einen sehr zackigen Schritt hatte, nannte ich »Texas«. Einen anderen taufte ich »Humpli-Humpli«, weil er Probleme mit den Beinen hatte.

Ich sollte etwa anderthalb Monate in einer Einzelzelle zubringen. Es war eine doppelt schreckliche Zeit. Zum einen war man durch die Haft aus seinem Lebensrhythmus gerissen und zu einem Befehlsempfänger degradiert. Dieses hilflose Ausgeliefertsein zerrte an den Nerven. Zum anderen befand man sich allein in der Zelle und damit gleichsam in der Isolation. Es war niemand da, mit dem man reden und sich austauschen konnte. Man war auf sich selbst zurückgeworfen, grübelte stundenlang und horchte auf jedes Geräusch außerhalb der vier Wände.

Nach einer gewissen Zeit durfte ich Literatur ausleihen. Ich erinnere mich an ein Buch über den Architekten des Dresdner Zwingers, Daniel Pöppelmann, und Christiane Eberhardine, der Frau August des Starken. Ich unterstrich mit dem Fingernagel die Namen Daniel und Eberhard(ine). Meine Frau las während ihrer Haft das gleiche Exemplar, sah die Markierungen und wußte sofort, daß sie von mir stammten.

Wie wohl nahezu jeder U-Häftling, der mit einer schweren Strafe rechnete, spielte auch ich mit dem Gedanken, mich dem Urteil durch einen finalen Abgang zu entziehen. Ich sann über Varianten eines Suizids nach. Eine erfolgreiche schien mir, aus dem Laken einen Strick zu drehen, diesen über das Bein der hochgestellten Pritsche zu werfen und mich zu erhängen. Diese Vorstellung, selbst über das Ende entscheiden zu können, spendete mir nicht nur Trost: Es gab mir auch Kraft. Im Nachhinein allerdings bezweifle ich, ob ich es wirklich versucht hätte.

Bei den Vernehmungen wurde ich gefragt, ob ich etwas zu trinken haben möchte. Ich bat um einen Tee mit Zitrone. Der Vernehmer gab meinen Wunsch telefonisch weiter. Nach etwa zehn Minuten klopfte es, er ging zur Doppeltür und nahm, ohne daß ich den »Kellner« sehen konnte, das Tablett entgegen und stellte es vor mich hin.

Wer Geld besaß, konnte bei »Hauptmann Einkauf« Bohnenkaffee bestellen. Nach der Freistunde ging die Klappe auf und es wurde ein kleines Tablett mit Kaffee und Kaffeesahne hingestellt. Einmal wurde der Kaffee während der Freistunde gebracht. Als ich zurückkam, hatte jemand ein Geschirrtuch um das Kaffeekännchen geschlungen, damit er nicht kalt wurde.

Die Vernehmungen waren psychologisch geschickt inszeniert. Obgleich man bisweilen im Nebel stocherte, tat man stets so, als wisse man bereits alles Wichtige, und es gehe nur noch um Details. So klopfte man auf manchen Busch, und das Vögelchen begann zu singen. Oder man versuchte es auf die weiche Tour, indem man Offerte machte. »Sie wollen doch an der restlichen Aufklärung Ihrer Straftaten mitarbeiten? Das wird mit Sicherheit bei der Strafzumessung von Vorteil für Sie sein.«

Jahre später sagten mir Mitgefangene: »Ehrlich sitzt am längsten.« Das war der gewiß zutreffende Umkehrschluß.

Eine andere Methode bestand darin, daß der Vernehmer erzählen ließ. Dann nahm er daraus ein Detail, auf das er später wieder und wieder zu sprechenkam. Sofern man sich das ausgedacht hatte, mußte man sich das auch merken, um nach Tagen und Wochen die Lüge auch immer so wie beim ersten Mal zu bringen. Die einfachste Methode war darum jene, bei der Wahrheit zu bleiben. Da konnte man sich nicht in seinen eigenen Legenden verheddern.

»Vorhalt: Den Untersuchungsorganen ist bekannt, daß Sie mit einem Pkw Golf am … über die Grenzübergangsstelle … nach Ungarn ausreisten. Bitte berichten Sie detailliert über diese Reise.«

Was sollte man da groß verschweigen?

So wurde ein Stein zum anderen gefügt, bis die Vernehmer auch wirklich alles wußten. Sie verstanden halt ihren Job.

Erfuhren sie damals wirklich alles? Nun, auch hier werde ich das nicht offenbaren.

Fast am Ende der Vernehmungen wurde mir ein Gutachten zur Kenntnis gegeben, dessen Lektüre ich quittieren mußte. Unterzeichnet war es von Prof. Otto Prokop, Direktor des Instituts für Gerichtliche Medizin der Charité in der Hannoverschen Straße. Die Einschätzung der Psychologen fußte offenkundig ausschließlich auf schriftlichen Äußerungen von mir und über mich, denn ich habe keinen von ihnen gesehen oder mit einem Gutachter gesprochen. Ich interpretierte das Papier so, daß die Stasi wissen wollte, ob ich normal und zurechnungsfähig sei oder nicht. Offenkundig kam man mit dem vermeintlichen Widerspruch nicht klar. Auf der einen Seite zeigte ich gute, gar vorbildliche Leistungen im Job, auf der anderen Seite arbeitete ich als Spion für den amerikanischen Geheimdienst. Das schien ihnen nicht zusammenzupassen.

Prof. Prokop bzw. sein Mitarbeiter bescheinigte mir, daß ich durchaus normal und für meine Straftaten voll verantwortlich sei. Allerdings bescheinigten sie mir auch leicht narzisstische Züge und ein übersteigertes Geltungsbedürfnis.

Ich habe mir dieses Gutachten von der Gauck-Behörde kopieren lassen.

Bestimmte Dinge aus meinem Leben gaben meinen Vernehmern Rätsel auf, so zum Beispiel die Frauen, die meine Helfershelfer waren. Wie kann ein durchschnittlicher Mann so viele Freundinnen haben? Dazu wurde auch meine Ehefrau befragt. Sie bestätigte aber, daß an mir nichts Außergewöhnliches sei.

Man mußte zur Kenntnis nehmen, daß diese Frauen, ausgenommen meine Ex-Frau Sabine, unverändert zu mir hielten. Auf die Vernehmerfrage, ob ich denn nie befürchtet habe, enttarnt zu werden, antwortete ich sibyllinisch: »Gibt es Mord ohne Risiko?«

Mit Sohn Daniel vor der Inhaftierung

Dem Vernehmer – übrigens ein starker Raucher, der jedoch am Tag des Nichtrauchers schlagartig damit aufhörte – schien diese Antwort zu gefallen. Ebenso, daß ich mich als »lobgeil« bezeichnete.

Nach vielleicht sechs Wochen konnte ich erstmals mit meiner Frau sprechen. Heute weiß ich nicht mehr, ob ihr Vernehmer auch dabei war, oder ob er draußen wartete. Meine Frau war sehr blaß und abgemagert. Völlig ungeschminkt schien sie, als käme sie aus einer anderen Welt. Sie war ein fleischgewordener Vorwurf: Schau her, du bist dran schuld, daß ich hier bin und so ausschaue.

Diese erste Begegnung mit ihr im Gefängnis werde ich nie im Leben vergessen. Wir durften uns umarmen und sprachen über die notwendigsten Dinge, die zu regeln waren. Über unsere »Straftat« durften wir nicht reden. Wir hatten ohnehin nicht das Bedürfnis, es zu tun.

Am Ende von Vernehmungen wurden mir gelegentlich Briefe vorgelegt, die von meiner Frau oder von meiner Mutter kamen. Ich durfte sie beim Vernehmer beantworten. In der Zelle hatte ich kein Schreibmaterial. Besondere Freude lösten Bilder von meinem Sohn Daniel aus.

Meine Schwiegermutter hatte einen Anwalt mit unserer Vertretung beauftragt. Da er keine Interessenkollision zwischen meiner Frau und mir sah, nahm er das Mandat an. Mit dem Wissen von heute meine ich, daß er mit Staat und Stasi stärker verbandelt war als vielleicht nötig. Aber vermutlich hätte jeder andere Anwalt auch in dieser Situation keine Chance gehabt. Er ließ durchblicken, daß er keine Wunder vollbringen könne.

Unsere Begegnungen fanden in der Haftanstalt in der Magdalenenstraße statt. Auch der Besuch meiner Mutter erfolgte hier. In Hohenschönhausen ließ man offenkundig niemanden ein. Ich wurde zu jedem Treffen gefahren, nachdem man mir die Zivilsachen ausgehändigt hatte.

Am 22., 23. und 27. Mai 1980 fand die Hauptverhandlung vor dem 1. Militärstrafsenat des Militärobergerichts Berlin statt. Heute bin ich nicht mehr sicher, ob mir Anzug und Schlips von der Haftanstalt zur Verfügung gestellt wurden oder ob ich die Sachen trug, die ich in Magdeburg bei meiner Verhaftung anhatte. Ich meine aber, daß das »Büßerhemd« und der Anzug

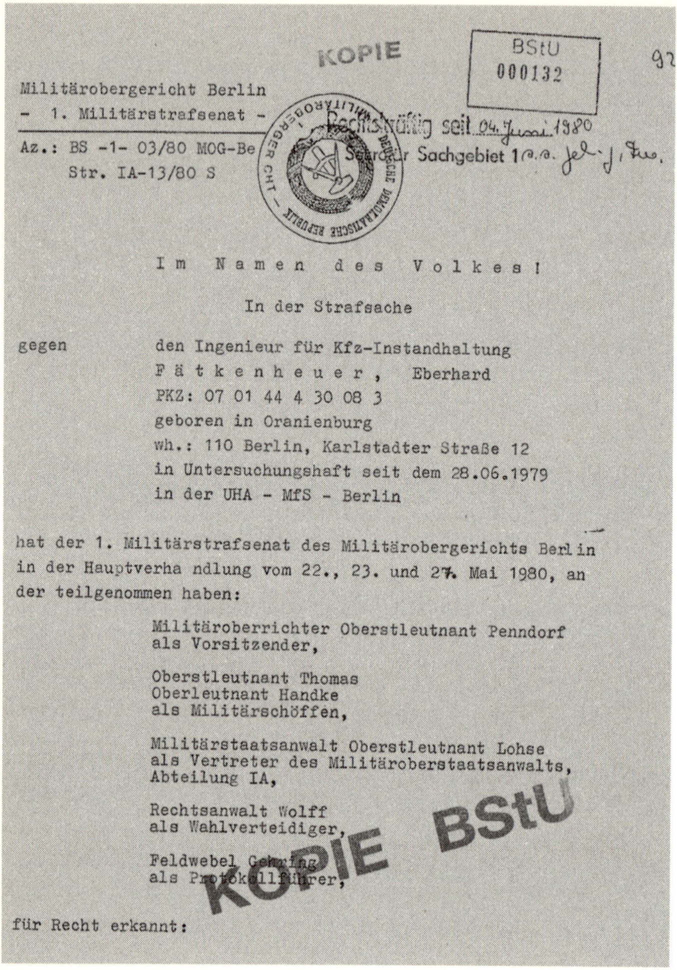

KOPIE

BStU
000132

92

Militärobergericht Berlin
– 1. Militärstrafsenat –

Rechtskräftig seit 04. Juni 1980

Az.: BS -1- 03/80 MOG-Be
Str. IA-13/80 S

I m   N a m e n   d e s   V o l k e s !

In der Strafsache

gegen den Ingenieur für Kfz-Instandhaltung
F ä t k e n h e u e r ,   Eberhard
PKZ: 07 01 44 4 30 08 3
geboren in Oranienburg
wh.: 110 Berlin, Karlstadter Straße 12
in Untersuchungshaft seit dem 28.06.1979
in der UHA – MfS – Berlin

hat der 1. Militärstrafsenat des Militärobergerichts Berlin in der Hauptverha ndlung vom 22., 23. und 27. Mai 1980, an der teilgenommen haben:

Militäroberrichter Oberstleutnant Penndorf
als Vorsitzender,

Oberstleutnant Thomas
Oberleutnant Handke
als Militärschöffen,

Militärstaatsanwalt Oberstleutnant Lohse
als Vertreter des Militäroberstaatsanwalts,
Abteilung IA,

Rechtsanwalt Wolff
als Wahlverteidiger,

Feldwebel Gehring
als Protokollführer,

KOPIE BStU

für Recht erkannt:

mir gestellt wurden. Mein Verteidiger warf eingangs die Frage auf: »Handelt es sich bei dem, was der Angeklagte gemacht hat überhaupt um Spionage? Er hat Dinge beobachtet, die jeder andere auf der Straße auch hätte sehen können.«

Noch ehe er mit seinem Vortrag endete, unterbrach ihn der Vorsitzende des Militärobergerichtes. Oberstleutnant P. erklärte: »Der Angeklagte stand mit einer ausländischen Macht im Kontakt. Sobald jemand Informationen sammelt, die beispielsweise im militärischen Bereich angesiedelt sind, und diese an eine

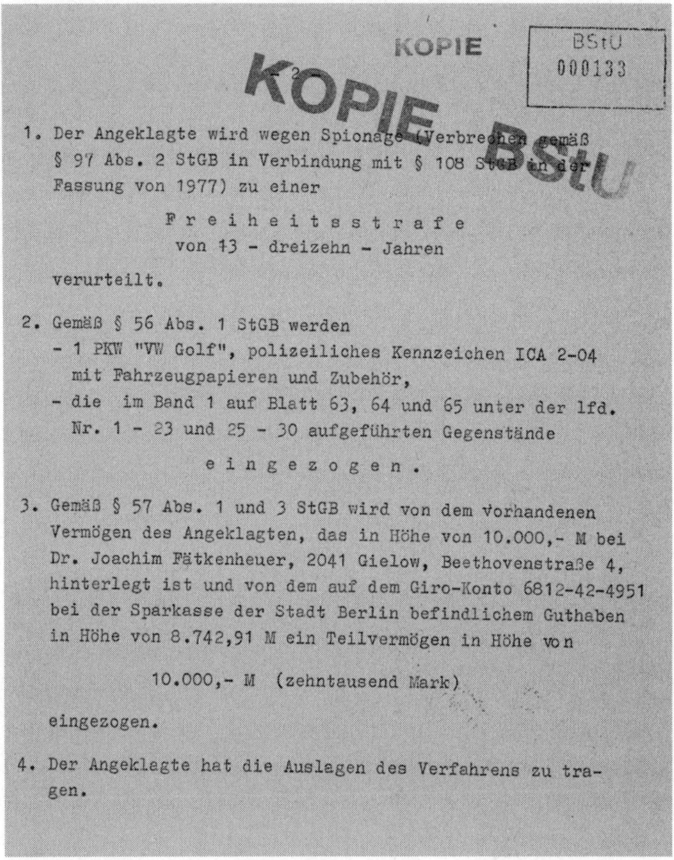

KOPIE

BStU
000133

- 2 -

KOPIE BStU

1. Der Angeklagte wird wegen Spionage (Verbrechen gemäß § 97 Abs. 2 StGB in Verbindung mit § 108 StGB in der Fassung von 1977) zu einer

F r e i h e i t s s t r a f e
von 13 - dreizehn - Jahren

verurteilt.

2. Gemäß § 56 Abs. 1 StGB werden
   - 1 PKW "VW Golf", polizeiliches Kennzeichen ICA 2-04 mit Fahrzeugpapieren und Zubehör,
   - die im Band 1 auf Blatt 63, 64 und 65 unter der lfd. Nr. 1 - 23 und 25 - 30 aufgeführten Gegenstände

e i n g e z o g e n .

3. Gemäß § 57 Abs. 1 und 3 StGB wird von dem vorhandenen Vermögen des Angeklagten, das in Höhe von 10.000,- M bei Dr. Joachim Fätkenheuer, 2041 Gielow, Beethovenstraße 4, hinterlegt ist und von dem auf dem Giro-Konto 6812-42-4951 bei der Sparkasse der Stadt Berlin befindlichem Guthaben in Höhe von 8.742,91 M ein Teilvermögen in Höhe von

10.000,- M (zehntausend Mark)

eingezogen.

4. Der Angeklagte hat die Auslagen des Verfahrens zu tragen.

Urteil vom 27. Mai 1980

fremde Macht weitergibt, gilt das überall auf der Welt als Spionage!« Mein Anwalt räusperte sich, zog den Kopf ein und setzte sich wieder.

Der Richter trug alle mir vorgeworfenen Delikte vor. Weshalb das nicht der Militärstaatsanwalt tat, sondern er, ist mir bis heute unklar. Die Anklage war sehr umfangreich. Bei ein, zwei Dingen hatte er sich in der Reihenfolge vertan. Ich meldete mich zu Wort und erklärte: »Nein, das stimmt nicht.«

Auf meine Korrektur reagierte er etwas unwirsch und machte mir bissig klar, daß es bei der Fülle meiner Aktivitäten und Straftaten schwierig sei, den Überblick zu behalten.

Der Richter – derart dürr, daß man meinte, nur seine maßgeschneiderte Uniform mit den Schulterstücken eines Oberstleutnants halte ihn aufrecht – bemühte sich in der Verhandlung unter anderem um den Nachweis, daß ich ausschließlich westliche Medien verfolgte. So fragte er mich, wann die Hauptnachrichtensendung des DDR-Fernsehens, die »Aktuelle Kamera«, liefe. Ich überlegte krampfhaft, weil ich es in der Tat nicht wußte. Die »Tagesschau« der ARD begann um 20.00 Uhr, »ZDF heute« um 19.00 Uhr.

Der Richter wollte mir auf die Sprünge helfen. »Na, vielleicht um 19.30 Uhr?«

Ich dachte, er stellte mir eine Falle und antwortete: »Ich glaube 19.45 Uhr.«

Der ganze Saal, etwa dreißig Zuhörer, lachte hell auf.

Die Liste der Anwesenden mit Namen und Dienstgraden liegt mir heute vor. Ich habe versucht, sie im Telefonbuch zu finden. Nicht einen entdeckte ich dort.

Am zweiten Verhandlungstag beantragte der Staatsanwalt für mich 13 Jahre. Ich begann jämmerlich zu weinen, stundenlang wurde ich von Heulkrämpfen geschüttelt. Man fuhr mich von der Littenstraße, wo die Gerichtsverhandlung stattgefunden hatte, zurück nach Hohenschönhausen.

Dort blieb ich heulend auf meiner Zelle, bis man mich zum Vernehmer holte. Dieser versuchte mich zu trösten.

Am dritten Verhandlungstag wurde das Urteil verkündet. Ich bekam 13 Jahre Freiheitsentzug und eine Geldstrafe von 10.000,00 Mark. Unser fast nagelneuer Golf, der mich 19.000 Ostmark gekostet hatte, wurde eingezogen, weil er zu »Spionagefahrten« benutzt worden war.

Bei der Urteilsverkündung gab ich mich gefaßt.

Gegen meine Frau wurde gesondert verhandelt. Sie bekam fünf Jahre und acht Monate. Als das Urteil verkündet wurde, brach sie zusammen. Auf dem Rückweg zur Zelle mußte sie auf die Transporttruppe warten. Eine Frau Leutnant, die beim Prozeß zugegen war, nahm sie tröstend in den Arm. Diese menschliche Geste hat meine Frau sehr angerührt. Sie verblieb zunächst in Hohenschönhausen im Hauskommando und arbeitete in der Bügelstube, später in der Küche.

Ich ging nach zwei oder drei Wochen auf Transport. Die

Reise in der »Minna« war nur kurz. Ich kam in das Gefängnis in der Kissingen-/Lohmestraße. Von dort bis zur Wohnung waren es nicht einmal zweitausend Meter zu Fuß ...

Man steckte mich in eine Einzelzelle. Dort wartete ich zwei bis drei Tage, bis ich in das Kommando der Strafgefangenen überführt wurde. Ich kam nun in eine Zelle, die etwa vier mal sechs Meter maß. Dort standen neun Betten, je drei übereinander. Die Strafgefangenen dieser Zelle wurden als Hausarbeiter eingesetzt: als Heizer, Maurer, Maler, Autowäscher und -mechaniker. Neben der Zelle befand sich eine kleine fensterlose Küchennische mit einem 130-Liter-Kühlschrank, in welchem jeder Zelleninsasse ein kleines Fach hatte. Dort stand auch ein Elektrokocher mit zwei Platten. Durch eine Tür von unserer Zelle abgetrennt war ein kleiner Raum, etwa anderthalb mal zwei Meter groß, in dem sich eine Toilette und die Dusche befanden.

Von dort führte ein Belüftungsrohr direkt ins Freie. Gut, um Geräusche von der Straße zu erhaschen. Im Winter hingegen war es dadurch empfindlich kalt, insbesondere wenn man nackt unter der Brause stand. Vor meinem zweiten Winter dort erhielt ich die Erlaubnis, eine Klappe einzubauen. Mit einem Gestänge konnten wir nun die Öffnung in 2,50 m Höhe verschließen. (Im Jahr 1991 besuchte ich das Gefängnis in Pankow. Meine Klappe funktionierte nach zehn Jahren immer noch prächtig.)

Unsere Zelle befand sich im zweiten Obergeschoß. Jeder Gefangene verfügte über zwei kleine Schrankfächer für persönliche Dinge, dazu gehörte auch die »Sprecherkleidung«. Das war unser »Sonntagsanzug«: abgelegte Uniformen, die noch ordentlich aussahen und einen gelben Streifen aufwiesen. Wir zogen sie an, wenn wir einen Angehörigen trafen. Solche auf Antrag erfolgenden Begegnungen hießen im Gefängnisdeutsch »Sprecher«.

Die Zelle besaß zwei Fenster aus Drahtglas. Es war etwas nach außen geneigt und wurde links und rechts von Blech gehalten, so daß man den Himmel sehen und im Sommer die Schwalben beobachten konnte. Wenn ich mich auf das Fensterbrett stellte, sah ich das Gerichtsgebäude in der Kissingenstraße und den gegenüberliegenden Zellentrakt für Untersuchungshäftlinge.

In der warmen Jahreszeit entfernten wir die Fensterflügel, denn fast alle Gefangenen rauchten selbstgedrehte Zigaretten übelster Sorte. Der Tabak hieß »Schwarzer Krauser«.

Meinem Magen bekam dieser Rauch überhaupt nicht. Ich hatte ständig Sodbrennen, das ich mit Simagel bekämpfte, wovon ich ausreichend bekam. Wenn die Temperaturen fielen, wurde es in der Zelle aufgrund der offenen Fenster empfindlich kalt. Beim Essen, Schreiben und Lesen schlang ich um die Hüften eine Decke und eine zweite legte ich mir über die Schultern.

Zur Zelleneinrichtung gehörte ein Schwarzweißfernseher, auf dem nur das 1. Programm des DDR-Fernsehens lief, und ein Radio, das nur den »Berliner Rundfunk« spielte. Beide Geräte waren verplombt, so daß eine Senderwahl unmöglich war.

Neben der Küche, außerhalb des geschützten Innenbereiches, hatten wir eine Kühlzelle zu errichten. Der Oberleutnant Wirtschaft und ein zweiter Aufpasser, beide mit Maschinenpistolen, wachten darüber, daß wir uns nicht über die anderthalb Meter hohe Mauer schwangen und flüchteten. Anfänglich hatte ich mit dem Betonstampfer keine Probleme. Dann aber wurde das Ding immer schwerer. Ich biß die Zähne zusammen, doch seit Monaten war ich der Arbeit entwöhnt.

Ich hatte in der Haft vor allem an Autos geschraubt und diese manchmal auch gewaschen. Also in der Regel keine schwere körperliche Tätigkeit. Einmal half ich sogar, eine »Minna« aufzubauen. Zusammen mit dem Tischler haben wir den »Barkas« innen ausgebaut: fünf kleine Einzelzellen. Wer in den Hüften zu breit war oder zu lange Oberschenkel hatte, konnte sich darin kaum bewegen. Zwischen den Zellen war ein kleiner Gang, und an der Stirnseite saßen mit dem Rücken zur Fahrerkabine ein oder zwei Bewacher.

Zu meinen Aufgaben gehörte es, die Autos auf dem Innenhof umzusetzen und die »Minna« abends in die Waschhalle zu fahren. Manchmal fuhr ich die Fahrzeuge nur zum Spaß hin und her, um mal wieder Auto zu fahren.

Während wir in der Werkstatt zu tun hatten, erfolgten wiederholt Gefangenentransporte. Dann war es uns untersagt, den Innenhof zu betreten. Wir sollten niemanden sehen und auch nicht gesehen werden. Kam es dennoch vor, wurden wir verwarnt. Ich machte unserem Oberleutnant Wirtschaft den Vorschlag, eine Warnanlage zu installieren: Alle Zugänge zum Innenhof sollten eine Blinkleuchte bekommen, die man einschaltete, wenn der Zugang nicht erwünscht war. Dieser Vorschlag fand Zustimmung. So habe ich aus Teilen von Blinkanlagen der Autos an jeder Ausgangstür eine Warnlampe installiert, sie miteinander verbunden und an die Batterie des Notstromaggregates angeschlossen. Dort war auch der Schalter, den die Leute vom Transportkommando bedienten. Für uns war es das Signal, durch Gucklöcher in einer Tür heimlich zu beobachten, wer transportiert wurde.

Der ganze Komplex wurde mit zwei oder drei Kesseln beheizt, die mit Briketts befeuert wurden. Für die Asche waren nicht genügend Behälter vorhanden. Deshalb schütteten Gefangene die glühende Asche im Heizungskeller auf den Betonboden und löschten sie mit Wasser. Wöchentlich einmal wurde der nasse, schwere Ascheberg abgefahren. Dazu wurde die Asche in Mülltonnen gefüllt, die wir zu zweit die Treppen hochtrugen und auf einen Lkw entleerten. Das war körperliche Schwerstarbeit. Dennoch überstand ich die Haft ohne größere Erkrankungen. In den fünf Jahren hatte ich kaum eine Erkältung, es gab so gut wie keinen Kontakt zu infizierten Personen. Die Dienstgrade, die eventuell verschnupft waren, hielten sich auf Distanz. Nur mein Sodbrennen begleitete mich täglich, doch dagegen kämpfte ich mit Tabletten an.

Noch heute aber leide ich unter *Epicondylitis radiales*, einer Entzündung der Sehnen im Ellenbogengelenk, die als Tennisarm bekannt ist. Diese zog ich mir beim Schrauben an den Autos zu. Manchmal saßen die Schrauben so fest, daß sie nur mit voller Kraft zu lösen waren und ich mir dadurch diese Entzündung zuzog.

Meine Senkfüße schmerzten mich immer mehr. Langes Stehen fiel mir schwer. Eines Tages brachte man mich deshalb in die Orthopädieabteilung der Charité in die Scharnhorststraße. Dort bekam ich hervorragende Einlagen verpaßt, die, wenn auch völlig zerzaust, noch heute ihren Dienst tun.

Bei der Arbeit habe ich versucht, es mir so bequem wie möglich zu machen. Wenn ich zum Beispiel bei einem Trabant die Zündung einstellte, legte ich mir auf einen Lagersichtbehälter ein Schaumgummikissen und setzte mich darauf. Aus dieser

Position konnte ich die Arbeiten wunderbar ausführen. Der Schnellste war ich nicht bei der Arbeit, was mir auch einige Kritik von Mitgefangenen eintrug. Aber ich brachte dafür auch viele Dinge zuwege, bei denen andere schon aufgegeben hatten. Einmal zum Beispiel wurde mir von den Dienstgraden ein NVA-Militärjeep aus Rumänien in die Werkstatt geschleppt, der einen Kabelbrand gehabt hatte und an dem nichts mehr funktionierte. Man sagte mir, daß die Werkstatt in Hohenschönhausen daran gescheitert sei. »Fätkenheuer, Sie haben soviel Zeit, wie Sie brauchen, aber bringen Sie das Ding wieder in Ordnung.«

Mein Ehrgeiz war geweckt. Ich fand die Ursache für diesen Kabelbrand, zog meterweise neues Kabel ein und brachte den Jeep wieder zum Laufen. O Gott, war ich stolz.

Das Essen war in Ordnung. Man orderte Brot, Zucker, Salz, Schmalz und Margarine in der Küche und bekam es in der bestellten Menge gratis. Die Mahlzeiten waren ausreichend, wenn auch nicht sehr vitaminhaltig, so daß sich im Laufe der Zeit mein Zahnfleisch zurückbildete. Ich hatte Angst, daß mir die Zähne ausfielen und ging zum Zahnarzt, der mir allerdings sagte, das läge am Alter.

Wir versuchten den Vitaminmangel zu kompensieren, indem wir bei Transporten für die Küche den einen oder anderen Apfel oder Gemüse klauten. Besonders geschickt war unser Elektriker Eckehard, der immer ein scharfes Messer bei sich trug. Wenn wir Fleisch vom Hof durch die Waschhalle zur Küche schleppten, säbelte Eckehard blitzschnell einen Klumpen ab und ließ diesen in seiner Hose verschwinden. Am Abend brieten wir uns das Fleisch in der Zelle.

Die in Kübeln befindlichen Essensreste karrten wir aus einem kleinen Verschlag in die Schleuse, wo sie als Schweinefutter von jemandem abgeholt wurden. Das geschah zweimal in der Woche. Einmal, es muß nach einem DDR- oder MfS-Feiertag gewesen sein, fanden wir in den Kübeln »aktive« Broiler. »Aktiv« war bei uns alles, was noch zu gebrauchen war: Zigarettenkippen, Essenreste, Obst … Die Brathähnchen waren kaum benagt, also »aktiv«. Wir schmuggelten sie in die Zelle, spülten sie ab und hauten sie in die Pfanne. Ein göttliches Mahl!

Schäme ich mich heute, von Genossen angenagte Brathähnchen verspeist zu haben? Nein.

Beim Einkauf, der jede Woche möglich war, konnte man Tabakwaren, Eier, Kaffee, Apfelsaft, Butter und Süßigkeiten bestellen. Köstlich war der Apfelsaft. Wenn ich deprimiert war und mir etwas Gutes tun wollte, ging ich an den Kühlschrank und goß mir ein halbes Glas Apfelsaft ein. Das war eine Delikatesse. Ähnlich verhielt es sich mit Schokolade, von der mir meine Mutter beim »Sprecher« immer ein, zwei Tafeln mitbrachte.

Traktor für Daniel mit Handfeger-Auspuff

Im wesentlichen hatten wir es mit vier Dienstgraden zu tun. Unser Chef war der »Hauptmann Wirtschaft« – inzwischen tatsächlich zum Hauptmann befördert –, der auch für die gesamte Küche verantwortlich war. Er war sehr kooperativ, wenn ich etwas für meinen Sohn Daniel basteln wollte. Das Basteln war Psychotherapie pur. Zunächst baute ich einen Papierdrachen. Ich beklebte ihn mit Augen, Nase und Mund und versuchte, das Gesicht fröhlich aussehen zu lassen. Diesen Drachen haben wir noch heute. Dann bastelte ich für ihn einen kleinen Holztraktor, für den unser Tischler den Stiel von seinem Handfeger opferte, damit ich einen ordentlichen Auspuff hatte.

Später kam noch eine Boing 747 aus Holz hinzu, an der ich lange saß. Das Flugzeug existiert noch wie auch jener Schmetterling, den ich konservierte. Ich bekam ihn von einem Leutnant der Transporttruppe. Der Schmetterling war ungewöhnlich groß und wunderschön. Später las ich, daß er aus Afrika kam. Diese selbstgebastelten Geschenke brachten mich meinem Sohn ein großes Stück näher.

Für ihn war ich auf Auslandsmontage. Als meine Frau und ich verhaftet wurden, war er gerade ein Jahr und neun Monate alt. Nach anderthalb Jahren wurde Helma entlassen, und seine Mutter erzählte ihm, daß der Papa weit fort sei, in einem fremden Land und deshalb nicht nach Hause käme.

Dann gab es noch einen Unterleutnant, den wir »den Kleinen« nannten, weil er eben nicht sehr groß war. Größer war sein Verlangen nach Alkohol. Morgens entsorgten wir die leergesoffenen Flaschen. Oft stand er zitternd vor uns. Einmal klagte er über Sehprobleme. Oho, der hat sich blindgesoffen, lästerten wir. Trotzdem mochten wir ihn.

Dann gab es einen großen blonden Leutnant mit Vornamen Dietmar. Er fuhr einen grünen Trabant 600, deshalb nannten wir ihn »Frosch« oder »Froschl«. Beim Innenputz seines Autos entdeckte ich einmal einen »Bummi«, ein Magazin für Vorschulkinder. Darauf war der Name und die volle Anschrift gedruckt. So war »Frosch« dekonspiriert.

»Froschl« brachte mir mal Tomatenpflanzen mit, die ich in Blumenkästen im Innenhof pflanzte. Fortan gab es für mich nichts Wichtigeres, als an jedem Abend vor Einschluß nach meinen Tomatenpflanzen zu sehen, mit dem Schraubenzieher den Boden etwas zu lockern und ihnen Wasser zu geben. Die Tomaten wurden reif, wir haben sie mit Genuß verzehrt.

Der Vierte war der Multifeldwebel, der deshalb so hieß, weil er einen »Multicar« fuhr und damit alle innerbetrieblichen Transporte abwickelte. Er hatte ein behindertes Kind, von dem er gelegentlich erzählte. »Multifeld« war eine liebe, ehrliche Seele.

Der Chef von der Transporttruppe hingegen war ein sehr schneidiger Oberleutnant, er hieß Hubert. Das erfuhr ich, als ich einmal in seinem Auto seine Mütze fand, auf deren Schweißband sein Name stand. Hubert war ein fescher Kerl, der schon mal mit der attraktiven Frau Oberleutnant aus der Küche frisch geduscht von einer »Dienstfahrt« zurückkehrte.

»Fätkenheuer«, fragte er mich mal grienend, »was ist das wichtigste bei einer Autonummer?«

Ich zuckte mit den Schultern.

»Daß man die Sitze hinterher saubermacht.«

Einmal hatten wir einen Flugdrachen zu entsorgen. Jemand hatte wohl versucht, mit Hilfe dieses selbstgebauten Fliegers in den Westen zu fliehen. Das Fluggerät war sehr professionell gebaut. Der Propeller war aus Holz, angetrieben wurde er von einem Motorradmotor. Ein Geschwindigkeits- und Höhenmesser war auch vorhanden. Die Stoffverspannung fehlte. Wir hatten die Aufgabe, das Ding völlig zu zerlegen und in den Schrott zu werfen.

Einmal lieferte man einen jungen Mann ein, der sich als sehr aufsässig erwies. Man sperrte ihn in Pankows einzige Gummizelle. Dort brüllte er weiter: »Ich fordere demokratische Ausreisebedingungen!«

In dieser fensterlosen Gummizelle befanden sich ein einbetonierter Sitz und eine Klappliege, die am Tage nach oben geklappt und angeschlossen wurde. Die Zelle war im Keller, und aus dem Keller ragte eine Öffnung in den Innenhof. Das war ein Holzschacht, der ungefähr zwei Meter über dem Erdboden endete. Aus diesem Holzschacht schallte es heraus: »Ich fordere demokratische Ausreisebedingungen!« Die Dienstgrade umwickelten den Holzschacht mit Decken, damit Ruhe war.

Nach Tagen wurde ich in die Gummizelle geschickt, um den Pinkeleimer zu entleeren. Der Urin war bereits umgeschlagen, faulte also, wie die Mediziner sagen. Es stank so widerlich, daß mich der Brechreiz würgte. Diesen entsetzlichen Geruch habe ich noch heute in der Nase.

Ab 16. Februar kam die Sonne erstmals im Jahr so hoch, daß ich sie an einer Stelle des Innenhofes sehen konnte. Dann wurde es von Tag zu Tag heller. Am liebsten waren mir Hofarbeiten im Sommer.

Einmal sollte ich im Flaschenlager, wo sich das Leergut befand, die Verschlüsse von den leeren Flaschen entfernen. Der Alkoholkomsum der Genossen war beachtlich. Ich schaute nach Resten in den Flaschen und sammelte diese in einem Becher.

Dabei entdeckte ich sogar eine halbe Flasche Eierlikör, die ich im Raum, in welchem sich das Notstromaggregat befand, versteckte. Als einziger von uns Gefangenen besaß ich den Schlüssel dazu. Ich nahm immer nur einen winzigen Schluck. Das war ein Fest.

Zum Reinigen unserer Toilette bekamen wir eine braune, scharfe Flüssigkeit. Weil wir keinen anderen Behälter hatten, füllten wir das Desinfektionsmittel in eine Weinbrandflasche. Diese geriet ins Leergut. Bei meiner Suche nach Neigen entdeckte ich eine Weinbrandflasche und einen braunschimmernden Rest auf deren Grund. Ich führte die Flasche zum Mund und ließ die Flüssigkeit auf die Zunge rinnen. Es brannte höllisch. Ich spuckte wild um mich und rannte zum Wasserhahn. Minutenlang spülte ich den Mund aus. Gottlob hatte ich das Zeug noch nicht hinuntergeschluckt. Das war das letzte Mal, daß ich Reste konsumiert habe.

An einem herrlichen Sommerabend, es war ein Sonntag, fiel der Strom aus. Nach einer halben Stunde kam der Posten zu uns in die Zelle. Eckehard und ich sollten das Notstromaggregat in Gang setzen. Die Dienstgrade waren an dieser Übung gescheitert. Die von mir gepflegten Batterien waren so alt, daß sie nicht mehr in der Lage waren, den 6-Zylinder-Lkw-Motor zu starten. Die Andrehkurbel war völlig verbogen, weil offensichtlich mehrere Genossen gleichzeitig versucht hatten, das Ding anzuwerfen.

Wir sollten nun eine Lösung finden. Für mich eine echte Herausforderung. Nun konnte ich unter Beweis stellen, was ich so drauf hatte. Ich baute die Batterien von zwei »Minnas« aus, schloß sie parallel und startete. Nach weniger als zwanzig Minuten hatten wir wieder Strom.

Gemeinsam mit mir saß in Pankow Bernd B. ein, der drei Jahre bekam, angeblich weil er es unterlassen hatte, jemanden zu verpfeifen. Ein Kamerad, Matrose bei der Volksmarine wie er selbst, hatte ihm von seiner Idee erzählt, in den Westen zu flüchten. Dieser führte die Absicht zwar nicht aus, aber irgendwie wurde die Sache publik und man griff sich auch Bernd. Mir war zwar bis dato kein Fall bekannt, daß eine verschwiegene Mitwisserschaft derartige Konsequenzen gehabt hätte. Auch Bernd verstand die Welt nicht mehr, wieso sollte er sich eines Verbrechens schuldig gemacht haben? Für uns war »der Mitwisser« nicht nur unschuldig, sondern ein anständiger, ruhiger Zellengenosse. Bernd B. saß stundenlang über seine Intarsienarbeiten gebeugt. In der Haftanstalt war er für die Heizung eingeteilt.

Dann gab es noch Micha, den Maler. Er saß wegen Scheckbetruges und Autodiebstahl. An einem Sommertag half er dem Tischler bei Sägearbeiten. Ein großes Buchenstück schlug zurück, weil der Spaltkeil nicht eingelegt war. Das Buchenstück traf Micha am rechten Unterarm und schlitzte diesen auf. Er kam zu mir in die Kfz-Werkstatt gelaufen und hielt mir den stark blutenden Arm hin. Ich band den Oberarm ab, so daß die Blutung aufhörte und verband die Wunde. Schließlich kam der Arzt und nähte die Wunde.

Als wir beim Abendbrot saßen, Micha war noch immer im Saniraum, kam ein Posten und brachte mich zum Arzt. Er wollte wissen, ob es arterielles Bluten war. Das konnte ich verneinen, denn das Blut war nicht pulsierend herausgeströmt.

»Dann ist ja alles gut«, sagte der Arzt und lobte meine professionelle »Erste Hilfe«.

Ich freundete mich mit Eugen B. an. Er verfaßte seine ersten Verse. Nach der Haft studierte er Literatur. Inzwischen hat er ein Buch veröffentlicht. Ich stehe noch mit ihm in Verbindung. Er hatte seinerzeit versucht, über die Tschechoslowakei in den Westen zu kommen. Dabei wurde er gefaßt. Er erzählte von seinen Vernehmungen in Prag sowie vom Rückflug nach Berlin. Er meinte, Sonderflüge dieser Art gäbe es fast regelmäßig.

Zu Eckehard D., dem Elektriker, hatte ich ebenfalls ein enges Verhältnis. Er hatte an MfS-Objekten gearbeitet und wußte sehr genau Bescheid über deren Stromversorgung und wie diese zu unterbrechen war. Er war ein echter »Geheimnisträger«. Eckehard wurde von einem angesprochen, der ihm vorschlug, dieses Wissen zu vermarkten. Dabei könne er ihm behilflich sein … Eckehard ließ sich auf die Offerte des vermeintlichen Westagenten ein – und war geliefert. Der Mann, offenkundig ein *Agent provocateure* des MfS, der seine Zuverlässigkeit testen wollte, lieferte ihn ans Messer.

Eckehard war ein Supertalent und konnte so gut wie alles reparieren, als Bastler war er unübertroffen. Er war auch für

Schlösser und abgebrochene Schlüssel zuständig. Einmal konstruierte er im Auftrag ein elektromechanisches Gefängnistürschloß. Stolz führte er uns das Versuchsmuster vor. Nur einmal bekam er Ärger: Er hatte einen Schlüssel angefertigt, mit dem man alle Zellen- und Gangtüren öffnen konnte. Ein solcher Universalschlüssel hatte bis dato nicht existiert, weil man ihn auch nicht für technisch möglich hielt. Das ging ja wohl doch ein wenig zu weit, daß man unter Aufsicht als Häftling einen solchen Schlüssel herstellte. Die »Spielregeln« wurden geändert.

»Fischi« galt als Trüffelschwein. Er hatte in Beirut das Büro der INTERFLUG geleitet. Seine Frau hatte einen Teil der aus dem Verkauf der Flugtickets stammenden Einnahmen auf ihr eigenes Konto fließen lassen. Als er das bemerkte, unterband er das nicht etwa, sondern deckelte die Veruntreuung. Allerdings brach die Maßlosigkeit von Madame ihm den Hals: Sie jettete nach Paris, um dort Schuhe zu kaufen. Irgendwann kam man ihr auf die Schliche. Beide wurden verhaftet und verurteilt.

Der etwa 50jährige »Fischi«, der seine Frau deckte, erhielt nicht nur eine langjährige Haft- sondern auch eine hohe Geldstrafe, deren Abzahlung ihn – nach damaligem Wissen – bis ans Ende seiner Tage belasten würde. Für Leute wie ihn war der Untergang der DDR in jeder Hinsicht eine Befreiung.

Einer der Mitgefangenen spielte einmal dem Teetrinker »Fischi«, der einst in Beirut von einem Butler bedient worden war, einen üblen Streich. Er bohrte seitlich in die Tasse ein Loch und verschloß dieses mit Wachs. Als »Fischi« die Tasse zum Munde führte, schoß ihm ein brühwarmer Strahl gegen die Gurgel. Die Umsitzenden schlugen sich johlend auf die Schenkel.

Alle zwei Monate hatte ich Sprecherlaubnis. Meist erschien meine Frau, die inzwischen entlassen worden war, in Begleitung meiner Mutter. Das war immer eine aufregende Sache. Wenn in der kurzen Zeit viele Probleme erörtert und nicht abschließend geklärt werden konnten, nisteten sie sich bis zur nächsten Begegnung im Hirn ein. Man grübelte und sinnierte, aus Mücken wurden Elefanten. Man drohte unter einem Gebirge von Sorgen und Ängsten begraben zu werden. Verlief das Gespräch jedoch angenehm und heiter, ging man hochgestimmt in die nächsten Wochen.

Als mich meine Frau informierte, daß es einen Mann gäbe, der sich sehr um sie bemühe, begann gleichsam eine seelische Marter. Was bedeutete dies? War er bereits an meine Stelle getreten und ich somit abgeschrieben? Warum besuchte sie mich? Kam sie aus Mitleid und Barmherzigkeit, oder empfand sie noch etwas für mich? Quälende Fragen und keine Antworten. Und dazu diese Ohnmacht, nichts tun zu können.

Ich litt, die Nerven lagen blank, ich brach in Tränen aus, als im Radio die Puhdys sangen: »Bis ans Ende der Welt – waren die Worte aus Lügen gemacht.« Die Emotionen schwemmten mich hinweg.

Zu Weihnachten wurde man besonders sentimental. Schon bei irgendwelchen rührseligen Kindergeschichten, die im Fernsehen zu sehen waren, zog ich mich schluchzend auf mein Bett zurück. Am 1. Feiertag gab es Entenkeule oder ein halbes Hähnchen und einen bunten Teller mit Äpfeln, Apfelsinen, Nüssen und den üblichen Zutaten.

Vor den Sprechterminen war meine Mutter in Westberlin und besorgte für mich Leckereien, die sie mir zuzustecken versuchte. Alles durfte sie nicht abladen, sie mußte das Überzählige wieder mitnehmen. Unser »Hauptmann Wirtschaft« schlug vor, die mitgebrachten Sachen meiner Frau, als diese noch inhaftiert war, zukommen zu lassen. So machten wir es – und alle waren zufrieden. Meine Mutter bekam davon nichts mit.

Inzwischen war ich von der dritten zunächst in die zweite und dann in die erste Etage umgezogen. Ich hatte die Standarddecke gegen ein Federbett getauscht, das die Heizer im Müll gefunden hatten. Das war ein völlig neues Schlafgefühl. Und ich benutzte eine Porzellantasse mit Rosendekor, die ebenfalls aus dem Müll stammte. Am Wochenende wurde darin der Bohnenkaffee gebrüht, das war geradezu ein Hochamt.

Die Heizer waren ausgeschlafene Leute. Sie erzählten, daß jemand einrückte, dem man stapelweise Pornos und Westzeitschriften abgenommen hatte. Der Vernehmer selbst warf sie ins Feuerloch. Kaum hatte dieser jedoch den Heizungskeller verlassen, riß der Heizer die untere Feuerklappe auf und fischte mit einem großen Haken die angekokelten Zeitungen heraus. Die Bildchen mit dem nackten Fleisch wanderten durch die Zellen.

Meine Arbeit machte mir Spaß. Ich stellte die Zündung ein bei Trabant und Wartburg, reparierte dieses und jenes, nahm auch schon mal einen Motorwechsel vor. Einige Dienstgrade wollten an ihrem Trabant eine Tankanzeige eingebaut haben, die es serienmäßig nicht gab. Üblicherweise mußte man die Motorhaube öffnen, den Tankdeckel entfernen und einen Meßstab hineintauchen, um zu wissen, wieviel Benzin noch im Tank war. Aus Wartburg-Teilen bastelte ich Anzeigen für die »Pappe«.

»Froschl«, der einen alten Trabant fuhr, wollte eine dritte Bremsleuchte haben. Ich installierte ihm zusätzliche Stoplichter auf der Hutablage. Seinen Stolz teilten allerdings die Genossen der Verkehrspolizei nicht: Die Straßenverkehrszulassungsordnung der DDR erlaubte dies nicht. Wenige Tage später mußte ich alles wieder ausbauen. Selbst sein »Klappfix« – der Dienstausweis des MfS am Lederriemen – hatte ihm nicht geholfen.

Der Chef der Vernehmer in Pankow fuhr als Dienstwagen einen Lada 2103 mit abnehmbarem Blaulicht und Sirene, privat einen Mazda 323, den ich manchmal in die Waschhalle fuhr.

Oft hatte ich auch kleine Mängel an einem Wolga GAS 24 zu beheben. Den nicht personengebundenen Dienstwagen steuerte ein junger netter Kerl, der mich wie einen seiner Kollegen und nicht wie einen Gefangenen behandelte. Wir nannten ihn »Wolga-Feldwebel«. Er war das ganze Gegenteil von dem jungen Dienstgrad, der in den ersten drei bis vier Monaten meiner Pankower Haftzeit Chef der Handwerker war. Diese Funktion betonte er bei jeder Gelegenheit. Ganz am Anfang legte ich mich mit ihm an, indem ich sagte, daß er im Unrecht sei. Da schrie er mich an: »Diskutieren Sie nicht rum, Fätkenheuer!« Das traf mich sehr.

Im monotonen Einerlei waren selbst tote Ratten ein Ereignis. Einmal fiel eine, groß wie eine Katze, vom Heizungsrohr auf meine Werkbank. Tage zuvor war Rattengift ausgelegt worden, davon hatte sie offenkundig gefressen. Eine andere machte sich durch Verwesungsgestank bemerkbar. Wir fanden sie in einem Wattepaket auf der Desinfektionsmaschine, in das sie sich hineingefressen hatte.

Daß es so viele Ratten gab, ging wohl auch auf unser Konto. Grundsätzlich wurden die Essenreste in die Toilette entsorgt. Als ich das am Anfang eben mit dem Hinweis auf Ratten kritisierte, wurde ich aufgeklärt: Die Töpfe müßten leer in die Küche zurückgehen, denn bliebe etwas übrig, bekäme man künftig weniger.

Diese Entsorgung mästete nicht nur Ungeziefer, sondern verstopfte auch die Abwasserleitungen. Unser »Hauptmann Wirtschaft« wies uns an, die Verstopfung zu beseitigen. Der Rohrleger ging in den Malerkeller und öffnete ein Fallrohr. Innerhalb von Minuten standen im gesamten Keller die Fäkalien etwa 15 Zentimeter hoch. Der »Magdeburger«, unser Brigadier, wies uns an: »Nehmt Eimer und Schippen und dann ab in den Keller, dort schwimmt die blanke Scheiße.« Wir schaufelten und trugen die Kloake ins Freie, doch die Ursache der Verstopfung fanden wir nicht, wir kamen mit unseren Handspiralen nicht tief genug in das betreffende Abflußrohr hinein. So mußte eine Fremdfirma kommen, um die Havarie zu beseitigen.

Zu unseren täglichen Begleitern gehörten die Schaben. Sie waren überall: in der Küche, in unserer Zelle, im Kühlschrank. Manchmal krochen sie nachts über unsere Gesichter. Am Schlimmsten war es hinter dem Kühlschrank in der Küche.

Trotzdem: Pankow, wo ich fünf Jahre zubringen sollte, war erträglich, es wurde zu einer gewissen Heimat, zur Heimat von Häftlingen. Denn das blieben wir: Gefangene. Wir waren ein- und weggesperrt, unfrei eben. Darüber konnten die alles in allem annehmbaren Verhältnisse nicht hinwegtäuschen.

Vor allem konnten wir an Vorgängen außerhalb der Mauern nicht teilhaben. So verunglückte mein Neffe Mathias tödlich mit dem Motorrad und auch meine Schwiegermutter verstarb. Obwohl ich mich sehr darum bemühte, durfte ich nicht an den Beerdigungen teilnehmen. Eines Tages verbrühte sich Daniel mit kochendem Wasser, meine Frau brachte ihn ins Krankenhaus. »Habe mir Bein verbrennt«, hieß es in seinem kurzen Brief, denn er ging inzwischen zur Schule. Ich las wieder und wieder die Zeilen, die mich aufwühlten. Aber ich konnte nichts tun.

Nach und nach verließen mich die Mitgefangenen, neue kamen. Ich aber blieb zurück. Wie viele Jahre noch? Ich las im Kaffeesatz und in der Zeitung, ob es nicht Hinweise auf eine Amnestie gäbe. Jede politische Veränderung wurde »abgeleuchtet«, ob davon eventuell die politischen Häftlinge profitieren könnten.

Aus Anlaß des 30. Jahrestages der DDR gab es am 14. Dezember 1979 eine Amnestie. Unter den 21.928 entlassenen Strafgefangenen aber war ich nicht.

Ich frage mich auch: Warum tun die Amerikaner nichts für mich? Ich war fest überzeugt, daß sie von Carli erfahren hatten, was mit mir passiert war und wo ich jetzt steckte. Warum lösten sie nicht ihr Versprechen ein, mich nach einer gewissen Zeit rauszuholen? Mein Vertrauen verlor sich mit jedem Monat, mit jedem Jahr.

Wie konnte ich denn ahnen, daß ein höherer CIA-Boss die in der DDR inhaftierten Agenten frech nach oben abrechnete und das für sie vorgesehene Geld in die eigene Tasche steckte? Erst 2004 erfuhr ich aus Recherchen des Filmemachers Jürgen Ast von diesem kriminellen Vorgang. (Nach Berichten einer

Nicht zum ersten und zum letzten Male steckte sich ein höherer CIA-Führungsoffizier in den 80er Jahren Geld in die eigene Tasche, das für seine Agenten bestimmt war. Wo die Regeln der Konspiration herrschen und Kontrolle nicht stattfindet, haben zwangsläufig auch Kriminelle ihre Chance

Schweizer Journalistin, die im Jahr 2006 in dieser Sache recherchierte, soll der Mann unter dubiosen Umständen Selbstmord begangen haben.)

Die Gefangenschaft veränderte sukzessive das Verhalten. Die Reizschwelle war ziemlich niedrig, schon die kleinste Meinungsverschiedenheit konnte zu einem heftigen Streit führen. Keiner war bereit nachzugeben und einzulenken. Jeder war versucht, seine Position zu beweisen, zu bekräftigen, egal, wie banal die Sache auch war. So geriet ich beispielsweise in Harnisch, als ich Widerspruch mit der Behauptung erntete, daß es in der DDR eine TGL, eine Technische Güte- und Lieferbestimmung, gäbe, in der das Wort »Pißstelle« stünde. Darin sei unter anderem festgeschrieben, für wie viele Betriebsangehörige eine Pißstelle anzulegen wäre. Die Mitgefangenen tippten sich an die Stirn und sagten, daß wäre Unsinn, das Wort stünde dort gewiß nicht. Diese Reaktion veranlaßte mich, meine Frau in einem Brief zu bitten, mir diese TGL zu schicken. Sie tat es, und die Vernehmer waren reichlich über die Literatur verwundert. Doch ich war rehabiliert.

In dieses Fach fiel auch das stete Mißtrauen. Wenn man irgendetwas vermißte, wurde zunächst einmal angenommen, daß man bestohlen worden sei.

Zur Psychose gehörte nicht nur, daß man selbst in den Träumen ein Gefangener war, sondern auch eine stetig wachsende imaginäre Vorfreude auf die Entlassung. Man malte sich wieder und wieder aus, was man alles machen würde, um diese Freiheit so intensiv wie möglich auszukosten: über eine Wiese zu laufen, in einem See zu baden, durch einen Wald zu spazieren … Ich lebte fortgesetzt in der Erwartung größten Glücks. Doch genau das war auch das Dilemma: Ich wußte nicht, wann dies eintreten würde. So befand ich mich unablässig in einer Art Hochstimmung, was aber objektiv auf Dauer nicht gutgehen konnte. Ich malte mir mein künftiges Leben in rosigen Farben aus, hoffte meine Ehe noch kitten und das Familienglück retten zu können.

Im Frühsommer 1985 geschah es. Eckehard flüsterte mir zu: »Der Hauptmann Wirtschaft hat mich gefragt, ob ich in der Lage wäre, das Notstromaggregat zu bedienen.« Er solle aber mit niemandem darüber sprechen.

Das war eindeutig eine Nachricht. Der Hauptmann wußte, daß Eckehard dazu in der Lage war, er mußte ihn nicht erst fragen. Doch er fragte ihn dennoch unter dem Siegel der Verschwiegenheit, um nämlich einen bevorstehenden Wechsel am Aggregat zu signalisieren. Das hieß: Der Mann, der üblicherweise am Diesel stand, würde nicht mehr da sein. Weil man ihn entlassen würde. Und dieser Mann war – ich.

»Du kommst raus!« Eckehard umarmte mich.

Mir wurde schwindelig.

Tage später kam der Oberleutnant Effekten zu mir und teilte mir mit, daß der Bügel meiner Sonnenbrille kaputt sei. Ob ich das schon wisse. Ja woher denn? Viel wichtiger jedoch war der damit gegebene Hinweis, daß er an meinen Sachen war. Und das bedeutete: Man bereitete offenkundig die Rückgabe an mich vor, also stand wirklich meine Entlassung an.

Schließlich erschien ein mir unbekannter hoher Offizier und teilte mir förmlich mit, daß ich entlassen werden solle. »Wo möchten Sie denn hin – nach Hause oder nach Amerika?«

Zuerst traute ich meinen Ohren nicht. Ich hielt die Mitteilung für eine Provokation und sagte: »Ich möchte nach Hause zu meiner Familie.« Wollten sie mich prüfen, ob ich »reif« genug sei für die Rückkehr in den sozialistischen Staat?

Nun begannen Tage zermürbenden Wartens.

Anfang Juni schweißte ich im Innenhof an unserem »Multicar« Rungen an. Plötzlich standen neben mir zwei Läufer. »Kommen Sie bitte mit.«

Sie brachten mich zuerst in unsere Zelle, wo ich meine persönlichen Sachen aufnehmen sollte, die anschließend sehr gewissenhaft kontrolliert wurden. Meine Lieblingstasse bekam ich leider nicht mit. Mehrere Tage verbrachte ich dann in einer Einzelzelle, die wir Abgangszelle nannten. Nachts bekam ich vor Aufregung kein Auge zu. Ich freute mich, wenn morgens um halb fünf die Amseln zu singen begannen. Dann wußte ich, daß endlich die Nacht vorbei war. Und jedesmal hoffte ich, es sei die letzte im Knast gewesen.

Schließlich transportierte man mich und meine Sachen in einer »Minna« zur Magdalenenstraße. Dort kam ich wieder in eine Einzelzelle. Dummerweise trank ich aus dem Wasserhahn über dem Waschbecken, weil ich großen Durst hatte. Das Was-

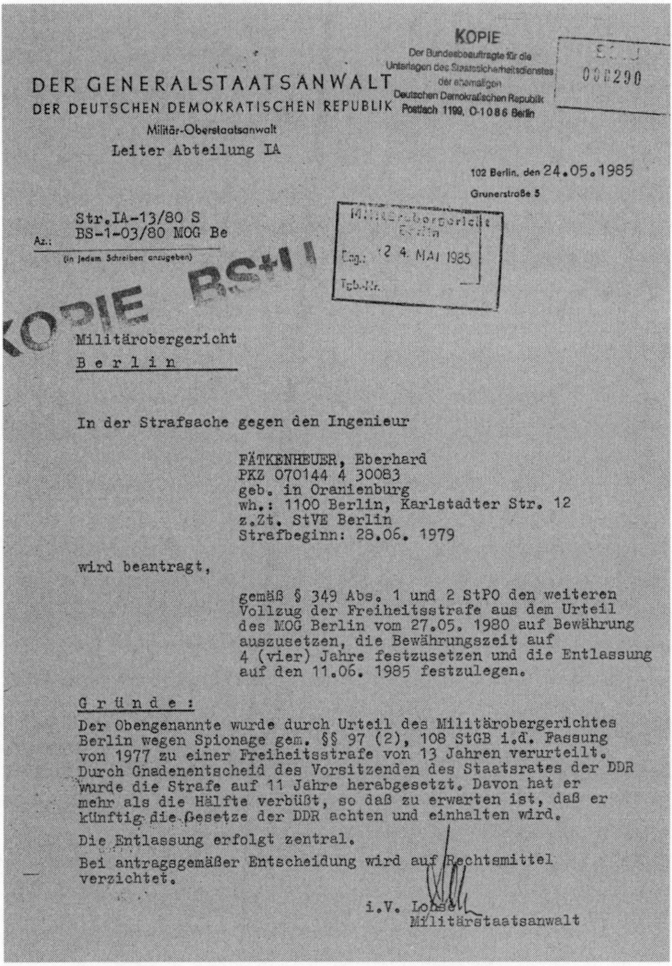
KOPIE
Der Bundesbeauftragte für die Unterlagen des Staatssicherheitsdienstes der ehemaligen Deutschen Demokratischen Republik
Postfach 1199, O-1086 Berlin

DER GENERALSTAATSANWALT
DER DEUTSCHEN DEMOKRATISCHEN REPUBLIK
Militär-Oberstaatsanwalt
Leiter Abteilung IA

102 Berlin, den 24.05.1985
Grunerstraße 5

Az.: Str.IA-13/80 S
BS-1-03/80 MOG Be
(in jedem Schreiben anzugeben)

Militärobergericht
Berlin
Eing.: 24. MAI 1985

KOPIE BStU

Militärobergericht
Berlin

In der Strafsache gegen den Ingenieur

FÄTKENHEUER, Eberhard
PKZ 070144 4 30083
geb. in Oranienburg
wh.: 1100 Berlin, Karlstadter Str. 12
z.Zt. StVE Berlin
Strafbeginn: 28.06. 1979

wird beantragt,

gemäß § 349 Abs. 1 und 2 StPO den weiteren Vollzug der Freiheitsstrafe aus dem Urteil des MOG Berlin vom 27.05. 1980 auf Bewährung auszusetzen, die Bewährungszeit auf 4 (vier) Jahre festzusetzen und die Entlassung auf den 11.06. 1985 festzulegen.

Gründe:
Der Obengenannte wurde durch Urteil des Militärobergerichtes Berlin wegen Spionage gem. §§ 97 (2), 108 StGB i.d. Fassung von 1977 zu einer Freiheitsstrafe von 13 Jahren verurteilt. Durch Gnadenentscheid des Vorsitzenden des Staatsrates der DDR wurde die Strafe auf 11 Jahre herabgesetzt. Davon hat er mehr als die Hälfte verbüßt, so daß zu erwarten ist, daß er künftig die Gesetze der DDR achten und einhalten wird.
Die Entlassung erfolgt zentral.
Bei antragsgemäßer Entscheidung wird auf Rechtsmittel verzichtet.

i.V. Lohse
Militärstaatsanwalt

Entscheidung über Aussetzung der Haftstrafe vom 24. Mai 1985 – damit ist der Weg in den Westen am 11. Juni frei

ser stand wohl schon längere Zeit im Rohr und war nicht mehr frisch. Am nächsten Tag erbrach ich mich und hatte Durchfall. Und sicherlich forderte auch die Anspannung ihren Tribut. Ein Arzt versorgte mich, mir ging es ziemlich dreckig.

Erneut wurde ich im Vernehmerzimmer gefragt, wohin ich gehen wolle. Ich bekräftigte meinen Wunsch, in die DDR entlassen zu werden.

Ich kam auf Transport. In einer »Minna«, aber ohne Handschellen, ging es nach Karl-Marx-Stadt. Dort war ich mit einem in einer Zelle, der mir erzählte, daß sämtliche in der DDR inhaftierte CIA-Agenten entlassen werden würden. Die Ursache für diese Maßnahme kannte er nicht.

Man händigte uns nun unsere Privatsachen aus. Für das übrige mußte ich mir eine Tasche kaufen.»Mein Pappkarton reicht mir völlig aus«, widersprach ich. »Ich werde gewiß abgeholt.« Man bestand aber auf der Forderung.

Am Morgen nach der zweiten Nacht in Karl-Marx-Stadt bestiegen wir einen Bus mit DDR-Kennzeichen. Ich nahm ziemlich weit vorn Platz. Zur Begleitung kamen eine Frau und ein Mann von der »Firma« mit dazu. Wir erhielten Brot und Kaffee. Ein Volvo fuhr voran. Drin saß nur eine Person.

Wir schauten aus dem Fenster und nahmen alles in uns auf. Menschen, die auf der Straße liefen, Bäume, so wunderbar grün. Nach einiger Zeit stoppte der Bus zu einer Pinkelpause. Monika A. aus Westberlin, die zusammen mit ihrem Mann wegen Spionage in Bautzen II gesessen hatte, pflückte Blumen am Straßenrand und drückte jedem eine in die Hand.

Bernd A. und seine Frau rieten mir, nicht in den Osten, sondern in den Westen zu gehen. Sie redeten fast eine Stunde un-

US-Diplomat Richard Burt begrüßt DDR-Rechtsanwalt Wolfgang Vogel, rechts John Kornblum, verdeckt: Tom Niles

ablässig auf mich ein, meine Entscheidung zu korrigieren. Dann erreichten wir Postdam. Wir stoppten schließlich in der Nähe einer Brücke. Es war der 11. Juni 1985 kurz vor Mittag.

12 Uhr setzte sich der Bus wieder in Bewegung und hielt unmittelbar an dieser Brücke.

Die Tür öffnete sich. Zwei Männer stiegen ein. Zunächst stellte der eine sich als Rechtsanwalt Wolfgang Vogel vor, dann den anderen als Mr. Richard Burt, Chef der Europaabteilung des Außenministeriums der USA. Dann kam noch ein dritter hinzu. Er war korpulent und hieß John Kornblum, Leiter der Abteilung für zentraleuropäische Angelegenheiten im State Department. Burt begrüßte uns und bestellte Grüße von Präsident Ronald Reagan. Wir applaudierten. Burt redete, Kornblum übersetzte.

Wir würden jetzt sofort nach Westberlin ausreisen, sagte er, egal, wie wir uns entschieden hätten.

Ich wurde nervös und sagte Vogel, daß ich zu meiner Frau und meinem Sohn in der DDR wolle.

Er schaute mich erstaunt an. »Ihre Frau, Herr Fätkenhäuer, lebt doch mit einem anderen Mann zusammen. Sie hat die Scheidung eingereicht.«

»Woher wissen Sie das?«

»Die Sicherheitsorgane haben mir das mitgeteilt.«

Das traf mich wie ein Blitzschlag. Ich dränge nach vorn und fragte Kornblum, ob ich mit Burt sprechen könne. Ja, natürlich, hieß es. »Um was geht es?« So und so.

Mir wurde bedeutet auszusteigen. Burt, Kornblum und ich – vielleicht stand auch noch Rechtsanwalt Vogel dabei – steckten die Köpfe zusammen. »Wenn ich jetzt mit nach Westberlin fahre«, begann ich vorsichtig, »kann ich dann später auch wieder in die DDR zurückkommen?«

Burt nickte, als ihm die Frage übersetzt worden war. Er zeigte mir die entsprechende Stelle in einem Papier, das den Austausch regelte. Eine Rückkehr in den Osten sei möglich, es gäbe auch keine Strafverfolgung – die Sache sei erledigt. Andererseits, auch das war formuliert worden, hatten die Angehörigen in der DDR die Möglichkeit, im Wege der Familienzusammenführung, sofern sie dies wünschten, in den Westen nachzukommen.

Damit fiel für mich die Entscheidung.

Vogel reichte mir ein Blankoformular, das ich unterzeichnete. Damit war meine Entlassung aus der DDR besiegelt.

Ich stieg wieder in den Bus, Kornblum folgte mir nach. Die Frau von Werner Jonsek verließ uns und bestieg einen Lada. Der zweite PKW, der offenkundig für mich bestimmt war, wendete und fuhr leer in die Stadt zurück.

Wir fuhren auf die Glienicker Brücke. In der Mitte, wo die Grenze verlief, hielt der Bus. Wir stiegen nacheinander aus, überschritten die weiße Linie und stiegen schon nach wenigen Metern erneut in einen anderen Bus, der bereits auf uns wartete.

Ich war so aufgeregt, daß ich meine Tasche mit den Papieren und 1.456,47 Ostmark, die ich in fünf Jahren verdient hatte, im Bus auf der Ostseite stehen ließ. Kornblum trug sie mir nach. Unser Bus setzte sich in Bewegung, ein Polizeifahrzeug fuhr uns voran. Es gehe zum Flughafen Tempelhof, hieß es. Ich begann mich in Tränen aufzulösen.

In Tempelhof nahmen uns die Amerikaner in Empfang. Wir wurden identifiziert. Mich überraschte, daß sie ein Farbfoto von mir besaßen, das ich noch nie gesehen hatte. Jeder bekam Übergangsgeld in die Hand gedrückt, damit wir uns Kleidung kaufen konnten. Ein Imbiß stand bereit mit Cola und Brötchen. Auf dem Flugfeld wartete eine Militärmaschine vom Typ »Herkules« auf uns, die uns nach Frankfurt am Main bringen sollte. Das Flugzeug war weiträumig mit rot-weißem Band abgesperrt, GIs patrouillierten mit Hunden. Wir stiegen durch die große Heckklappe ein.

Ein Soldat schaute uns mit großen Augen an. Er zeigte auf mich und fragte: »You are a spy?« Ich nickte und glaubte, Bewunderung in seinen Augen gesehen zu haben.

Im Innern gab es keine Sessel, wir nahmen auf Gurtsitzen an den Wänden Platz. Hydraulik- und Elektroleitungen waren unverkleidet sichtbar. Wir landeten auf dem militärischen Teil des Flughafens von Frankfurt. Dort bestiegen wir erneut einen Bus, der uns ins Aufnahmelager Gießen bringen sollte. Aus dem Autoradio hörten wir, daß heute der größte Agentenaustausch der deutschen Geschichte stattgefunden habe. Die Nachricht, die uns betraf, löste riesiges Gejohle aus.

In Gießen wurde mir schlecht. Ich wurde medizinisch versorgt, bekam Mittel gegen mein Sodbrennen. Ein Arzt schrieb mich krank. Ich bekam ein Einzelzimmer, war körperlich und psychisch am Ende, hatte Angstzustände und konnte nur mit Schlaftabletten schlafen. Mein Penis zog sich sich bis zu einem Drittel seiner natürlichen Größe zusammen und blieb für mehrere Tage so. Ich litt an Verfolgungswahn. Wenn ich draußen war, mich auf dem Gelände bewegte, drehte ich mich ängstlich um. Ich wähnte immer jemanden hinter mir.

An meinem Schuh löste sich die Kreppsohle auf, weil ich wohl durch einen Ölfleck gelaufen war. Ich aber dachte, daß es ein Anschlag auf mich gewesen sein könnte. Selbst die Briefe von meiner Mutter warf ich weg. Ich hatte Furcht, sie könnten mich belasten.

Von deutschen Beamten wurden wir befragt, in welches Bundesland wir gehen wollten. Wir bekamen ein vorläufiges Dokument und wurden vergattert, gegenüber den Medien Stillschweigen zu wahren. Am Tag vor meiner Abreise aus Gießen, einem Sonntag, ging ich in die Kirche. »Kommt zu mir, die ihr mühselig und beladen seid«, lautete der Predigttext. Als ich mich weinend vom Pfarrer verabschiedete, erkundigte sich dieser: »Kommen Sie aus dem Aufnahmelager?«

Ich telefonierte mit meiner Frau und beschloß, am 17. Juni nach Westberlin zu fliegen. Von dort und mit Hilfe von Rechtsanwalt Vogel sowie einem Mitarbeiter des Bundesministeriums für innerdeutsche Beziehungen namens Plewa gelang es mir, meine Frau zu überzeugen, in den Westen nachzukommen und dieses Vorhaben auch zu realisieren. Helma hat mit sich schwer gerungen, Freunde konsultiert und ihr Gewissen geprüft. Dann war auch sie davon überzeugt, daß unsere gemeinsame Zukunft im Westen liegen würde.

Am 20. Juni konnte meine Familie ausreisen. Ich holte sie vom Grenzübergang Invalidenstraße ab. Helma brachte nur einen kleinen Handwagen mit wenigen Habseligkeiten mit. Und einen fast achtjährigen Jungen. So also sah nun das Kleinkind aus, das ich vor sechs Jahren zurücklassen mußte. Erst wenige Tage zuvor hatte meine Frau ihm offenbart, daß ich nicht im Ausland, sondern im Gefängnis war.

Wir beide hatten Berührungsängste.

In Marienfelde konnte ich für die beiden ein Einzelzimmer mit Bad auf der Quarantänestation besorgen. Nach einer Woche bekamen wir eine kleine Wohnung im Aufnahmelager. Ein Zimmer, Küche, Bad – aber das reichte für uns. Dort verbrachten wir zwei bis drei Monate, ehe wir nach Berlin-Lichterfelde in eine wunderschöne, sonnige Drei-Zimmer-Wohnung zogen. Den Tip hatten wir von Frau L. aus dem Aufnahmelager-Marienfelde erhalten, die die politisch anerkannten Flüchtlinge betreute.

Monate später, im Frühjahr 1986, zitierten mich die Amerikaner in die Clayallee. Ich wurde dort über meine Spionagetätigkeit befragt und kam an den Lügendetektor. Offenkundig war man nicht mit mir zufrieden – beim Komplex Vogel und bei den Ausführungen zu einem ehemaligen Arbeitskollegen hatte das Gerät reagiert. Sie drohten, mich den deutschen Behörden zu übergeben.

Diese offene Drohung verunsicherte mich, und ich erwog ernstlich, mir das Leben zu nehmen, zumal ich zeitgleich auch glaubte, eine Prüfung als Sachverständiger vermasselt zu haben. Doch stattdessen schrieb ich an Herrn Kraus in München, dessen Deckadresse mir bei unserer Ankunft in Tempelhof übergeben worden war. Bei »Kraus« handelte es sich natürlich um einen Tarnnamen, denn ich sah ihn Jahre später unter einem anderen Namen in einer Fernsehdokumentation. Er war in den 50er Jahren maßgeblich an dem Tunnelbau in Glienicke beteiligt gewesen.

»Kraus« stellte nicht nur die Sache mit dem Lügendetektor klar, sondern sorgte auch dafür, daß die Amerikaner mir eine Entschädigung zahlten. Ich fertigte eine Liste meiner materiellen Verluste an, die mir durch die Übersiedlung von Ost nach West entstanden waren. Das meine ich sehr sorgfältig gemacht zu haben. Aus heutiger Sicht war ich viel zu bescheiden.

Die Amerikaner bezahlten genau diese Summe, keinen Pfennig mehr. Meine Verluste durch entgangenen Verdienst aufzuschreiben, hatte ich nicht gewagt. Zu jener Zeit lebten wir sehr einfach. Wir drehten jede Mark zweimal um, bevor wir sie ausgaben.

Die Psychologin, bei der ich wegen Haftschäden in Behandlung war, fragte mich, ob die Amerikaner mit mir Kontakt hätten und sich kümmern würden. Sie wußte, daß viele, die für die Amerikaner gearbeitet hatten, keinen Kontakt zu ihrem ehemaligen Auftraggeber finden konnten. Sie waren wie abgeschnitten, eben verbrannt. Es wollte sie einfach keiner mehr kennen. Das war bei jenen, die 1985 ausgetauscht wurden, anders. Vielleicht war wegen des öffentlichen Interesses von oberster Stelle angeordnet worden, daß man sich um uns kümmern sollte. Allerdings reduzierte sich das auf die materielle Hilfe. Alles andere war unser Problem.

Meine CIA-Kontaktleute erkundigten sich bei jedem Treffen, ob ich schon Arbeit hätte, wie es mir gehe, und gaben mir das Gefühl, daß es sie wirklich interessiere. Doch mehr als diese Anteilnahme konnte ich nicht erwarten.

Der Technische Überwachungsverein, bekannt als TÜV, suchte per Anzeige Kraftfahrsachverständige. Auf einer geborgten Schreibmaschine tippte ich eine Bewerbung. Ich wurde zu einem Bewerbungsgespräch eingeladen und auf Probe eingestellt. Ich hatte große Angst, die Sachverständigenprüfung nicht zu bestehen. Ich arbeitete und paukte abends die Paragraphen. Das war alles Neuland für mich, denn ich kannte mich nur mit Ostvorschriften aus. Entgegen einem anderslautenden Gerücht bestand ich jedoch die Prüfung.

Mein Einstieg ins neue Berufsleben vollzog sich zeitgleich mit meinem Ausstieg aus der Welt des Geheimdienstes.

Ich wurde nach Ostern 1986 telefonisch zu einem Treffen in das Flughafenrestaurant Tegel gebeten. Dort sollte die Übergabe meiner Entschädigung stattfinden. Ich nahm mir zwei Stunden frei und fuhr mit meinem gebrauchten »Passat« in die Tiefgarage vom Flughafen. Zwei Herren erwarteten mich an einem etwas abseits stehenden Tisch im Restaurant. Einer der Männer war Herr »Kraus«, mit dem ich mich hin und wieder im Hotel »Intercontinental« getroffen und der mir dort eine Art Sold in Westmark übergeben hatte. Den zweiten Mann sah ich zum ersten Male. Man legte mir eine Art Vertrag vor.

Ich mußte mehrere Seiten unterschreiben. Ich erklärte beispielsweise, daß damit alle Ansprüche abgegolten seien und ich keine weiteren Forderungen stellen würde. Weiterhin verpflichtete ich mich, künftig in kein kommunistisches Land zu reisen.

Am meisten erstaunte mich die Feststellung, daß ich mit dem Tag der Unterschrift aus der US-Army ausscheiden würde.

Bis zu jenem Augenblick war mir überhaupt nicht bekannt, daß ich jahrelang Angehöriger der Armee der Vereinigten Staaten von Amerika gewesen sein sollte.

Die Übergabe des Geldes erfolgte in der Tiefgarage. Wir zwängten uns in meinen »Passat«, der so ungeschickt eingeparkt war, daß die Tür nur ein kleines Stück aufging. Der Geldkoffer war mit einer Kette am Handgelenk des mir fremden Mannes befestigt, er hatte sichtlich Mühe beim Einsteigen.

Er sagte, ich müsse es nicht versteuern. Es wäre kein deutsches Geld, sondern amerikanisches. Gleichwohl waren es D-Mark und keine Dollar, die er mir in den Schoß zählte. Kein Vermögen, aber immerhin eine beachtliche Menge.

Mit dieser Geldübergabe endete mein Kontakt zur CIA. Keine Seite hat je wieder versucht, die Verbindung zu reaktivieren. Wie ich inzwischen weiß, verlief es bei den anderen Businsassen so ähnlich.

Nach dem Fall der Mauer hatte ich dienstlich in Berlin-Lichtenberg zu tun. Auf einmal stand vor mir ein Mann, den ich von früher kannte. Aber woher?

»Waren wir zusammen in der Lehre?«, fragte ich.

»Nein.«

Auch mit anderen Vermutungen lag ich falsch. Schließlich erkundigte ich mich: » Oder warst du vielleicht mit mir zusammen in Pankow im Knast?«

»Ja, wenn auch mit der Einschränkung: Ich davor und Sie dahinter«.

O Gott, das war ein ehemaliger Schließer. Wie er mir berichtete, hatte er noch vor der Wende auf eigenen Wunsch seinen Dienst quittiert und war wieder Straßenbahnfahrer geworden. Offenbar gefiel ihm sein Job auch.

Seit anderthalb Jahrzehnten bin ich nunmehr als Fahrerlaubnisprüfer bei der DEKRA, der größten deutschen Prüforganisation, tätig. Seit einiger Zeit arbeite ich nur noch halbtags an drei Tagen in der Woche und denke, die Monate bis zur Rente auch noch zu meistern.

Im März 2006 wollte ich einem jungen Mann die Prüfung in der Theorie abnehmen. Er legte mir einen US-Paß und die anderen Unterlagen hin. Ich lese: Alexander Kornblum.

»Sind Sie der Sohn von John Kornblum, dem ehemaligen US-Botschafter in Deutschland?«

Er bejahte.

Ich berichtete, wer ich sei und weshalb ich in grauer Vorzeit, als es ihn noch nicht gab, mal etwas mit seinem Vater zu tun hatte. Ich trug ihm Grüße an seinen Vater anläßlich meines 21. Jahrestages der Befreiung auf.

Mehr oder weniger zufällig hatte ich am 6. April 2006 auch die praktische Prüfung abzunehmen. Da Alexander Kornblum noch keine 18 war, mußten die Eltern ihn beim Fahren begleiten. Ich lud sie zu einem Grillfest zu mir in den Garten. Meine Frau erklärte mich für verrückt. Nie und nimmer würde der Mann, der bis vor kurzem Diplomat war und jetzt in Aufsichtsräten und Vorständen großer Unternehmen säße, zu uns nach Hause kommen.

Die Kornblums kamen.

Ich erzählte an jenem Abend auch von meinen Knast-Phantasien, daß ein Hubschrauber über den Hof des Gefängnisses einschwebte, GIs sich an Seilen herunterließen und mich mitnahmen, bevor die anderen die Kalaschnikows durchladen

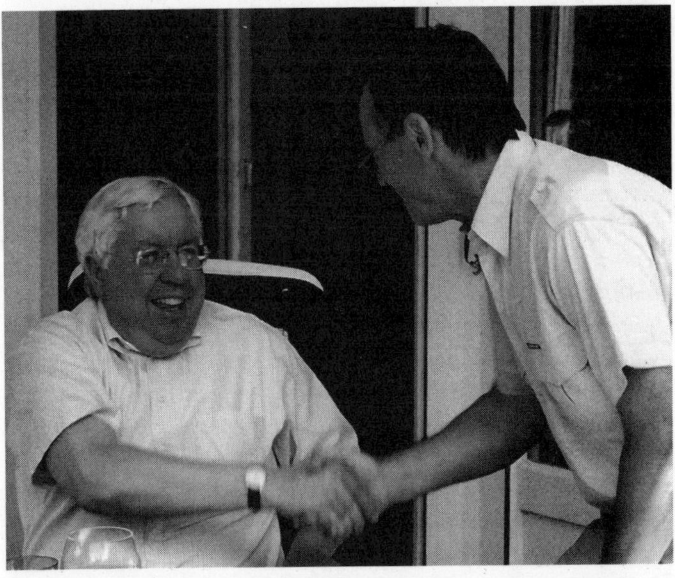

Shakehands mit John Kornblum bei der Gartenparty, 2006

konnten. »Die Wahrscheinlichkeit«, sagte ich, »daß mich damals ein US-Hubschrauber aus dem Gefängnis geholt hätte, war fast so groß wie jene, daß mich der ehemalige US-Botschafter in Deutschland zu Hause besuchen würde. Aber: Es ist Realität. Sie sind ab heute mein Hubschrauber.«

Das Gefängnis in Pankow, in der Einflugschneise des Flughafen Tegel. Als Fätkenheuer am 17. Juni 1985 nach Berlin zurückkehrt, fliegt er darüber hinweg. »Ich bin in die 1. Klasse gegangen und fragte die Stewardess, ob ich mich dort setzen dürfe, weil man dort besser sähe. Ich bekam einen Platz und wenig später ein Glas Sekt. Ich verstand die Welt nicht mehr. Ich schaute nach unten, wo bis vor kurzem der Strafgefangene Fätkenheuer einsaß, und fragte mich: ›Bist du es, der hier fliegt?‹ 500 Meter vielleicht trennten mich von der Zwingburg, es waren Lichtjahre. Ich erkannte die katholische Kirche in der Kissingenstraße, und gleich daneben, ja, da war einst unsere Wohnung. Ich war frei, und da unten befanden sich meine Bewacher, die noch immer eingesperrt waren. Die Dinge waren auf den Kopf gestellt …«

Zwei Tage nach unserem Gartenfest rief mich Helen Kornblum an und lud uns zu einem Mittsommernachts-Musikabend ein. Dort befanden wir uns plötzlich in Kreisen, in die wir nicht hineingehörten. Wir wurden dem polnischen Botschafter, einem Abteilungsleiter aus der US-Botschaft und vielen anderen honorigen Personen vorgestellt und unterhielten uns mit allen blendend. Daniel erntete Lob bei John Kornblum für sein gutes Englisch.

Publik wurde meine Vergangenheit durch den Film »Tausche Ostagent gegen Westagent«, der von einigen Fernsehstationen ausgestrahlt wurde. Plötzlich schlug mir Anerkennung und Achtung entgegen. Das mag aber auch daran gelegen haben, daß meine Berichte in dem Film einfach gut herübergekommen sind. Ein Fahrlehrer, über siebzig Jahre alt inzwischen, kam in mein Büro. »Herr Fätkenheuer, ich habe Ihren Film gesehen, ich habe Hochachtung vor Ihnen.« Dabei nahm er fast militärische Haltung an.

Meine Frau sieht das natürlich anders. Durch mich und meine Eigenwilligkeiten ist die Familie in tiefes Unglück gestürzt worden. Sie hat unter der Gefängniszeit und dem damit verbundenen Entzug des Kindes so wahnsinnig gelitten, daß sie daran auch hätte zerbrechen können. Ich kann das nicht ungeschehen machen und übernehme ohne Abstriche die Verantwortung für alles, was ich ihr angetan habe. Ich und nur ich habe sie da hineingezogen.

Meine beiden Söhne hingegen, inzwischen junge Männer, sind stolz darauf, daß ihr Vater geheimdienstlich für die größte Militärmacht der Welt gearbeitet hat. Jedenfalls fanden sie es »cool und mutig«, was der Vater gemacht hat.

Wenn auch John Kornblum nicht in offizieller Mission zu mir kam, sondern als Privatgast, so ist der Handschlag dieses Diplomaten für mich bedeutsamer als ein Händedruck von irgendeiner anderen amerikanischen Persönlichkeit.

Dieser Handschlag soll ein für alle mal die Wunden der Vergangenheit bedecken.

Fätkenheuer und der Mann, der im Dunkeln blieb

Die Geschichte des Werbers Karl (»Carli«) Gspandl alias »Max« oder »Friedrich Mosler« aus Österreich

Von Hannes Sieberer

Der Jugendfreund von Eberhard Fätkenheuer, der Österreicher Karl (»Carli«) Gspandl, spielt in der vorstehenden Geschichte eine wichtige Rolle. Doch manche Frage, die sich aufdrängt, bleibt unbeantwortet. Das ist nicht unbedingt dem Autor anzulasten. Es gibt wenig aussagekräftiges MfS-Material zu seinem Werber, und die Recherchen im Westen brachten auch nichts.

Nach dem Austausch im Jahr 1985 auf der Glienicker Brücke brach die Verbindung zwischen Fätkenheuer und Karl G. ab, obgleich dieser doch Pate seines Sohnes Daniel war.

Das Klima hatte sich merklich »abgekühlt«.

Wie und unter welchen Umständen war der Österreicher Karl Gspandl mit dem amerikanischen Geheimdienst in Kontakt gekommen? Warum war der DDR-Bürger Eberhard Fätkenheuer das Ziel einer Anwerbung? Und warum ist »Carli«, der Werber und Führungsoffizier, nicht wie die anderen Werber von Agenten vom MfS verhaftet worden? Karl Gspandl blieb scheinbar unbehelligt.

Es ist ein Faktum, daß das MfS seit spätestens 1977 über die Identität von Fätkenheuers Werber Bescheid wußte. Die Gauck-Birthler-Akten geben über die Überlegungen des MfS, Fätkenheuer ohne seinen Werber zu inhaftieren, keine Auskunft. Pikant: Karl G. reiste unbehelligt nach Moskau, als Eberhard Fätkenheuer bereits in U-Haft in Hohenschönhausen einsaß. Erst 1986, ein Jahr nach dem Austausch, richtete das MfS ein Fahndungsersuchen an die »Bruderorgane« in Ungarn und der Tschechoslowakei. Das wird nicht nur die Kenner des nachrichtendienstlichen Metiers verwundern.

Und ich gebe zu, daß ich die Sache persönlich sehe. Ich selbst bin wie Karl G. Österreicher, auch ich wurde von den Amerikanern angeworben und reiste in deren Auftrag in die DDR. Wie Karl G. warb ich einen DDR-Bürger, den ich auf ähnliche Weise

Hannes Sieberer vor der Glienicker Brücke, über die er ebenfalls am 11. Juni 1985 von Ost nach West wechselte

führen sollte. Der von mir Geworbene wurde, gleich Fätkenheuer, verhaftet und verurteilt. Und auch ich kam 1982 in der DDR in Haft und wurde, wie weitere 24 Westspione, 1985 auf der Glienicker Brücke ausgetauscht.

Ich gönne jedem »Geheimdienst-Kollegen« von einst die Freude darüber, daß ihm ein Gefängnisaufenthalt in der DDR erspart geblieben ist. Doch angesichts der absoluten Analogie des Falles von Karl G. und mir ist doch die Frage zulässig: Warum ich, und warum er nicht auch?

War es ein Betriebsunfall bei der Spionageabwehr der DDR?

Mit Zustimmung von Eberhard Fätkenheuer kontaktierte ich seinen Jugendfreund und Werber Karl Gspandl. Dieser wollte die Geschichte »ruhen« lassen und nicht mehr darüber reden. Seine Tätigkeit beim amerikanischen Geheimdienst und die Rolle im Fall Fätkenheuer wäre »nicht der Rede wert«, erklärte er mir. Er hätte nicht viel getan, er wäre eben nur ein kleines Licht gewesen.

In der Darstellung Fätkenheuers las ich anderes.

Im November 2006 reiste ich mit der Bahn von Tirol über Wien in jenen Ort unweit der slowakischen Grenze und in Sichtweite von Bratislava, wo Karl G. lebte. Dieser holte mich am Bahnhof ab. Es traf zu, was Eberhard Fätkenheuer gesagt hatte: Karl G., Jahrgang 1950, war eine beeindruckende und charismatische Persönlichkeit. Ein Mann, der immer genau weiß, was er will.

Gspandl berichtete mir, daß er in seinen Jugendjahren oft in den Staaten des Ostblocks unterwegs war. Die ungarische und die tschechische Grenze waren von seinem Wohnort keine 30 Minuten entfernt. Der Grund für seine Ostreisen war sportlicher Natur. Er spielte Tennis beim Club »Brauerei Schwechat«. Schwechat ist nicht nur wegen seines Bieres, sondern als größter Flughafen der Republik Österreich bekannt.

Irgendwann machte der Präsident von Karls Tennisclub, der in Österreich bekannte Industrielle und Lebensmittelproduzent Mautner-Markhof, den Vorschlag, Karl solle sich in den Sommermonaten in Bratislava nach einer Trainingsmöglichkeit umschauen. Karl erhielt die Genehmigung, täglich mit dem Fahrrad, später, ab dem 16. Lebensjahr, mit einem Moped die österreichisch-tschechische Grenze zum Tennis-Training in Bratislava zu passieren. Er war insofern privilegiert, als er auch vom Zwangsumtausch befreit war.

In den Augen der Slowaken war Karl ein Exot. Er erzählt, daß er diese Rolle genossen habe, er bezahlte mit harten US-Dollar, wurde bewundert und bestaunt. So wuchs stetig der Bekanntenkreis. Er habe sich im Osten sehr wohl gefühlt und sei viel herumgekommen. Vermutlich deshalb wäre er »in das Blickfeld eines westlichen Geheimdienstes geraten«.

Das Zusammentreffen mit Eberhard Fätkenheuer im Jahr 1968 auf dessen Reise nach Prag sei reiner Zufall gewesen. Das wäre so gekommen: Gspandl war im Frühjahr 1968 mit einem Freund namens Wolfgang per Bus in der Tschechoslowakei unterwegs. Sie hätten weiter nach Dresden und Leipzig gewollt, wären aber von den DDR-Grenzern in Bad Schandau festgehalten worden, weil sie kein Visum und kein Voucher – eine Buchungsbestätigung eines Interhotels – vorweisen konnten. Als sie sich weigerten, in die Tschechoslowakei zurückzukehren, setzte man die beiden in den Zug nach Ost-Berlin.

Dort sollten die zuständigen Stellen die Sache klären. Die Mitarbeiter dort schüttelten über solch (vermeintliche?) Naivität den Kopf: Was, ohne Visum und Hotelreservierung wollten Sie bei uns einreisen? Wo leben Sie denn?

Man gab den beiden ein Zimmer im Hotel »Berolina« für eine Nacht und den guten »unbürokratischen« Rat, sich am nächsten Tag Richtung Prag zu verdrücken. Man setzte die beiden in einen Zug, allen Beteiligten schien das die einfachste Lösung.

Und bei eben dieser Fahrt trafen die beiden Österreicher auf Eberhard und Jens aus Oranienburg. Die jungen Leute kamen ins Gespräch.

Aus der Zufallsbekanntschaft im Jahre 1968 entwickelte sich, wie Eberhard Fätkenheuer schreibt, eine »tiefe Freundschaft«.

1973, fünf Jahre später, habe er, Karl G., in der väterlichen Firma einen merkwürdigen Anruf erhalten. Eine unbekannte Stimme fragte ihn, ob er sich mit ihm, dem Anrufer, im Wiener Café »Mozart« im 1. Wiener Stadtbezirk am Albertinaplatz, in der Nähe der Staatsoper, treffen wolle? Für Unwissende: Das ist ein Haus mit Tradition und »Geheimdienst-Vergangenheit«. 1947 schrieb dort Graham Greene am Drehbuch für den Spionage-Klassiker »Der dritte Mann«. Eine Szene des Films spielt im dortigen Schanigarten, wie die Caféhaustische und -stühle auf dem öffentlichen Bürgersteig bei uns heißen.

Karl fuhr nach Wien und traf zwei ältere Herren. »Wir sprachen über Gott und die Welt, aber auch über den Ostblock und meine politische Einstellung.« Die Herren gaben sich als Amerikaner zu erkennen, die aus München kamen, und deuteten an, für einen amerikanischen Nachrichtendienst tätig zu sein. Sie sagten, ihre Arbeit sei »eigentlich unspektakulär«, man dürfe alles, nur nicht auffallen.

Ich warf ein, ob er sich vielleicht aus Neugier und Abenteuerlust selbst angeboten habe – er kannte viele Leute im Osten, was für eine Bewerbung eine gute Empfehlung gewesen ist.

Das verneinte er.

Außer einer Einladung zum Essen und zum Plaudern sei beim ersten Gespräch nichts weiter passiert. Es gab ein Folgetreffen. Da habe er gefragt, weshalb man ausgerechnet auf ihn gekommen sei?

Das dürfe man ihm nicht sagen, hieß es.

Aber Karl Gspandl ist überzeugt, daß wegen seiner häufigen Grenzwechsel und vielen Reisen hinter den Eisernen Vorhang jemand den Münchnern einen Tip gegeben haben muß.

Nun hätte er sich aber auf die Offerte nicht einlassen müssen. Doch er tat's. Karl willigte 1973 ein, verpflichtete sich und erhielt den Decknamen »Friedrich Mosler«. Er sollte als erstes eine Liste mit allen Kontaktpersonen im Ostblock anfertigen.

In den ersten Gesprächen habe Eberhard Fätkenheuer noch keine Rolle gespielt. Erst 1974, ein Jahr später, hätten die Amerikaner konkretes Interesse an dem DDR-Bürger geäußert. Ob dieser vielleicht bereit wäre, für sie zu arbeiten, hätten sie ihn gefragt. Offenkundig muß seine Antwort positiv gewesen sein.

Trotzdem, so Karl Gspandl mir gegenüber, habe ihn das deutliche Interesse der Amerikaner an Fätkenheuer überrascht. Er habe auf seiner Liste aus seiner Sicht viel bedeutendere Personen gehabt, insbesondere aus der Tschechoslowakei, aber die schienen den beiden Herren ohne Belang.

Er traf sich fortan regelmäßig mit den Geheimdienstlern. Entweder sah man sich im Großraum von Wien oder in München. Zusätzlich wurden zu den Treffpunkten, wie bei Geheim-

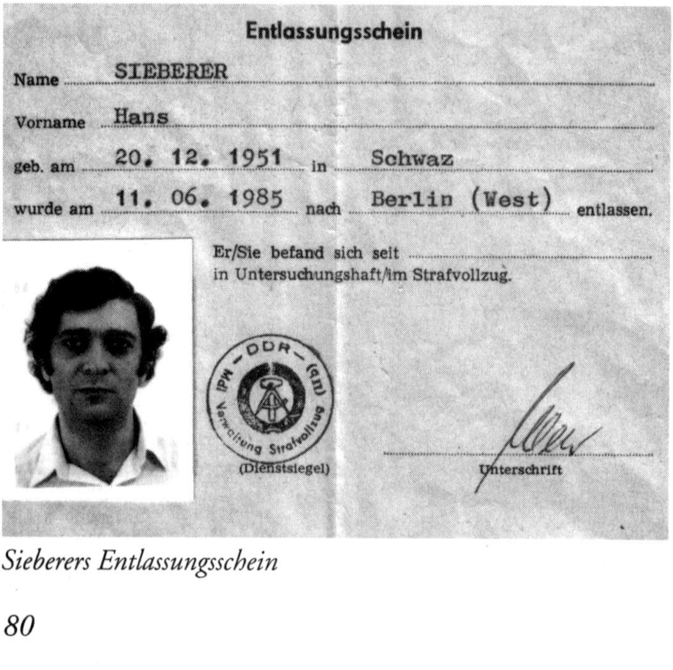

Entlassungsschein

Name SIEBERER

Vorname Hans

geb. am 20. 12. 1951 in Schwaz

wurde am 11. 06. 1985 nach Berlin (West) entlassen.

Er/Sie befand sich seit ....
in Untersuchungshaft/im Strafvollzug.

(Dienstsiegel) Unterschrift

Sieberers Entlassungsschein

diensten üblich, auch Ersatztreffpunkte vereinbart. »Klischees« kamen zum Einsatz, etwa, daß Karl bei den Treffen – wenn alles »clean« war – eine Zeitung unter dem Arm tragen sollte oder ähnliches. An manches Detail erinnerte er sich genau. So sei bei einem Treff im Wiener Prater ein Regenguß niedergegangen. Und wie sich zeigte, wurde die Begegnung zwar gut abgeschirmt, aber die, die dafür sorgten, besaßen keinen Schirm. Ein halbes Dutzend Männer hielt sich eine Zeitung überm Kopf und rührte sich nicht von der Stelle. – Jeder »normale« Mensch hätte sich unter ein Dach geflüchtet. Diese Leute nicht. Sie hatten schließlich entsprechende Order …

Auf Nachfrage bestritt Karl G., daß er bei seinen Ost-Reisen selbst und im Auftrag des Nachrichtendienstes spioniert, also Objekte und Truppenbewegungen und dergleichen ausgespäht habe. Das verwunderte mich. Nach meiner Erfahrung und aus Berichten anderer, die ebenfalls Agenten in der DDR für den US-Geheimdienst anwarben, weiß ich mit Sicherheit, daß solche Aufgaben der Regelfall waren.

Und auch Fätkenheuer berichtet in seinem Beitrag, daß sich Karl G. bei seinen Besuchen in der DDR sehr wohl für militärische Objekte interessierte und Personen nachrichtendienstlich abschöpfte. Zwischen ihm und den Geheimdienstmitarbeitern, so Karl G. weiter, habe sich ein persönliches Verhältnis entwickelt. Das will ich gern glauben. Das ging mir nicht anders. Es gehört zur Arbeitsweise jedes Geheimdienstes, zu seinen Agenten ein Klima des Vertrauens aufzubauen.

Wie mir Karl G. verriet, stehe er noch heute mit einem Mitarbeiter in Verbindung, obgleich dieser schon längst ausgeschieden und pensioniert sei. Nach internen Vorschriften gilt das als ein unzulässiger Kontakt. Pflichtgemäß enden diese »Freundschaften« zwischen Agenten und Führungsoffizieren mit der Enttarnung beziehungsweise Verhaftung.

Karl wurde nie gefaßt und ist darum auch nie »verbrannt«.

Die Nachrichtendienstler hätten für Besprechungen und Schulungen Tageszimmer in Hotels angemietet. Regelmäßig seien dort auch Tests mit dem Lügendetektor erfolgt. Er habe nicht den Eindruck gehabt, daß die Geheimdienstler in diesen Hotels auch wohnen würden. Die Sache mit den Tageszimmern war ihm peinlich gewesen, weil dies durchaus Praxis von

Homosexuellen war und ist. Er fürchtete, von Bekannten gesehen zu werden, als er mit Männern aufs Zimmer ging.

Karl G. erzählte mir, daß die Amerikaner dezidiert 1974 nach Fätkenheuer zu fragen begannen. Man wollte jetzt dieses und jenes über ihn wissen, er sollte ihn abklären beziehungsweise

Sie sehen wirklich so aus, wie man vermutet: Mitarbeiter von US-Geheimdiensten auf der Glienicker Brücke, 11. Juni 1985

abschöpfen. Seine politische Einstellung, charakterliche Eigenschaften und anderes, was interessant sein könnte. Karls Beschreibungen und Einschätzungen wurden bei den Treffen analysiert. Karl G. erinnerte sich, daß die Amerikaner fürchteten, Eberhard Fätkenheuer nähme die ganze Sache nicht ernst, er schien ihnen ein Luftikus, oder, was noch viel gefährlicher sei, er könne bereits angebunden sein. Er habe ihnen nach sechs Jahren Bekanntschaft mit Fätkenheuer versichern können, daß nichts von ihren Vermutungen zuträfe. Dieser galt in der DDR als politisch unzuverlässig und aufmüpfig.

Nun gibt es in den Berichten von Fätkenheuer und Gspandl Abweichungen, die möglicherweise der subjektiven Erinnerung geschuldet sein können.

Eberhard Fätkenheuer sagte, seine Anwerbung sei im April 1975 in Prager Hotel »Flora« erfolgt. Karl Gspandl meinte mir gegenüber, er habe die »Gretchenfrage« in der Pankower Wohnung gestellt.

Dazu erklärte Eberhard Fätkenheuer, bei jenem Treffen in seiner Wohnung wären Formalitäten geklärt worden.

Karl flog dazu mit einem Linienflug der Austrian Airlines von Wien-Schwechat nach Berlin-Schönefeld. Von dort ging es weiter mit Bus und Taxi zu Eberhards Wohnung nach Pankow. Am Abend fuhr Karl über den Grenzkontrollpunkt »Checkpoint Charlie« nach Westberlin. In einem Hotel im Europacenter, nahe der Gedächtniskirche, hatten die Amerikaner für ihn ein Zimmer reserviert. Am nächsten Tag traf er sich mit ihnen. Nach der Abgabe des Berichts wurde er an den Lügendetektor angeschlossen. Am dritten Tag kehrte er nach Ostberlin zurück und flog von Berlin-Schönefeld nach Wien.

Nach Auffassung von Karl G. sei für Eberhard Fätkenheuer klar gewesen, daß im Falle seiner Mitarbeit beim amerikanischen Geheimdienst die Kontakte zwischen ihnen beendet werden müßten. Aus Gründen der persönlichen Sicherheit würde man ihn abschalten. Das ist unlogisch und widersprach auch der Praxis. Zudem: Warum traf man sich mit den Frauen 1977 in Bratislava? Die Verbindung zwischen Dienst und Fätkenheuer sollte über die nachrichtendienstlichen Kanäle laufen. Das beschreibt Fätkenheuer ausführlich im vorstehenden Text. Aber eben auch die gelegentlichen Kontakte mit Karl G.

Irritierend ist auch die Tatsache, daß Karl G. sich nach eigenem Bekunden mit den US-Nachrichtendienstlern weiter traf, obgleich er doch »abgeschaltet« worden war und keine Kontakte zu Fätkenheuer unterhielt.

Schenkt man den Darstellungen der beiden Glauben, hieße es, daß der Fall von Eberhard Fätkenheuer und seines Werbers Karl Gspandl sich wesentlich von Fällen anderer US-Agenten in der DDR unterschied. In der Regel wurden die geworbenen Agenten vor Ort – zusätzlich zur nachrichtendienstlichen Verbindung über Funk (Radio-Rundspruch) und Geheimschriftbriefe – vom Werber regelmäßig persönlich aufgesucht und betreut. Oder ein anderer Agent wurde als Instrukteur in diese Verbindung installiert. Die Agenten erhielten oft Bargeld in Westwährung, neue Funkfrequenzen oder andere direkte Anweisungen des Dienstes. Alles zusammen bedeutete – wie die Geschichte zeigte – sowohl für Werber und Agenten ein Risiko. Möglich, daß darum die Sache mit diesen beiden anders lief.

So richtig aber will ich das nicht glauben.

Viele Werber von DDR-Bürgern, die ihre Agenten regelmäßig im Auftrag des Dienstes besuchen mußten, wurden nach ihrer Enttarnung durch das MfS verhaftet.

Sollte G. von seinen Auftraggebern geschützt und verschont werden, weshalb man den Abbruch des Kontaktes zu Fätkenheuer anordnete? Das wäre eine noble und auch ungewöhnliche Geste gewesen.

Und wozu, noch einmal, die Fortsetzung der Kontakte mit den Amerikanern, wenn diese ihn doch »abgeschaltet« hatten? Führte Karl G. noch andere, wichtigere Agenten? Fätkenheuer erinnert sich, daß Karl bei der Schulung am Balaton sich mit dem Decknamen »Max«, keineswegs »Friedrich Mosler« vorgestellt habe. Und in einem Radio-Funkspruch der Amerikaner am 26. Februar 1977, mit dem Karls Besuch abgesagt wurde, hatte es geheißen: »Max wird nicht kommen.«

Fragen ohne Ende.

Fätkenheuer bediente sich beim Verfassen seiner Geheimbriefe einer ehemaligen Freundin, damit seine Handschrift nicht identifiziert werden konnte. Angela Schneider fertigte Kopien von Geheimbriefen an. Sie wurden bei Fätkenheuers Verhaftung nicht entdeckt. Vom MfS wurde lediglich die benutzte Reiseschreibmaschine Marke »Consul« konfisziert. Nach der Schulung am Balaton trafen sich »Carli« und Fätkenheuer noch insgesamt viermal. Zweimal in der DDR und zweimal in der Tschechoslowakei, wovon – laut Eberhard Fätkenheuer – nur das Treffen in Bratislava privater Natur gewesen sei.

Karl Gspandl offenbarte in unserem Gespräch im November 2006 ein erstaunlich gutes Personengedächtnis. Nach mehr als drei Jahrzehnten erinnerte er sich an Mitarbeiter des US-Dienstes. Sein wichtigster Führungsoffizier zu Beginn der Kontakte nannte sich »Al«.

Am Schluß stand einer mit dem Decknamen »Karl«: ein dunkler Typ mit Bürstenhaarschnitt, sportlich, sehr höflich. Im Gegensatz zu »Al« war »Karl« europäisch und modisch gekleidet, eine Persönlichkeit mit Ausstrahlung.

Die Ähnlichkeit dieses »Karl« von der Dienststelle München mit meinem damaligen Führungsoffizier, der mich 1982 zusammen mit dem Geheimdienstmitarbeiter »Paul« führte, ist offensichtlich. Mit Sicherheit handelt es sich um die gleiche Person. »Al« trug nach seiner Erinnerung gern weite Golfhosen und Sakkos, die in den Farben nicht zusammen paßten, kein Europäer hätte sich derart schräg angezogen.

»Karl«, der Führungsoffizier, soll früher in der Leibwache (Secret Service) des US-Vizepräsidenten gedient haben. Um einen Angriff auf den zweithöchsten Repräsentanten der USA abzuwehren, hätte er einen Mann erschießen müssen. Ich persönlich erinnere mich, daß mir dieser »Karl« damals erzählte, beim Geheimdienst in Vietnam gedient zu haben. Die Aussage von Gspandl, daß dieser Mitarbeiter ein Mann war, der es verstand, die Dinge auf den Punkt zu bringen, ist zutreffend.

»Al« war anders, er war umgänglicher und jovial. Als Gspandls Tochter 1976 geboren wurde, schenkte »Al« ihm Babywäsche aus den USA. Der erste Eindruck war Kaufhaus-Ramsch, bei genauerem Hinsehen jedoch teure US-Markenware in Spitzenqualität.

Karl Gspandl wurde laut seiner Angaben abwechselnd von etwa zehn (!) Mitarbeitern betreut. Sehr viele Führungsoffiziere für einen, der angeblich den Status »Inaktivität« oder »Abschaltung« besaß.

Ich denke, daß man den Fall Eberhard Fätkenheuer und Karl Gspandl vergleichend betrachten sollte. Einige Fälle haben gezeigt, daß die Werber/Instrukteure des US-Geheimdienstes noch in die DDR geschickt wurden, als den Amerikanern ihre Identifizierung durch das MfS längst bekannt war – etwa wie bei mir.

Bei diesen uns betreffenden »Betriebsunfällen« waren Mitarbeiter der Dienststelle der *Military Intelligence* in München federführend.

Bei Karl blieb, wie zu sehen, der »Betriebsunfall« aus.

Drei Tage nach Fätkenheuers Verhaftung am 29. Juni 1979 erhielt Karl Gspandl, wie er sagte, von den Amerikanern einen Anruf, er solle den geplanten Besuch in Ostberlin absagen. Woher der US-Geheimdienst so rasch Kenntnis über die Verhaftung ihres Mannes erlangte, ist nicht rekonstruierbar.

Herkömmliche Informationsquellen scheiden aus.

Eberhard Fätkenheuer selbst war nicht in der Lage, die Amerikaner zu informieren, er wurde vom MfS gegen alle Außenkontakte abgeschirmt. Auch seine Frau konnte keine Information weitergeben, sie wurde einen Tag nach ihrem Mann verhaftet, den sie noch immer auf Dienstreise in Magdeburg wähnte. Und selbst wenn sie es erfahren hätte: Wen hätte sie darüber informieren sollen?

Die Nachrichtensperre in der DDR funktionierte. *ADN* meldete die Verhaftung von Spionen immer erst Tage später oder nie. Nachweislich erschien über Fätkenheuers Verhaftung keine Notiz in der DDR-Presse.

Auch daß er nicht auf Radiosendungen reagierte und die Amerikaner aufmerksam wurden, scheidet aus: Er hatte Ende 1978 die Zusammenarbeit aufgekündigt und meldete sich schon seit einem halben Jahr nicht mehr.

Die ausgefallene Reise Karl Gspandls Anfang Juli 1979 wirft also Fragen auf. Überhaupt: Wozu und warum schickte der Dienst ihn überhaupt nach Berlin? Was sollte er da?

Und: Bei Eberhard Fätkenheuer war kein Besuch angekündigt. Es gab keinen Anlaß für ein Treffen. Er hatte, wie schon festgestellt, den Dienst quittiert, und Gspandl war angeblich abgeschaltet.

Einige Wochen nach Eberhard Fätkenheuers Verhaftung wurde Karl Gspandl von »Karl« zu einem Abschlußgespräch nach Wien gebeten. Er mußte – wie andere Agenten in solchen Fällen auch – eine »Schweigeverpflichtung« unterzeichnen. Im Gegenzug erhielt er einen größeren Geldbetrag in bar.

»Die Bezahlung des Dienstes stand in keinem Verhältnis zur geopferten Zeit, schon gar nicht zum Risiko. Ich hätte nicht mehr weitergemacht, nicht für diese Gage«, sagte mir der Unternehmer, der nach dem Tod des Vaters die Großbäckerei übernommen hatte. Für die »Wünsche« des Dienstes hätte er sich immer einige Tage freimachen müssen. Nach Abzug der Unkosten wäre es ein Defizitgeschäft gewesen.

Zu den »Wünschen«, die der Dienst nach der Anwerbung und Ausbildung Fätkenheuers an ihn herangetragen hat, sagte er mir leider nichts. Entweder gab es keine, oder er verschwieg sie.

Warum wurde Karl G. vom MfS nie geschnappt? Mitarbeiter der Hauptabteilung II des MfS, der Spionageabwehr, räumen ein, daß auch ihnen grobe Fehler unterlaufen seien.

Eine Interpretation: Fätkenheuer stieg 1978 aus, das MfS registrierte keine RSD-Sendungen oder Geheimschriftbriefe, die ihm zugeordnet werden konnten. Die Verantwortlichen beim MfS gaben sich mit dem »Spatz in der Hand« zufrieden. Später, im Jahre 1982, hätte man vielleicht alles daran gesetzt, auch den Werber festzusetzen.

Zweiter Fehler: Man hätte wesentlich früher und nicht erst 1986 in Prag und Budapest um Amtshilfe nachsuchen müssen. Und auch Moskau hatte man nicht informiert: Sonst hätte Karl Gspandl nicht unbehindert in die Sowjetunion ein- und wieder ausreisen können.

Letzte These: Arbeitete Karl G. für beide Seiten, war er ein klassischer Doppelagent?

Ich bezweifle das.

Vielleicht hat er wirklich nur Glück gehabt.

Nach meinem Gespräch mit ihm am 2. November 2006 und weiteren Telefonaten sind unverändert Fragen offen. Möglich, daß Karl G. auch einiges bewußt verschweigt.

Das aber ist sein Recht.

Noch einige Anmerkungen zum »neutralen« Österreich und der Bundeshauptstadt Wien. Es ist kein Geheimnis, daß die Alpenrepublik im Ost-West-Konflikt Tummelplatz von diversen Geheimdiensten war. Als klassisches Asylland bot Österreich vor allem Ostblockländern gute Chancen, ihre Spione in den Westen zu schleusen. Überdies erwies es sich als hilfreich, daß diese Tätigkeit hierzulande nur dann juristisch verfolgt wurde, wenn sie zum »Nachteil der Republik Österreich« (§ 256f StGB) erfolgte.

Nach Schätzungen von Experten agierten seinerzeit in Wien etwa 8.000 Agenten, deren Tätigkeit in den seltensten Fällen gegen Österreich selbst gerichtet war: Wien war in erster Linie Umschlagplatz für Informationen von Ausländern an Ausländer über auswärtige Vorgänge. Und da Österreich diesseits des Eisernen Vorhanges lag, wurden auch die Aktivitäten westlicher Dienste grundsätzlich positiv und nicht zum »Nachteil der Republik Österreich« gewertet. Wie in der Bundesrepublik Deutschland war es in erster Linie eine politische Entscheidung, wessen Aktivitäten als gegen die Interessen der Republik gerichtet beurteilt wurden und welche eben nicht.

Wurde ein Agent eines östlichen Dienstes enttarnt und konnte ihm eine nachrichtendienstliche Tätigkeit zum »Nachteil der Republik Österreich« bewiesen werden, gab es eine Bewährungsstrafe. Bis 1989 erfolgten lediglich fünf Verurteilungen. In der Regel begnügten sich die österreichischen Staatsschützer mit dem diskreten Hinweis, der enttarnte Spion möge seine Tätigkeit künftig anderswo ausüben. So geschehen etwa im Fall eines Amtsrates in der Chiffrierabteilung des Wiener Außenministeriums, der 1969 aufflog, nachdem er zehn Jahre lang Geheimberichte österreichischer Auslandsvertretungen an den sowjetischen Geheimdienst weitergegeben hatte. Das Treiben ausländischer Dienste beschäftigte unsere Polizei und Justiz also wenig. Dies entsprach der österreichischen Auffassung, im Ost-West-Konflikt den Ball flach halten zu wollen und es sich mir keiner Seite zu verderben: Man hatte sich schließlich 1955 nach dem Staatsvertrag mit den alliierten Besatzungsmächten USA, UdSSR, Großbritannien und Frankreich zu »immerwährender Neutralität« verpflichtet und hielt sich in jeder Hinsicht daran.

Das Verhältnis zwischen Österreich und der DDR galt als entspannt und problemfrei. Gemeinsam mit der Schweiz hatte Österreich im September 1972 als erster westlicher Staat diplomatische Beziehungen zu Ostberlin aufgenommen. Bundeskanzler Bruno Kreisky (SPÖ) machte als erster westlicher Regierungschef der DDR seine Aufwartung und eröffnete damit das Defilee der Spitzenpolitiker des Westens bei Honecker, das erst mit dessen Sturz im Herbst 1989 enden sollte. Österreich kreditierte die DDR – ein Fünftel aller westlichen Auslandsdarlehen kam von uns. Entsprechend ungetrübt war auch die Wahrnehmung des MfS durch die österreichische Staatspolizei. Der DDR-Dienst genoß den Ruf eines ebenbürtigen Gegenspielers, dem man Respekt entgegenbrachte. Als der MfS-Oberleutnant Stiller 1979 sich in den Westen absetzte und auch ehemalige Kollegen in Österreich enttarnte, erklärte das Heeresnachrichtenamt des österreichischen Bundesheeres, daß das MfS »eine offizielle Behörde« sei, insofern habe »auch keine gesetzwidrige nachrichtendienstliche Tätigkeit« auf österreichischem Boden stattgefunden, wie das Nachrichtenmagazin *Profil* im Juni 1989 zitierte.

Völkerrechtlich wurde das Auftreten hauptamtlicher Mitarbeiter ausländischer Geheimdienste als »Organe« eines fremden Staates mit einer quasi hoheitlichen Handlung gleichgesetzt. Formal betrachtet wurde die »Unantastbarkeit der Gebietshoheit Österreichs«, welche durch das allgemeine Völkerrecht und durch die Satzung der Vereinten Nationen gewährleistet wird, allerdings durchaus verletzt. In der Bundesrepublik Deutschland war das Handeln »befreundeter Dienste« im NATO-Truppenstatut bzw. durch Geheimverträge geregelt und somit Einschränkungen der Gebietshoheit und der territorialen Souveränität völkerrechtlich legalisiert. Hier nicht.

Für Österreich war die neutralitätspolitische Äquidistanz im Ost-West-Konflikt sehr wichtig. Die Sicherheitsbehörden hatten die Aktivitäten ausländischer Geheimdienste im Großen und Ganzen unter Kontrolle. Kritiker warfen den Bundesbehörden vor, sie verstünden sich darauf, »Peinliches unter den Tisch zu kehren«, und sie besorgten dies »mit dem Charme und der Eilfertigkeit einer Bürokratie, die es früher gewohnt war, Kaisern und Königen zu dienen und die heute mit derselben

Unterwürfigkeit zwei rivalisierenden Mächten zu Diensten ist«, wie das Nachrichtenmagazin *Profil* am 17. Juli 1989 schrieb.

Keine Residentur eines ausländischen Geheimdienstes habe sich nach Ansicht von Insidern allerdings je um die Neutralität Österreichs geschert. Dies betraf auch die CIA, die in der amerikanischen Botschaft in Wien über eine große Niederlassung verfügte, welche Außenstellen in den Generalkonsulalten und bei den UNO-Organen und internationalen Organisationen in Wien unterhielt. Wien gehörte neben Bonn, Berlin, München und Bern/Genf auch zum Komplex der speziellen Rotation von Deutschland-Spezialisten der CIA.

Die Zusammenarbeit zwischen CIA und Heeresnachrichtendienst sowie der österreichischen Staatspolizei (Verfassungsschutz) war und ist intensiv. Mit Gewißheit gab und gibt es Verbindungsoffiziere der CIA im Heeresnachrichtenamt, die strukturell in der Botschaftsresidentur angebunden sind. Die Treffen Karl Gspandls, der von der gleichen Dienstelle des US-Geheimdienstes in München wie ich geführt worden war, erfolgten überwiegend auf dem Gebiet der Republik Österreich. Ich traf mich ohne Ausnahme auf dem Gebiet der Bundesrepublik Deutschland. Der Grund: Die *Military Intelligence* in München stand unter großem Erfolgsdruck und mußte Ergebnisse über die DDR vorlegen. Durch Treffen in Deutschland sollte eine »Überwerbung« durch amerikanische Residenturen in Österreich verhindert werden – es bestand eine interne Konkurrenz vor allem mit der CIA. Auf diese Weise wurde dem MfS die Arbeit erleichtert: Dessen Hauptoperationsgebiet war nun mal die BRD, nicht Österreich. Ich behaupte: Wären Gspandl oder auch ich damals von der DIA in Wien mit Deckadressen in Österreich geführt worden, wäre die Gefahr des Entdecktwerdens erheblich reduziert worden.

Einige Auseinandersetzungen der ost-westlichen Geheimdienste, die sich in Österreich gegenseitig belauerten, erreichten gelegentlich Kabarettreife. Verbürgt ist der Fall der leitenden CIA-Mitarbeiterin Karyl M. Seljak, die 1970 bei der CIA ihre Tätigkeit aufnahm. Sie besaß die Angewohnheit, Agenten zu operative Treffs in ihre eigene Wohnung in Wien zu bitten. Die ungarische Staatssicherheit verwanzte ihre Bleibe, ein Observationsteam zeichnete alle Treffs und operativen Maßnahmen auf

Video auf. So wurden sämtliche Agenten und Kontaktleute erfaßt und identifiziert. Unter den so festgestellten Personen war auch eine Mitarbeiterin der Internationalen Atomenergiekommission in Wien. Das KGB hoffte, zusammen mit den Ungarn das gewonnene Material über Seljaks stümperhafte Arbeitsweise als Kompromat einzusetzen, nachdem diese nach Ostberlin versetzt worden war. Seljak leitete dort die CIA-Residentur von 1985 bis 1987. Der Anwerbungsversuch schlug jedoch fehl. Allerdings: Ihr Nachmieter in Wien war James Strong, der von der CIA-Residentur Bonn kam. Die Überwachungstechnik konnte weiterhin genutzt werden …

Mit dem Ende des Ost-West-Konfliktes erledigten sich auch viele Gründe für die wechselseitige geheimdienstliche Tätigkeit. Allerdings erledigten sich nicht die Dienste. Die meisten Geheimdienste existieren unverändert, und nur wenige mußten ihre Namen ändern. Auch verlagerten sich die Schwerpunkte ihrer Arbeit. Die Wirtschafts- und Technologiespionage nimmt inzwischen einen zentralen Platz ein, wie auch ein Fall offenbarte, der im Juni 2007 Österreich beschäftigte. Ein Agent des russischen Auslandsnachrichtendienstes *Sluschba Wneschnei Raswedki* (SWR) hatte sich auf dem Fliegerstützpunkt Linz-Hörsching als vermeintlicher Angestellter der russischen Raumfahrtbehörde *Roskosmos* mit diplomatischer Immunität in den Besitz geheimer Elektronik-Daten des deutsch-französischen Kampfhubschraubers Eurocopter-Tiger bringen wollen und war dabei aufgeflogen. Das neutrale Österreich, so scheint es, wird durch die Zunahme von NATO-Technologie im Lande immer mehr zu einem Zielgebiet auswärtiger Nachrichtendienste.

Gechartert von der IGfM

Von Erol Turhan Ünsalsudan

Erol Ünsalsudan, geboren 1960, arbeitete als Hilfskellner. Er war Mitglied der türkischen »Grauen Wölfe« und wurde von der Internationalen Gesellschaft für Menschenrechte (IGfM) 1981 für eine Fluchthilfeaktion geworben. Dabei wurde Ünsalsudan am 28. Mai 1982 am Grenzübergang Bahnhof Friedrichstraße verhaftet und am 29. Oktober 1982 vom Bezirksgericht zu neun Jahren Haft verurteilt, von denen er zwei Jahre und zehn Monate in Bautzen II absaß. Er wurde im März 1985 von der BRD freigekauft.
Erol Ünsalsudan lebt in Berlin und ist als Kraftfahrer tätig.

Ich kam als jüngster von zwei Söhnen einer normalen türkischen Familie am 3. Dezember 1960 in Istanbul zur Welt. Wir lebten in recht ärmlichen Verhältnissen, an manchen Tagen hatten wir kaum etwas zu essen. Dann bereitete unsere Mutter ein Mahl aus Brennesseln, was eigentlich ungenießbar war. Vater arbeitete als Elektriker in einem Theater in Istanbul, aber das eher schlecht als recht. In Deutschland kennt man dafür die Wendung: »Er hatte die Arbeit nicht unbedingt erfunden. »So lag die Last, die Familie durchzubringen, auf den Schultern meiner Mutter. Sie brachte mich und meinen ein Jahr älteren Bruder eine Zeitlang in einem Heim für elternlose Kinder unter, wo sie an den Wochenenden arbeitete. Im Winter 1967/1968 bekam sie eine Anstellung als Zimmermädchen in einem Hotel in Bad Wörishofen im Allgäu in Deutschland. Wir folgten ihr am 11. August 1968, Vater blieb in der Türkei.

Wir wurden in Memmingen in der Familie unseres Vermieters recht herzlich aufgenommen. Ich denke noch oft an Scholls, an Onkel Martin und Tante Rosa sowie an ihre beiden Kinder Kurt und Irmi. Diese waren etliche Jahre älter als wir und kümmerten sich sehr um uns. In Memmingen gab es damals nur drei

Betriebe, die wirtschaftliche Lage war daher nicht so besonders. Im März 1970 zogen wir deshalb nach Westberlin. Warum die Stadt durch eine Mauer geteilt war, wußten wir nicht. Wir sahen nur, daß sie prosperierte, was aber auch nur den Zuschüssen aus Bonn geschuldet war, was immer als »Berlin-Hilfe« bezeichnet wurde. Wir bezogen eine Wohnung am Ende der Friedrichstraße, die bereits in Kreuzberg lag. Kurz vor Ostern 1970 wurde ich in die 2. Klasse eingeschult, zu Pfingsten wechselte ich bereits in die 3. Klasse und mit einem Versetzungszeugnis bald in die Vierte. Ich hatte es also geschafft, in einem Jahr zwei Klassenstufen zu überspringen. In der Freizeit spielte ich mit Freunden gern in den Häuserruinen, von denen es noch immer welche gab. Für mich als Zehnjährigen war dies abenteuerlich. Ganz in der Nähe befand sich der Grenzübergang »Checkpoint Charlie«. In der Mitte der Straße standen zwei Hütten. In der ersten waren, wenn ich mich richtig erinnere, Engländer und Franzosen, in der zweiten waren nur Amerikaner. Die Soldaten kannten uns bald, manchmal durften wir die Wachhütten betreten oder sie nahmen uns zu einer Spritztour in ihren Jeeps mit. Das war spannend.

Friedrichstraße Oktober 1961 – vorn Volkspolizisten, dahinter amerikanische Panzer, dazwischen die weiße Linie, die die Grenze markiert. Hier entstand bald der »Checkpoint Charlie«

Im Sommer 1970 war alles für mich neu und aufregend. Ich erinnere mich noch, wie man den 17. Juni zum Andenken an den »Volksaufstand im Osten« feierte. Wir besuchten in der Friedrichstraße irgendein Museum, in welchem einmal ein Auto gezeigt wurde, in dem Menschen »in den freien Teil der Stadt geschleust wurden«, wie es hieß. Ein anderes Mal war ein Tunnelnachbau zu sehen. Samstags wurden Filme gezeigt. Ausstellungen und Kinos durften wir Kinder gratis besuchen, Erwachsene mußten Eintritt bezahlen.

Am 13. August 1971, zum 10. Jahrestag des Mauerbaus, gab es einen Sternmarsch zum »Checkpoint Charlie«, die Friedrichstraße war voller Demonstranten, die Plakate und Transparente mit sich führten. So eine Menschenmenge hatte ich noch nie gesehen. Vom Fenster unserer Wohnung beobachteten wir den Demonstrationszug. Jenseits der Mauer war auch Bewegung festzustellen. Dort fürchtete man wohl einen Mauerdurchbruch oder dergleichen.

Beobachtungen und Erlebnisse wie diese haben mich geprägt. Im Osten saßen die Kommunisten, die Unterdrücker, die Menschen dazu zwangen, Tunnel durch die Grenze zu graben oder sich in Autoverstecke zu zwängen, um von der einen Stadthälfte in die andere zu kommen.

Der vormalige Grenzübergang heute: Das Wachhäuschen und anderes wurde erneut als Kulisse für Touristen errichtet

Die Jahre vergingen. Die Soldaten am »Checkpoint« wechselten, die Kontakte zu ihnen wurden weniger. Je älter ich wurde, desto mehr ließ auch das Interesse am Museum »13. August« und der »Schandmauer« nach, anderes wurde wichtiger. Nur wenn wir Besuch von außerhalb bekamen, gingen wir mit diesem zur Mauer oder ins Mauermuseum. Das gehörte mit zum Besichtigungsprogramm. Auch in der Türkei hatte man davon gehört und wollte natürlich die Grenze mitten durch die Stadt unbedingt sehen. Und wenn wir dort zu Besuch waren, wurden wir oft darauf angesprochen.

Mit 18 lernte ich die »Grauen Wölfe«, türkisch »Bozkurtlar«, kennen. Das war eine nationalistische Organisation, die auch in Westberlin als »Türkische Föderation« präsent war. Ihre Anhänger, die sich Ülkücüler (»Idealisten«) nannten, träumten von einem Groß-Türkischen-Reich, das alle Turkvölker vom Balkan über Zentralasien bis in die Volksrepublik China hinein vereinte. Und in dieser Gemeinschaft sollte eine starke, unabhängige und vor allem selbstbewußte Türkei das Zentrum bilden. Die Grauen Wölfe waren allerdings nicht nur »Idealisten«, sondern setzten durchaus auch Gewalt ein, wenn es um türkische Interessen ging. Das aber war mir damals, als ich angesprochen wurde, nicht bewußt. Man wollte mich, weil ich recht gut Deutsch sprach und darum nützlich war. Ich wurde schon bald in die Jugendabteilung gewählt, in der ich Übersetzungen aus dem Türkischen ins Deutsche vornahm und die Korrespondenz besorgte. Später wurde ich beauftragt, Kontakte zu anderen nationalistischen Gruppierungen in Deutschland herzustellen.

Im Januar 1981 bewarb ich mich beim»Labour Service«, einer Wacheinheit der US-Armee, und im September bei der »Freiwilligen Polizeireserve«.

Am 10. August 1981 kreuzte plötzlich in unserem Vereinslokal in der Wiener Straße Selahattin Ataselim auf, ein einflußreiches Vorstandsmitglied der »Grauen Wölfe«. Er war politisch aktiv und stand, wie es hieß, der CDU nahe, aber Genaueres wußte niemand. Nach einiger Zeit erschien auch unser 1. Vorsitzender und forderte einige von uns auf, Ataselim zu begleiten. Die vier, fünf Mann galten als die zuverlässigsten in unserem Verein. Gemeinsam mit Ataselim fuhren wir Richtung Rathaus Tempelhof. Unterwegs erzählte er uns von bestimmten

Organisationen und Vereinigungen, die politisch so ähnlich dachten und handelten wie wir, und mit denen die »Grauen Wölfe« zusammenarbeiteten. Mit einer würde er uns bekanntmachen wollen. Wir stiegen aus, Ataselim steuerte ein Lokal an, in welchem 30 bis 40 Männer versammelt waren, von denen er offenbar die meisten kannte und die auch ihn wie einen alten Bekannten begrüßten. Das wären Mitglieder der »Internationalen Gesellschaft für Menschenrechte«, stellte er sie uns vor, kurz IGfM. Sie habe ihren Sitz in Frankfurt am Main.

Namentlich stellte er uns Erik Veinsberg, Lutz Blumenstein und Udo Havel vor.

Wenig später stießen noch vier Türken dazu.

Die Leute von der IGfM nahmen kein Blatt vor den Mund. Vielleicht wollten sie sich auch nur wichtig machen, indem sie sagten, sie könnten alles beschaffen – von der Pistole bis zum Sprengstoff. Weshalb man überhaupt über Waffen sprach, weiß ich nicht, und wozu man sie einsetzen wollte, auch nicht. Aber in der Debatte ging es auch viel um »Kommunismus« und »Kommunisten«, um die Mauer und die »Zone«. Von dort, aus der DDR, schienen auch die meisten zu kommen. Wiederholt fielen Begriffe wie Bautzen II und Hohenschönhausen, Abschiebung und Freikauf. Zentrales Thema aber war: Man müsse was gegen die Kommunisten machen.

Einer schlug vor, in die Budapester Straße zu fahren und dort den Eingang des Aeroflot-Büros zuzumauern. Schließlich hätten die Russen auch Westberlin eingemauert. Man sollte es ihnen mit gleicher Münze heimzahlen. Und damit auch die Öffentlichkeit es bemerke, müsse die Aktion auch fotografiert und die Bilder an die Presse gegeben werden.

Das klang alles sehr spontan, doch als wir die Budapester Straße erreicht hatten, war alles schon da: Steine und Mörtel und ein Bildreporter. In wenigen Minuten waren der Eingang dicht, das Foto im Kasten und wir verschwunden.

Doch bereits vorher fragte ich mich die ganze Zeit: Wieso haben die Leute von der IGfM die Sache nicht allein erledigt? Wozu mußten wir von den »Grauen Wölfen« mit dabeisein? Und weshalb waren überhaupt soviele Personen mit einbezogen? Je umfänglicher der Kreis der Eingeweihten und Beteiligten, desto größer auch die Gefahr der Entdeckung.

Wie sehr dieses Bauchgefühl rational begründet war, fand ich 2006 beim Studium meiner »Akten« in der Birthler-Behörde bestätigt. Mindestens einer der damals Beteiligten arbeitete inoffiziell für das Ostberliner Ministerium für Staatssicherheit. Der IM »Heiner Backhaus« informierte die für die Terrorabwehr zuständige Abteilung XXII/1 bereits anderentags, also am 11. August 1981, über diese wie auch andere geplante Aktionen.

Mehr noch: Ich selbst war damit als Person ins Fadenkreuz des MfS geraten. IM »Backhaus« und andere verloren mich nicht mehr aus den Augen. Am 9. Dezember 1981 berichtete der IM, daß er weiterhin Kontakt zu den »Grauen Wölfen« habe, insbesondere zu Erol Ünsalsudan, »mit dem ich heute noch verabredet bin um 20.15 Uhr im Zentrum Kreuzberg in der Wiener Str. 12«. Die Informationen des IM »Heiner Backhaus«, der intern als »zuverlässige Quelle« eingeschätzt wurde, führten in der Folge dazu, daß die Spionageabwehr, die HA II im MfS, den Operativvorgang »Pakt« eröffnete.

Im August 1981 jedoch wurden wir von der Westberliner Presse wegen der Aktion gegen das Aeroflot-Büro gefeiert. Mir war das nicht ganz geheuer. Doch Hartmut Richter von der IGfM beruhigte uns mit dem Hinweis, daß die Aktion vom Staatsschutz »abgesichert« würde. Der Form halber werde man zwar gegen Unbekannt ermitteln, doch die Nachforschungen bald einstellen. Wir sollten uns also keine Sorgen machen. Und so kam es dann auch.

Ich lernte in der Folgezeit weitere Mitglieder der IGfM kennen. Herbert Gericke, der Vorsitzende der Berliner Sektion, führte in Kreuzberg einen Zeitungsladen und wohnte unweit von mir. Hartmut Richter arbeitete in der Kantine des ZDF-Studios Berlin, und Heinz Schosteck, ein gelernter Koch, war ebenfalls in der Gastronomie tätig. Beide hatten in der DDR gesessen und waren hier gelandet.

Am Nachmittag des 13. August 1981, einem Donnerstag, trafen wir uns erneut. Rund 200 IGfM-Leute und »Graue Wölfe« kamen zum verabredeten Treff im Wedding. Wir wollten in der Bernauer Straße gegen den Mauerbau vor 20 Jahren protestieren. Ich wurde einigen Personen vorgestellt, so Hans Wahls von der IGfM-Arbeitsgruppe Köln, Dr. Reinhard Gnauck von der Führung IGfM. Die Rede hielt ein Russe, ich glaube, daß es der IGfM-Gründer Iwan Agrusow gewesen sein könnte. Presse war auch reichlich erschienen. Ich erkannte Helmut Kamphausen vom ZDF und Ingo Urban, der für den Springer-Verlag arbeitete. Ein japanisches Fernsehteam und eins vom SFB waren unterwegs.

Von der Ostseite her fotografierten DDR-Grenzer und Zivilisten, das waren sicher Leute von der Staatssicherheit. Einige der Protestierer auf unserer Seite trugen maßgeschneiderte Häftlingskleidung. Entlang der Bernauer Straße waren 50 bis 60 große, schwarze Holzkreuze aufgerichtet und 150 bis 200 Fackeln entzündet worden, mit denen an die Mauer-Toten erinnert werden sollte. Ich selbst trug ein Holzkreuz, auf dem stand: »Unbekannt 13. 8. 1961«, und skandierte mit den anderen immer wieder: »Freiheit für alle politischen Häftlinge in der DDR!« Nach der Kundgebung marschierten wir zum Ernst-Reuter-Platz. Dorthin kamen auch andere Züge von anderen Kundgebungen an der Mauer.

Im Jahr 2006 las ich in in den »Akten«, daß dieser Sternmarsch generalstabsmäßig am 6. August von 25 bis 30 Personen geplant und koordiniert worden war. Sie hatten sich in einer Gaststätte in der Rathausstraße 98 in Tempelhof getroffen. Es handelte sich um Vertreter verschiedener politischer Organisationen und Vereinigungen – von der »Schülerunion« bis hin zur IGfM. Dort solle Herbert Gericke auch über die Verbindung zu den »Grauen Wölfen« informiert haben, die aber nicht publik werden dürfe. Wenig später wäre nach seinem Anruf auch Selahattin Ataselim erschienen, den der Berliner IGfM-Vorsitzende als Chef der »Grauen Wölfe« in Berlin vorstellte. Dieser habe sich zunächst skeptisch gezeigt und die Mitwirkung der »Grauen Wölfe« am Sternmarsch von der Zustimmung der Leitung in Frankfurt am Main abhängig gemacht. Mindestens sechs Vorstandsmitglieder müßten dies genehmigen, sagte er. Im Falle einer Zustimmung würde lediglich eine kleine Gruppe von äußerst zuverlässigen Personen an der Aktion teilnehmen.

So kam es bekanntlich auch.

In der Folgezeit wurden die Beziehungen zwischen der IGfM und den »Grauen Wölfen« intensiver. Und insgesamt wuchs das Bündnis der Mauer-Gegner rasch an. Es stießen weitere Gruppierungen dazu, etwa »Der Stahlhelm L.V. Berlin« und die

»Arbeitsgemeinschaft 13. August«. Sie alle waren gegen den Kommunismus und gegen die DDR und wollten dies auch öffentlich bekunden. Ich beobachtete außerdem, daß die IGfM auch zur »Wiking-Jugend«, »Ustascha«, der »NSDAP-Aktionsgruppe Rudolf Hess« und anderen ausgewiesenen rechtsextremen Gruppierungen Verbindungen pflegte.

Da ich von den »Grauen Wölfen« am besten deutsch sprach, geriet ich zunehmend in eine Schlüsselrolle. Ich war bei nahezu allen Treffen und Begegnungen mit IGfM-Leuten dabei und gwann bald einen ziemlich guten Einblick in deren Tätigkeit wie natürlich auch in die der »Grauen Wölfe«. Es mehrten sich deren Treffen mit deutsch-nationalen Gruppen. Die IGfM war immer dabei, fast schien es, als ob sie alles kontrollieren wollte.

In jener Zeit arbeitete ich als Kellner in Zehlendorf, einem sehr bürgerlichen und daher konservativen Bezirk. Zwangsläufig bekam ich Kontakt zur CDU und zu deren »proletarischem« Ableger CDA, dem ich Ende 1981 beitrat.

Im Frühjahr 1982 suchten mich einige Kameraden von der IGfM auf. Sie schlugen mir vor, mit einem Auto jemanden aus der DDR zu holen. Illegal natürlich. Ich wehrte ab, da mir das Risiko erkennbar groß schien. Sie versuchten meinen Widerstand zu überwinden, indem sie sagten, daß ich das natürlich nicht umsonst machen müßte. Man könne mit solchen Aktionen »gut Kohle machen«.

Daß es sich so verhielt, habe ich später mitbekommen. Man lockte beispielsweise Drogensüchtige mit 5.000 DM, die natürlich zu allem bereit waren. Einmal erlebte ich sogar, daß Hartmut Richter einem Junkie direkt Stoff in Aussicht stellte, wenn er denn nach drüben führe, um jemanden herauszuholen.

Ich war weder auf Droge noch stand ich sonstwie unter Druck, um mich auf ein solch fragwürdiges Angebot einlassen zu müssen. Doch ich fragte mich, warum man ausgerechnet mir einen solchen Vorschlag machte. Möglicherweise deshalb, weil ich erstens Ausländer und zweitens Türke war. Die standen in der sozialen Hierarchie offenbar nur eine Stufe über den Drogenabhängigen.

Am 16. Mai 1982 wurde ich in das Büro der IGfM in Berlin gebeten. Im Beisein von Heinz Schosteck informierte mich

Herbert Gericke, daß die IGfM für den 17. Juni eine spektakuläre Aktion plane. Die werde noch viel mehr Aufsehen erregen als die zugemauerte Aeroflot-Tür im letzten Jahr. Man wolle mit einem Ballon einen Prominenten – man sprach von einer »besonderen Person« – von Ostberlin nach Westberlin holen. Danach werde dieser erklären, daß in Ostberlin und in grenznahen Gebieten der DDR etwa tausend solcher Ballons bereitlägen, mit denen Ostdeutsche demnächst in die Freiheit gelangen würden.

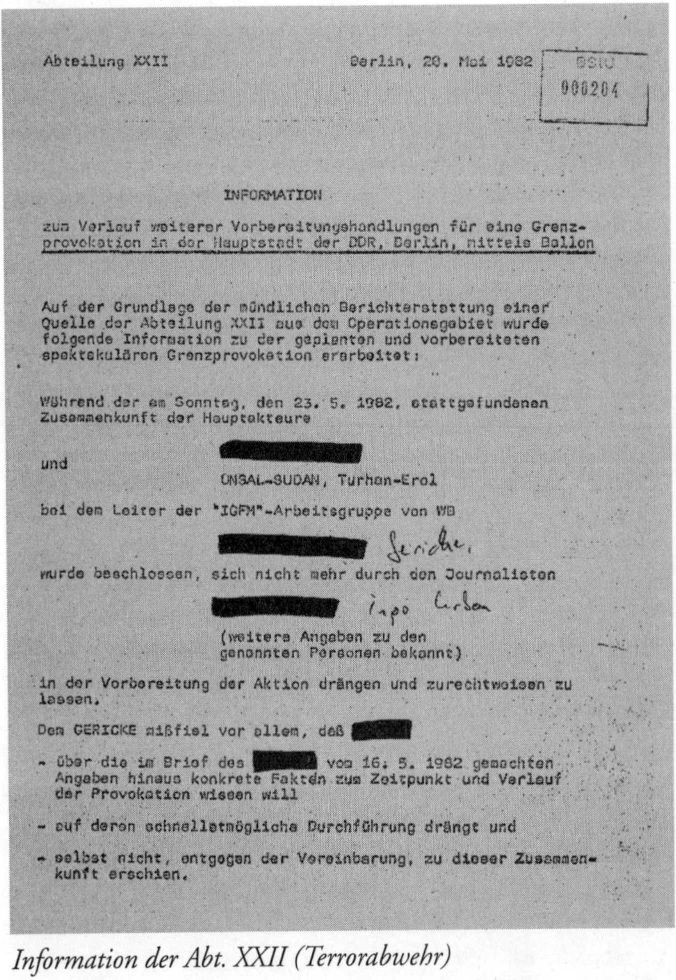

Abteilung XXII Berlin, 28. Mai 1982

BStU
000204

INFORMATION

zum Verlauf weiterer Vorbereitungshandlungen für eine Grenzprovokation in der Hauptstadt der DDR, Berlin, mittels Ballon

Auf der Grundlage der mündlichen Berichterstattung einer Quelle der Abteilung XXII aus dem Operationsgebiet wurde folgende Information zu der geplanten und vorbereiteten spektakulären Grenzprovokation erarbeitet:

Während der am Sonntag, den 23. 5. 1982, stattgefundenen Zusammenkunft der Hauptakteure

[redacted]

und

ÜNSAL-SUDAN, Turhan-Erol

bei dem Leiter der "IGFM"-Arbeitsgruppe von WB

[redacted] Gericke,

wurde beschlossen, sich nicht mehr durch den Journalisten

[redacted] inpo Urban

(weitere Angaben zu den genannten Personen bekannt)

in der Vorbereitung der Aktion drängen und zurechtweisen zu lassen.

Dem GERICKE mißfiel vor allem, daß [redacted]

- über die im Brief des [redacted] vom 16. 5. 1982 gemachten Angaben hinaus konkrete Fakten zum Zeitpunkt und Verlauf der Provokation wissen will
- auf deren schnellstmögliche Durchführung drängt und
- selbst nicht, entgegen der Vereinbarung, zu dieser Zusammenkunft erschien.

Information der Abt. XXII (Terrorabwehr)

Die Ankündigung wäre natürlich Unsinn, aber sie würde für helle Aufregung bei den zuständigen Behörden im Osten sorgen. Sie würden mit der Suche nach tausend Ballons heftig beschäftigt werden, was ausschließlich Sinn dieser Erklärung des Ostflüchtlings sein solle. Danach käme dann der Ballon in die Ausstellung der »Arbeitsgemeinschaft 13. August«.

Auch die mediale Vermarktung der Aktion war bereits bis ins kleinste Detail geplant. Ballonflug und Landung sollten mit Fernsehkameras vom Hochhaus des Springer-Verlages verfolgt werden. Auch Gerhard Löwenthals *ZDF-Magazin* stand bereits in den Startlöchern, das Aufnahmeteam sollte mit Sprechfunk die Ballonfahrer zum Landeplatz lotsen. Die Illustrierte *Quick* aus dem Bauer-Verlag, neben *Stern* und *Bunte* das damals größte People-Magazin, zeigte sich interessiert. Und die Westberliner Tagespresse hätte man ohnehin im Boot ...

Er, Gericke, habe mit Ingo Urban vom Springer-Verlag einen Exklusivvertrag über die Print-Medien-Rechte geschlossen, im TV-Bereich habe Helmut Kamphausen fürs ZDF den Vorzug erhalten. Alles in allem, so Gericke, erwarte er Einnahmen aus der Medienvermarktung von etwa einer halben Million DM für die IGfM.

Da dieser Aspekt derart breiten Raum in seinen Darlegungen einnahm, trat der politische Ansatz der Aktion deutlich in den Hintergrund, was den Verdacht nährte, daß es sich auch tatsächlich so verhielte. In erster Linie ging es um Geld und erst in zweiter Linie um die politische Wirkung. Ich wollte nicht annehmen, daß der politische Anstrich lediglich die Tünche für einen cleveren Coup sein könnte.

Ich wurde gebeten, über das Gehörte Stillschweigen zu wahren. Erst wenn die Aktion gelaufen sei, könne ich die Mitglieder der »Grauen Wölfe« darüber informieren. Denn man vermute auch dort Spitzel der Stasi, und deshalb müsse die Sache konspirativ erledigt werden. Von hiesiger Seite wären auch die Dienste involviert, aber diese stünden schließlich auf unserer Seite. Angeblich sicherte die CIA die Landung und den Landeplatz, BND und MAD wären auch präsent.

Dann kam Gericke zum eigentlichen Kern. Man müsse den Ballon erst nach Ostberlin bringen. Das sei eine höchst brisante Aufgabe, das müsse er hier nicht sagen. Alle nickten. Das könne nur ein absolut zuverlässiger Mann sein. Zustimmung von allen Seiten.

Gericke zeigte auf mich.

Mir stieg das Blut bis unter die Haarwurzeln.

Doch. Gericke bekräftigte den Entschluß. Ich solle den zerlegten Ballon rüberbringen und die »besondere Person« kontaktieren. Es handele sich um einen ehemaligen Mitarbeiter des MfS, der auch mal jüngstes Mitglied der Volkskammer gewesen sei und dessen Vater als Oberst im DDR-Verteidigungsministerium arbeite. Ein richtig dicker Fisch. Aber – Gericke legte den Zeigefinger der rechten Hand über seine Lippen – kein Wort zu niemandem!

In den nächsten Wochen traf ich mich wiederholt im Zeitungsladen, den der Berliner Sektionschef der IGfM hauptberuflich betrieb. Für Begegnungen mit Gericke war das ein absolut idealer Ort: Hier herrschte reger Verkehr – wer wollte da zwischen normaler Kundschaft und konspirativem Besuch unterscheiden? Gelegentlich bat er mich auch in seine Wohnung. Aber meist kamen wir zu Absprachen in seinem Laden zusammen. Mich interessierte vor allem, was passierte, wenn man mich erwischen würde? Was unternähmen meine Kameraden beziehungsweise die IGfM für mich? Meine Fragen wurden vom Tisch gewischt, Zweifel und Ängste stets zerstreut. Ich müsse mir wirklich keine Sorgen machen. Die Nummer sei hundertprozentig sicher, und wenn es schief ginge, was nahezu ausgeschlossen wäre, aber nähmen wir mal diesen undenkbaren Fall an, dann würde man mich sofort raushauen. Die Medienkampagne, die sie dann sofort lostreten würden, überstünde die Führung in Ostberlin nicht. Die wären dann froh, mich abschieben zu können und würden die Stunde verfluchen, in der sie mich geschnappt hätten … Außerdem: »Die Dienste lassen keinen drüben verkommen, der gegen die DDR etwas unternommen hat. Weder die CIA noch unsere.« Auch die Bundesregierung würde sich für mich einsetzen.

Ich war jung, unbedarft und naiv und glaubte ihnen.

Und als ich mal fragte, warum sie von der IGfM es nicht selber machten, kam sofort zurück: weil wir nicht mehr in die DDR reinkommen. Sie hätten dort schon gesessen und seien folglich kein unbeschriebenes Blatt mehr.

Wie mir geheißen, suchte ich in in Westberlin das Besucherbüro auf und beantragte eine Einreiseerlaubnis. Am 24. Mai 1982 passierte ich den Grenzübergang »Checkpoint Charlie« in der Friedrichstraße. Für in Westberlin lebende Ausländer – ich hatte einen türkischen Paß – gab es nur zwei Übergangsstellen. Man hatte bei der Rückkehr den gleichen zu benutzen, den man auch bei der Einreise genommen hatte. Die »Ausreise« hatte bis 24 Uhr zu erfolgen. Man konnte, sofern man einen Eintrag über eine »mehrmalige Einreise in die Hauptstadt der DDR« besaß, sofort auf dem Absatz kehrtmachen und wieder zurück in den Osten gehen. Ich kannte einige Türken, die eine Freundin in Ostberlin hatten und es so praktizierten: rein, raus, rein ... Der Aufenthalt war auf Berlin beschränkt. Verließ man die Stadt und reiste mit der S-Bahn ins Umland, wurde das als illegale Einreise in die DDR gewertet, was Konsequenzen hatte.

Richter hatte mir zuvor die 25 DM »Eintrittsgeld« gegeben, wie er den Zwangsumtausch nannte. Die DDR kassierte von jedem bei der Einreise 25 Westmark und tauschte diese 1:1 in Ostmark mit der Begründung, daß man ja Fahr- und Taschengeld in der Landeswährung benötige. Es wurde damit unterstellt, daß jeder aus Westberlin Einreisende Tourist sei. Die vielen Verwandtenbesuche, die gleichfalls stattfanden, wurden ebenso behandelt. Und dabei warteten die Angehörigen auf der Ostseite, luden ihre Gäste in den Trabant und beköstigten sie tagsüber, ohne daß diese ihre 25 Mark benötigten. Die ließ man in der Regel auf dem Küchentisch zurück.

Hartmut Richter aus der ZDF-Kantine nannte mir nun endlich auch den Namen meiner Kontaktperson. Es handelte sich um einen Dietmar Stoll, mit dem er seinerzeit in Bautzen II eingesessen habe. Heinz Schosteck, der bei diesem Gespräch dabei und ebenfalls im Bilde war, gab mir Stolls Adresse. Der sollte am Anton-Saefkow-Platz 3 wohnen.

Nachdem ich mich auf der Karte kundig gemacht hatte, war ich aufgebrochen und hatte die angegebene Adresse direkt angesteuert. Irrtümlich klingelte ich bei Stolls Schwester Petra, die im gleichen Hause wohnte. Sie verwies mich freundlich in eine andere Etage. Stoll öffnete. Er war um die 30 und trug eine Jogginghose, was bei mir das Gefühl erhärtete, daß alle Männer im Ostblock Jogginghosen trügen. Egal, ob sie zu

Hause oder in der Stadt unterwegs waren. Ich fragte nach seinem Namen.

Stoll schien bereits auf mich gewartet zu haben. Ich bat ihn, sich etwas anderes anzuziehen und mich auf die Straße zu begleiten, damit ich Fotos von ihm im Freien machen könne. Diese sollte ich den Leuten von der IGfM vorlegen, damit er eindeutig identifiziert werden könne. Vor allem sollte ich seinen linken Unterarm fotografieren, weil der richtige Stoll dort eine markante Tätowierung – ein Adler mit Fallschirm – trüge.

Stoll reagierte auf mein Ansinnen ein wenig unwillig und nannte auch den Grund dafür. Richter habe mit verstellter Stimme und auffällig sächselnd in Stolls Betrieb angerufen und um dessen Rückruf gebeten. Die hinterlassene Telefonnummer war eine in Westberlin.

So blöd könne man doch gar nicht sein, ereiferte sich Stoll. Offenkundig glaubte er, es mit Amateuren zu tun zu haben.

Unten stiegen wir in einen nagelneuen Trabant 601, den Stoll angeblich im Lotto gewonnen haben wollte. Wir fuhren zum Alexanderplatz und gingen in das Interhotel Berlin. Von dort telefonierte ich wie vereinbart mit Richter in Westberlin und übergab dann den Hörer an Stoll, der aber nur kurz mit Richter sprach.

Danach erläuterte ich ihm bei einer Tasse Kaffe den groben Ablauf der Aktion, so, wie es mir aufgetragen worden war. Den aber schien er bereits zu kennen. Er war, wie ich mitbekam, bereits von Peter Spitzhüttl informiert worden. Der hatte sich mit Stoll zu Ostern im tschechischen Ostrava getroffen. Spitzhüttl hatte in der DDR gesessen, lebte heute in der Bundesrepublik und war offenkundig der Verbindungsmann von Krause.

Sodann fuhren wir zur Fischerinsel Nr. 9. Das war ein Hochhaus aus den 70er Jahren in Sichtweite des Springer-Verlages. Die Distanz bis zur Mauer betrug vielleicht 300 Meter Luftlinie. Ich fotografierte den Wohnturm wie auch den Garagenkomplex in der Wilhelm-Pieck-Straße, den wir danach ansteuerten. Dort sollte das Material untergebracht werden, das ich ihm in den nächsten Tagen bringen würde. Damit war meine Mission fürs erste erledigt. Wir vereinbarten, daß, falls ein anderer Kurier käme, er sich mit einer US-Münze bei ihm ausweisen würde.

Stoll setzte mich am Alex ab. Ich tauschte schwarz Westgeld 1:4 und baggerte erfolgreich eine junge Ostberlinerin an. Das war mir aufgetragen worden, um im Ernstfall eine Legende zu haben. Es war eine junge Pankowerin, die mich ins Interhotel begleitete. Sie schien auf Ausländer spezialisiert. Wie sie mir erzählte, sei sie mit einem Algerier befreundet gewesen, doch der wäre jetzt wieder in seiner Heimat. Kurz vor 24 Uhr brachte sie mich zum Grenzübergang. Wir verabredeten beim Abschied ein neues Treffen.

Das Hochhaus auf der Ostberliner Fischerinsel, von dem Stoll mit dem Ballon starten sollte

Am nächsten Tag rief ich bei Hartmut Richter und Heinrich Schosteck an und berichtete. Tage später trafen wir uns im Laden von Herbert Gericke, dem ich die Aufnahmen übergab, die ich von Stoll und den Objekten in Ostberlin gemacht hatte. Richter erschien angetrunken zum Treff und kritisierte mich, weil ich ihn aus Ostberlin angerufen hatte. Das verstand ich nun wieder nicht, weil er ja genau dies von mir verlangt hatte. Das sagte ich auch. Es gab einen kurzen, heftigen Streit, der damit endete, daß Richter den Laden verließ. Eigentlich hatte ich Grund auszusteigen. Richter hatte mich ziemlich übel beschimpft und beleidigende, ausländerfeindliche Äußerungen gemacht. Dennoch ging ich zwei Tage später in Gerickes Wohnung, wo mir Richter zwei Kissen in der Größe von vielleicht 30 mal 30 Zentimenter übergab. Darin sollten sich drei Ballons befinden, wurde mir gesagt. Der größere habe einen Durchmesser von 2,5 Metern, die beiden anderen von anderthalb Metern. Diese sollten mit Gas gefüllt und von einem Netz zusammengehalten werden.

Die Kissen sollte ich nach Ostberlin zu Stoll bringen.

Da ich selbst keinen Führerschein besaß, bat ich einen türkischen Freund mit Auto, mich rüberzufahren. Ich legte die Kissen demonstrativ auf die Hutablage. So rollten wir in den »Checkpoint Charlie«. Meinem Freund hatte ich nicht gesagt, was sich in den Kissen befand. Das war auch unwichtig, denn die DDR-Grenzer verweigerten ihm die Einreise. Wir maßen dem keine Bedeutung bei, denn mein Kumpel hatte das schon wiederholt erlebt: Mal ließen sie ihn rein, mal schickten sie ihn zurück. Die Gründe waren nie erkennbar. So drehten wir um.

Ich bat ihn, die beiden Pakete zu mir nach Hause zu bringen und machte mich auf zum U-Bahnhof Luxemburg-Platz, wo ich mich mit Stoll verabredet hatte. Der erwartete mich bereits. Er wirkte ein wenig verärgert, weil ich mit leeren Händen kam. Es war bereits Ende Mai, die Sache sollte am 17. Juni steigen. Notfalls könnten wir ja auch auf den 13. August ausweichen, sagte ich. Wir wissen ohnehin nicht, ob das Wetter am 17. Juni mitspielt. Wenn Westwind wäre, triebe er Richtung Osten und nicht dorthin, wo man ihn erwartete.

Stoll sagte, er habe gestern in seinem Briefkasten einen Zettel gefunden, auf welchem das gesamte Equipment der Fluchtaktion aufgeführt wäre. Ich sagte ihm, daß die Nachricht auf keinen Fall von mir stamme.

Wir vereinbarten einen neuen Termin.

Nach der Frühschicht am 28. Mai fuhr ich zum Bahnhof Friedrichstraße. Mir war unwohl, irgendeine innere Stimme ängstigte mich. Doch ich konnte nicht mehr zurück, bei der IGfM und bei Stoll stand ich im Wort. Am Grenzübergang mußte ich relativ lange warten, ehe ich die Paßkontrolle passiert hatte. Als ich hindurch war, sprach mich ein Uniformierter an. Ich solle ihn bitte begleiten. Er brachte mich in einen leeren Raum. Wenig später erschienen zwei weitere Männer in Uniform. Sie unterzogen mich einer gründlichen Leibesvisitation. Dabei fanden sie die Karabinerhaken, die mir tags zuvor Gericke für Stoll mitgegeben hatte.

Was ich damit wolle, fragten sie mich.

Nichts, sagte ich. Die brauche ich bei der Arbeit; ich habe nur vergessen, sie aus der Tasche zu nehmen. »Ist das ein Verbrechen?«

Natürlich nicht, hieß es. Ich bekam die Haken zurück und konnte nach anderthalb Stunden einreisen. Da ich ziemlich spät dran war, verzichtete ich auf irgendwelche Sicherungen. Bei meinem letzten Treffen mit Stoll war ich in Ostberlin hin- und hergefahren, ehe ich mich zur Station Rosa-Luxemburg-Platz begab. Ich wollte, sofern ich einen »Schatten« gehabt hätte, diesen

U-Bahnstation »Rosa-Luxemburg-Platz«

abschütteln. Nunmehr fuhr ich in Eile direkt mit der S-Bahn zum Alex und stieg in den Keller zur U-Bahn. Ich nahm den ersten Wagen der Linie Richtung Pankow, um beim Einfahren den Bahnsteig mustern zu können. Stoll sollte im hinteren Teil auf mich warten. Der Zug rumpelte in die Station, ich sah einige Leute warten, aber es war nichts Auffälliges zu bemerken.

Ich stieg aus, sah Stoll und lief an diesem vorbei zum Ausgang. Ein Mann in den Vierzigern hatte den Zug davonfahren lassen und stand noch immer auf dem Bahnsteig. Das hatte mich irritiert. Stoll folgte mir die Treppe hinauf.

Draußen fragte ich ihn, ob ihm was aufgefallen sei. Er meinte, er habe das Gefühl, er würde observiert. Noch ehe ich darauf reagieren konnte, hatte uns ein Dutzend Männer umstellt. Wir wurden an eine Hauswand gepreßt, ich glaubte, eine Pistole im Nacken zu spüren. Schon quietschten Bremsen auf der Straße, drei oder vier Ladas stoppten. Ich wurde in einen PKW gedrückt, Stoll in einen anderen. Dann schossen wir auch schon davon. Die Festnahme hatte nur wenige Sekunden gedauert.

Im Auto wurden mir Handschellen angelegt und eine dunkle Brille aufgesetzt. Ich sei vorläufig festgenommen, sagte man mir. Das waren die einzige Worte, die ich zu hören bekam. Sonst wurde hartnäckig geschwiegen.

Nach etwa 45 Minuten hielt der Wagen. Mir wurden Brille und Fesselung abgenommen. Ich sah einige Uniformierte und grauen Beton. Sie brachten mich in einen Raum, wo ich mich ausziehen mußte. Es folgte die übliche Visitation. Ich bekam Anstaltsbekleidung. Anschließend ging es in eine Zelle im Erdgeschoß, in der ich etwa zehn bis zwanzig Minuten warten mußte. Dann erschien ein Uniformierter, der mich durch mehrere Gittertüren führte. An einigen Stellen mußte ich warten, erst nach Aufforderung durfte man weitergehen.

Das Verhörzimmer lag im Erdgeschoß. Dort erwarteten mich drei Personen in Zivil. Man eröffnete mir, daß ich mich in der U-Haftanstalt Hohenschönhausen des Ministeriums für Staatssicherheit befinde.

Ich fragte naiv: »Was ist das?«

»Das Ministerium für Staatssicherheitsdienst der DDR ist für die Sicherheit der DDR und deren Bürger verantwortlich«, lautete die lapidare Auskunft. Das erklärte jedoch nicht, weshalb man mich fest- und mir meine persönlichen Sachen abgenommen hatte.

Einen der Männer im Raum erkannte ich wieder. Es war jener Mann, den ich auf dem U-Bahnhof gesehen hatte. Er war

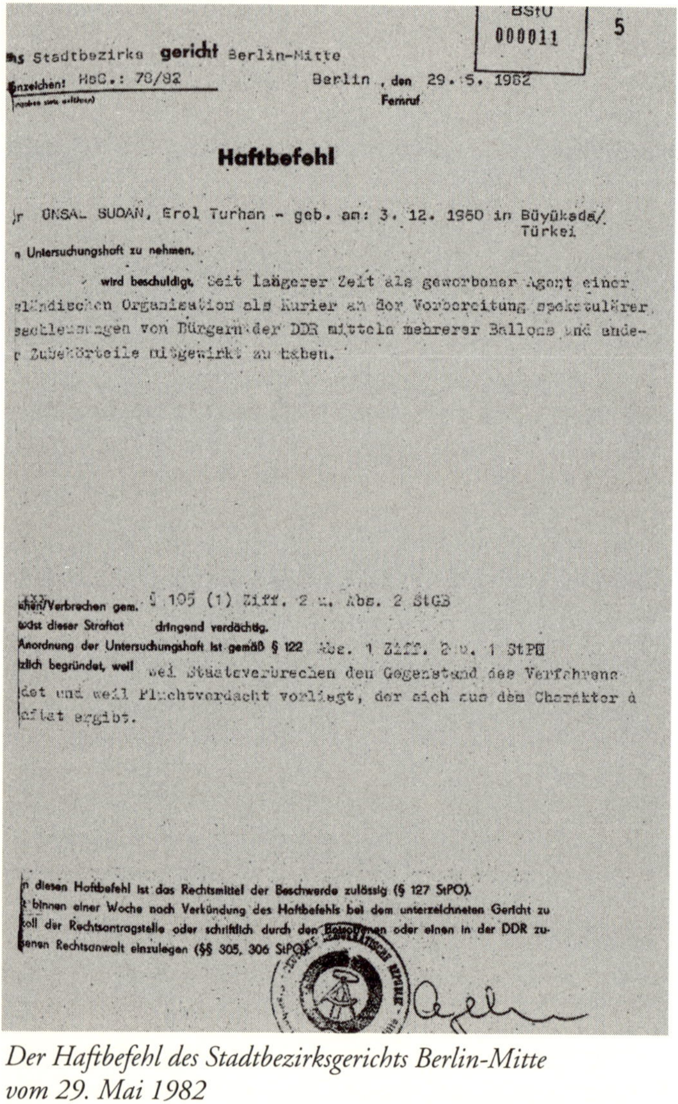

BStU
000011

5

as Stadtbezirksgericht Berlin-Mitte

nzeichen! HsG.: 78/82

Berlin, den 29. 5. 1982

Fernruf

Haftbefehl

r ÜNSAL SUDAN, Erol Turhan – geb. am: 3. 12. 1960 in Büyükada/ Türkei

n Untersuchungshaft zu nehmen.

wird beschuldigt, Seit längerer Zeit als geworbener Agent einer ländischen Organisation als Kurier an der Vorbereitung spektakulärer schleusungen von Bürgern der DDR mittels mehrerer Ballons und ande- r Zubehörteile mitgewirkt zu haben.

hen/Verbrechen gem. § 105 (1) Ziff. 2 u. Abs. 2 StGB

ist dieser Straftat dringend verdächtig.

Anordnung der Untersuchungshaft ist gemäß § 122 Abs. 1 Ziff. 2 u. 1 StPO

zlich begründet, weil bei Staatsverbrechen den Gegenstand des Verfahrens det und weil Fluchtverdacht vorliegt, der sich aus dem Charakter d aftat ergibt.

n diesen Haftbefehl ist das Rechtsmittel der Beschwerde zulässig (§ 127 StPO).
t binnen einer Woche nach Verkündung des Haftbefehls bei dem unterzeichneten Gericht zu oll der Rechtsantragstelle oder schriftlich durch den Betroffenen oder einen in der DDR zu- senen Rechtsanwalt einzulegen (§§ 305, 306 StPO).

Der Haftbefehl des Stadtbezirksgerichts Berlin-Mitte vom 29. Mai 1982 auch auf der Straße bei meiner Festnahme dabeigewesen. Er stellte sich nun mit seinem Dienstgrad vor, er war Major.

Die Vernehmung führte ein Hauptmann durch. Der dritte Mann war ein Psychologe. Ich stellte mich unwissend und überrascht und machte sie darauf aufmerksam, daß ich in etwa zwei Stunden wieder in Westberlin sein müsse. Ich hätte mich mit der Tochter eines Politikers verabredet, log ich.

Der Hauptmann schüttelte, leicht lächelnd, seinen Kopf. Mit dem Rendezvous werde wohl nichts, sagte er, »das wird eher eine lange Nacht bei uns«.

Er schaltete das Tonbandgerät ein.

Ich antwortete auf die Fragen ausweichend. Ich gab Auskünfte zu meiner Person, räumte ein, Stoll zu kennen, auch Namen von Mitgliedern der IGfM, die man mir nannte, bestätigte ich. Ich arbeitete schließlich in Lokalen, wo sehr viele Menschen verkehrten, auch solche. Die Gäste könne man sich nicht aussuchen.

So ging das hin und her. Gelegentlich ging der Major aus dem Zimmer und kam dann wieder, um sich schweigend niederzulassen. Wortführer blieb der Hauptmann. Er studierte aber immer sehr aufmerksam die Zettel, die ihm der Major nach seiner Rückkehr auf den Tisch gelegt hatte.

Die Vernehmung endete morgens gegen 3 Uhr.

Nach dem Frühstück ging sie weiter.

Vor dem Mittagessen wurde ich dem Haftrichter vorgeführt. Dieser bestätigte die vorläufige Festnahme und erließ Haftbefehl. Ich wurde darin beschuldigt, »seit längerer Zeit als geworbener Agent einer ausländischen Organisation als Kurier an der Vorbereitung spektakulärer Ausschleusungen von Bürgern der DDR mittels mehrerer Ballons und anderer Teile mitgewirkt zu haben«.

Man brachte mich in eine Einmannzelle mit der Nummer 312. Da ich dort allein war, war ich die »Nummer 1« und wurde auch so angesprochen. Nach ein paar Tagen kam ich in die dritte Etage in eine andere Zelle. Dort saß ein anderer Inhaftierter, er kam aus Erfurt. Wie er mir erzählte, sei er im dortigen städtischen Nahverkehr beschäftigt und angeblich wegen irgendwelcher West-Kontakte festgenommen worden. Ich beschränkte die Kommunikation auf ein Minimum, weil ich mir nicht sicher war, ob er mich aushorchen wollte oder sollte. Außerdem war ich mit mir selbst ausreichend beschäftigt.

Bei den nachfolgenden Vernehmungen hielt ich mich bedeckt, zumindest was die geplante Aktion betraf. Allerdings erzählte ich auf Nachfrage durchaus freimütig, warum ich mich bei den »Grauen Wölfen« engagierte, weshalb ich mich am Sternmarsch zum 20. Jahrestag des Mauerbaus beteiligt hatte und dergleichen mehr.

Am Morgen des 17. Juni 1982 wurde ich wieder geholt. Der Vernehmer bot mir wie immer Kaffee an. Diesmal fragte der Hauptmann, ob ich nicht auch eine Zigarette rauchen möchte. Ich erwiderte, daß ich nicht rauchen würde. Da sei er aber anders informiert, sagte er lächelnd – und zeigte mir Fotos.

Darauf war ich mit Zigarette vorm Aeroflot-Büro zu erkennen. Mal hielt ich sie in der Hand, mal zwischen den Lippen. Ich war leicht irritiert. Über die Maurer-Aktion dort hatte er mich bis dato noch nie gefragt.

Auf den Bildern waren auch der Vorsitzende unseres Vereins Ataselim und die Leute von der IGfM zu sehen. Der Hauptmann tippte mit dem Finger auf jede Person und nannte den Namen. Er war bestens informiert, was mir eine gewisse Bewunderung abnötigte. Bis eben glaubte ich, daß ich mit ihm Katz und Maus spielte: Es war offenkundig genau umgekehrt.

Also?

Ich erzählte nun, was ich wußte.

Nachdem die Vernehmungen in Berlin abgeschlossen waren, brachte man mich nach Cottbus, wo ich ungefähr drei bis vier Wochen in einer engen Doppelzelle zubrachte. Am 25. Oktober 1982 begann vor dem Bezirksgericht der für drei geplante Prozeß gegen mich. Man beschuldigte mich des staatsfeindlichen Menschenhandels für eine ausländische kriminelle Vereinigung und staatsfeindliche Hetze gegen die DDR und die anderen sozialistischen Staaten gemäß §§ 105 und 106 StGB der DDR.

Stoll war als Zeuge geladen. Er sagte umfassend aus und belastete mich damit schwer. Ein anderer Zeuge, den ich nicht kannte, machte Ausführungen über die IGfM, insbesondere über Hartmut Richter, Heinrich Schosteck, Erik Veinsberg und Lutz Blumenstein, die an der Aktion vorm Aeroflot-Büro betei-

Agenten terroristischer Vereinigungen festgenommen

Sicherheitsorgane verhinderten erneut Provokationen gegen die Staatsgrenze der DDR

Berlin (ADN). Durch die Sicherheitsorgane der DDR wurden in den letzten Tagen mehrere schwerwiegende Provokationen krimineller und terroristischer Organisationen aus Westberlin aufgedeckt und verhindert. Durch Aussagen festgenommener Agenten und andere vorliegende Beweise wird bestätigt, daß entspannungsfeindliche Kreise in Westberlin unvermindert gefährliche Provokationen gegen die DDR inspirieren, planen und unter Mißachtung aller Erfordernisse gutnachbarschaftlicher Beziehungen zur DDR durchführen.

Es wurde nachgewiesen, daß im engen Zusammenwirken führende kriminell vorbestrafte Kräfte der Arbeitsgruppe der „Internationalen Gesellschaft für Menschenrechte" in Westberlin mit der berüchtigten türkischen neofaschistischen Terrororganisation „Graue Wölfe", der kriminellen „Arbeitsgemeinschaft 13. August e. V.", der militanten Organisation „Der Stahlhelm L. V. Berlin e. V." und des Springer-Konzerns permanent schwerwiegende Gewaltakte gegen die Staatsgrenze der DDR unternehmen und diese Aktionen zur maßlosen Verleumdung der DDR gebrauchen.

Skrupellos gehen diese bewaffneten Provokateure mit Sprengstoffanschlägen und anderen gemeingefährlichen Mitteln und Methoden gegen die Staatsgrenze der DDR und die Angehörigen der Grenztruppen der DDR vor. Diese den zuständigen Behörden in Westberlin hinreichend bekannten Provokateure und Terroristen können sich in Westberlin für ihre Verbrechen gegen die DDR ungehindert an Schußwaffen, im Sprengen und in Karate ausbilden. Die subversiven Handlungen begehen sie mit erheblichen finanziellen Zuwendungen durch den Springer-Konzern und unter Mißbrauch der großzügigen Einreiseregelungen der DDR und des Transitabkommens.

Diese Tatsachen beweisen erneut, daß die zuständigen Behörden in Westberlin diese gegen die Entspannung gerichteten Handlungen dulden und ihrer Verantwortung zur Gewährleistung von Ordnung und Sicherheit an der Staatsgrenze der DDR nicht gerecht werden.

ADN-Meldung im Neuen Deutschland, *16. Juni 1982*

ligt waren. Mein Pflichtverteidiger sagte kein einziges Wort, am Ende der Verhandlung hielt er ein Plädoyer. Vor dem Prozeß hatte ich ihn einmal in Berlin gesehen, später nie wieder. Ich empfand seine Mitwirkung als Farce: Er saß neben mir, weil es das Gesetz so vorschrieb. Mehr tat er nicht.

Das Urteil lautete 9 Jahre Haft. Ich war 22 Jahre alt.

Ich vermutete, daß ich mit weniger davongekommen wäre, wenn ich als kommerzieller Schleuser erwischt worden wäre. So aber stand ich mit der offenkundig hier sehr verhaßten IGfM in

Verbindung, die bei den sogenannten Feindorganisationen mit an vorderster Stelle stand. Das bekam ich nun zu spüren.

Aber auch die »Grauen Wölfe« galten beim MfS offenkundig als Terrororganisation. Ich war also in den Augen des Richters ein ganz »schwerer Junge«.

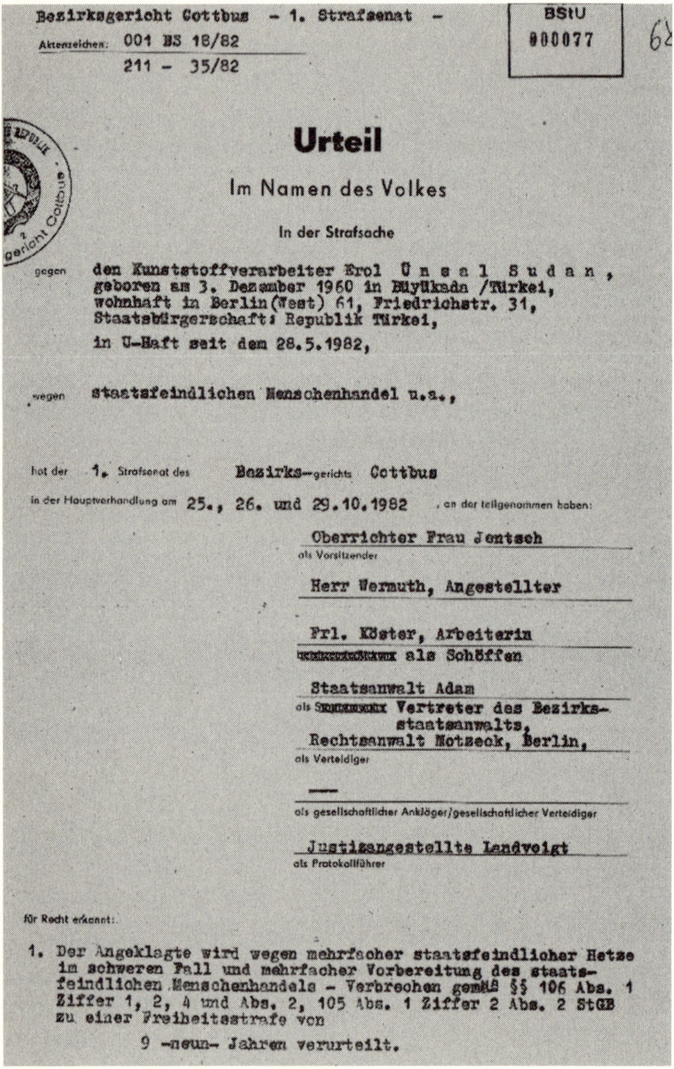

Bezirksgericht Cottbus – 1. Strafsenat –

Aktenzeichen: 001 BS 18/82

211 – 35/82

BStU 000077

62

Urteil

Im Namen des Volkes

In der Strafsache

gegen den Kunststoffverarbeiter Erol U n s a l Sudan, geboren am 3. Dezember 1960 in Büyükada /Türkei, wohnhaft in Berlin(West) 61, Friedrichstr. 31, Staatsbürgerschaft: Republik Türkei, in U-Haft seit dem 28.5.1982,

wegen staatsfeindlichen Menschenhandel u.a.,

hat der 1. Strafsenat des Bezirks-gerichts Cottbus

in der Hauptverhandlung am 25., 26. und 29.10.1982, an der teilgenommen haben:

Oberrichter Frau Jentsch
als Vorsitzender

Herr Wermuth, Angestellter

Frl. Köster, Arbeiterin
xxxxxxxxxx als Schöffen

Staatsanwalt Adam
als xxxxxxxx Vertreter des Bezirksstaatsanwalts,

Rechtsanwalt Motzeck, Berlin,
als Verteidiger

—
als gesellschaftlicher Ankläger/gesellschaftlicher Verteidiger

Justizangestellte Landvoigt
als Protokollführer

für Recht erkannt:

1. Der Angeklagte wird wegen mehrfacher staatsfeindlicher Hetze im schweren Fall und mehrfacher Vorbereitung des staatsfeindlichen Menschenhandels – Verbrechen gemäß §§ 106 Abs. 1 Ziffer 1, 2, 4 und Abs. 2, 105 Abs. 1 Ziffer 2 Abs. 2 StGB zu einer Freiheitsstrafe von
9 -neun- Jahren verurteilt.

Urteil des Cottbuser Bezirksgerichts, 20. Oktober 1982

Im Urteil des Bezirksgerichtes Cottbus (AZ 001BS18/82) war zu lesen, »der schwere Fall« sei »deshalb erfüllt, weil der Angeklagte zur Durchführung der Verbrechen mit einer Organisation zusammenwirkte, deren Tätigkeit gegen die DDR gerichtet ist. Die ›Internationale Gesellschaft für Menschenrechte führt‹ [...] seit Jahren unter dem Deckmantel des Eintretens für Menschenrechte einen subversiven Kampf gegen die Staats- und Rechtsordnung der DDR, der sie die Verletzung von Menschenrechten als system-immanente Erscheinung vorwirft«.

Der Richter meinte, meine Handlungen hätten einen »hohen Grad an Gesellschaftsgefährlichkeit« aufgewiesen und bezeichnete die IGfM als »Feindorganisation«, als eine Institution, »der beim Kampf gegen die Staats- und Rechtsverhältnisse der DDR jedes Mittel recht ist, die weder vor ideologischer Diversion in Zusammenarbeit mit rechtsextremistischen Kräften, noch vor Terrorakten und Gefährdung des Lebens anderer Bürger zurückschreckt«.

Ich blieb solange in Cottbus, bis das Urteil rechtskräftig war. Danach wurde ich wieder nach Hohenschönhausen überführt. Dort grübelte ich weiter, wie mir das MfS auf die Spur gekommen sein konnte. Eine andere Möglichkeit als Verrat sah ich nicht. Ich ging alle Personen, Türken wie Deutsche, in Gedanken durch, die an einer Aktion teilgenommen hatten, an der auch ich beteiligt gewesen war.

Zunächst richtete sich mein Verdacht auf Richter von der IGfM. Doch ihn schloß ich bald aus. Er war der einzige, der wußte, wer ausgeschleust werden sollte. Er hätte Stoll auch ohne meine Mitwirkung verpfeifen können, wenn er es gewollt hätte. Dann hatte ich Gericke im Visier: Er hatte schließlich vor dem Aeroflot-Büro fotografiert. Aber auch diesen Verdacht ließ ich fallen. Am Ende blieb noch Schosteck übrig. Ich schwor, Rache an der Person zu nehmen, die mich verraten hatte.

In Hohenschönhausen teilte ich mir mit mehreren Fluchthelfern die Zelle. Der Freigang erfolgte zellenweise. So sah man keine weiteren Insassen. Die Zeit zwischen Schlafen, Essen und Freistunde verbrachte man mit Lesen von Büchern oder Zeitungen.

Was in jener Zeit geschah, erfuhr ich 2006 in der Birthler-Behörde aus meinen MfS-Akten. Ihre Quelle »Heiner Backhaus« berichtete, daß man meinem Verschwinden bei der IGfM keine Bedeutung zumaß. Es hieß, ich sei bei einer jungen Ostberlinerin hängengeblieben. Tage später begann man zu spekulieren. Man zog durchaus in Erwägung, daß man mich festgenommen haben könnte, allerdings wegen Geldgeschichten oder so. Daß mein Verschwinden in kausalem Zusammenhang mit der geplanten Aktion stehen könnte, hielt man offenkundig für unmöglich.

Schließlich rief Gericke aus seinem Zeitungsladen bei Stoll in Ostberlin an, um sich zu informieren. Dort nahm Petra Stoll, seine Schwester, den Anruf entgegen. Sie verbat sich den Kontakt und legte auf. Danach unternahm Richter einen zweiten Versuch. Er rief in Stolls Betrieb an und wurde mit einem Herrn Zimmermann verbunden. Als dieser nach dem Namen des Anrufers und den Grund seiner Erkundigung fragte, verlor Richter die Nerven. Er brüllte »Stasi!« und legte auf. Allein daraus schloß nun die IGfM, daß Stoll und ich verhaftet worden wären.

Gericke rief daraufhin den türkischen Generalkonsul zu Hause an und forderte ihn auf, aktiv zu werden. Gericke und Dalaman kannten sich aus der Freimaurerloge. Der Diplomat versprach, Nachforschungen über die Botschaft der Türkei in Ostberlin anstellen zu lassen.

Unterdessen hatte ich selbst bereits Kontakt zur türkischen Botschaft und zu meiner Mutter aufnehmen können. Sie und ihr Lebensgefährte besuchten mich. Dabei erfuhr ich, daß Richter und Krause ein paar Tage nach meiner Festnahme die beiden für Stoll bestimmten Kissen bei ihnen abgeholt hatten.

Die türkische Vertretung schickte einen Botschaftsrat namens Güner. Um zu kontrollieren, worüber wir sprachen, wurde unser Gespräch von einer Dolmetscherin übersetzt. Da ich Güner aber aus Westberlin kannte, konnte ich schneller und direkter reden, als Elke Windisch dem Hauptmann übersetzen konnte. Erst als ihm offenbar wurde, was ich erzählt hatte und er mir genau das sofort untersagte, war die Sache bereits raus.

Nach einigen Wochen händigte man mir meine persönlichen Sachen aus und ich hoffte auf meine Abschiebung nach Westberlin. Vielleicht brachte man mich auch zum Flughafen Schönefeld, wo auch die staatliche Fluggesellschaft der Türkei THY landete? Diese Annahme erwies sich als Illusion. Mir wurde mitgeteilt, daß ich lediglich in eine andere Anstalt verlegt werden würde. Ich stieg in einen B 1000 (Barkas), aufgeteilt in mehrere kleine Kabinen, den ich bereits von der Überführung nach Cottbus kannte. Die Fahrt dauerte diesmal länger. Bei den Fahrten von Hohenschönhausen in die Magdalenenstraße, wo es die Gesprächstermine gegeben hatte, merkte man sich die Zahl der Stopps und Kurven. So wußte man ziemlich genau, wann das Ziel erreicht war.

Nach einigen Stunden durchfuhr der Barkas mehrere Schleusen. Dafür hatte ich mittlerweile ein gutes Gehör entwickelt. Dann wurden die Handschellen abgenommen. Ich stieg aus und befand mich in einem Hof, der von Gebäuden aus Klinkern gebildet wurde. In der Tür standen zwei Uniformierte, die Uniform unterschied sich von jenen in Ostberlin. Ein kräftig gebauter Uniformierter rief: »Komm' Se, gehn Se!«

Ich fragte: »Was denn nun – kommen oder gehen?«

Er antwortete in einem schroffen und für mich unverständlichen Sächsisch: »Gehn Se, Mann!«

Ich wurde in einen Raum geführt, in dem ich eine Anstaltskleidung erhielt. Die Hosen waren an den Seiten aufgeschnitten und hatten ca. 30 cm lange gelbe Streifen. Wie die Arbeitshemden waren auch die Jacken derart markiert.

Ich bezog im vierten Geschoß eine Einzellzelle. Zum ersten Mal seit Wochen wurde ich wieder mit meinem Namen angesprochen. Nun war ich der Strafgefangene Ünsalsudan.

Willkommen in Bautzen II.

Strafanstalt Bautzen II

Mein Ruf war mir vorausgeeilt. In der außenpolitischen Wochenschrift der DDR *horizont* (Nr. 46/1982) war über die IGfM, die »Grauen Wölfe« und meinen Prozeß berichtet worden. Ich war darin als »Leihterrorist« bezeichnet worden. Die meisten Häftlinge in Bautzen schienen den Beitrag gelesen zu haben und erwarteten mich bereits.

Nach einigen Tagen wurde ich von einem Schließer zu einem Gespräch gebracht. Der Oberleutnant stellte sich mir als Christian Jahn vor. In Berlin hatte man das nie getan. Er wäre der »Erzieher im Westkommando« von Bautzen II, sagte er, und derjenige, der alles erlaube oder verbiete. Wenn ich einen Brief nach Hause schreibe, müsse er dies genehmigen. Er werde auch bei den Besuchen zugegen sein, die alle zwei Monate möglich wären. Ob ich Fragen hätte.

Ich wurde kühn. Ja, sagte ich. Ich wäre Mohammedaner und dürfe aus religiösen Gründen kein Schweinefleisch essen.

Ich hoffte, er zeigte mir einen Vogel oder, was mir viel lieber gewesen wäre, er expedierte mich dorthin, wo es Moscheen gab. Doch Jahn, der, wie ich bald erfuhr, von den Gefangenen nur »Bobby« genannt wurde, erklärte teilnahmsvoll, daß er sich darum kümmern werde. Ich sei der erste und einzige Türke, den es in Bautzen II gebe, man sei darum noch ein wenig unvorbereitet. Meine Intervention hatte beispielsweise zur Folge, daß die türkischen Lebensmittel, die meine Eltern mitbrachten, nie kontrolliert und beanstandet wurden. Sie wurden mir umgehend ausgehändigt.

Sodann wurde ich in eine Viermann-Zelle verlegt. Ich teilte die Kloschüssel mit Stefan Quack, einem 19jährigen Westberliner, dessen Eltern mehrere Gaststätten und einen Getränkevertrieb besaßen, und mit Günther Taschner, einem abgebrühten Geschäftsmann, der Reisebusse verkaufte. Nach kurzer Zeit kam Michael Rack hinzu. Sie alle waren wegen Fluchthilfe verurteilt.

Die Fluchthelfer bildeten das Arbeitskommando III. Es gab noch ein Arbeitskommando IV, dem ausnahmslos verurteilte Spione angehörten. Sie waren die 98er, wir die 105er. Wir hatten keinen Kontakt zueinander und sahen uns nur aus den Fenstern, wenn die anderen Freistunde hatten.

Die Fluchthelfer bauten im Keller der Anstalt elektronische Relaiskästen zusammen und wurden nach Stückzahlen bezahlt.

Wir konnten dort ohne jede Einschränkung miteinander kommunizieren.

Der Tag begann 5.00 Uhr mit Wecken. Für die Morgentoilette hatten wir eine halbe Stunde. Danach ging es kollektiv in den Keller. Nach vier Stunden gab es Frühstück. Dazu rückten wir 9.30 Uhr im ersten Geschoß ein. Es gab Graubrot oder Kastenweißbrot, etwas, was Margarine hieß, aber eigentlich nur »Schmiere« war, und Käse sowie fette Kochwurst. Als Mohammedaner – »Bobby« hatte Wort gehalten – bekam ich statt der Wurst ein gekochtes Ei. Nach dem Frühstück, welches neben unserem Verkaufsladen (»HO«), stattfand, ging es zur Freistunde in den Innenhof.

In der DDR hatten Gefangene natürlich auch Rechte. Das erste Recht hieß, diese Rechte als »Pflichten« wahrzunehmen. So hatten wir das Recht auf eine Stunde Aufenthalt im Freien, was bedeutete, daß wir verpflichtet waren, uns an der frischen Luft zu bewegen, egal, ob es regnete oder die Sonne schien.

Wir hatten das Recht auf täglich drei Mahlzeiten und nahmen diese ausschließlich gemeinsam und im Speiseraum ein. Auch essen war also Pflicht.

Nach der Freistunde ging es wieder in den Keller zur Arbeit.

Die tägliche Arbeitszeit betrug 8 Stunden und 45 Minuten.

Nach der Schicht ging es wieder hoch in den Zellentrakt. Die einzige Gelegenheit, andere Inhaftierte, meist DDR-Bürger, zu Gesicht zu bekommen, gab es, wenn diese Arbeitsmaterial brachten. Es waren immer die gleichen Leute, die kamen. Wir durften uns nicht unterhalten, aber daran hielt sich keiner.

Im Keller gab es neben den Uniformierten noch zivile Mitarbeiter, Angestellte der Firma VEB Oppach-Elektronikwerke, für die wir die Schaltrelais fertigten. Einer von jenen hieß Randick.

Unser Brigadier war ebenfalls ein verurteilter Fluchthelfer. Willi Sommerfeld saß schon sehr lange in Bautzen II. Die meisten hatten aus kommerziellen Gründen Leute in den Westen schleusen wollen. Nur wenige handelten aus idealistischen Motiven wie etwa Maung Tin aus Burma, der seine Frau aus der Tschechoslowakei in den Westen schmuggeln wollte und dabei ertappt worden war. (Er ist übrigens noch heute mit ihr verheiratet.) Auch Holger Körner, der heute beim MDR in Leipzig tätig ist, saß wegen seiner Frau ein.

Der Brigadier besaß Sonderrechte. Wenn man sich mit ihm gut verstand, konnte er einen Umschluß erreichen. Darunter verstand man einen Aufenthalt mit anderen Gefangenen in einer anderen Zelle, um Karten zu spielen oder auch einfach nur zu quatschen. Der Brigadier wußte immer mehr als wir. Seine Quellen waren die neuen Gefangenen, die immer Nachrichten von draußen mitbrachten.

Nach dem Abendessen wurden wir eingeschlossen, was offiziell »verwahrt« hieß, denn es gab keine Zellen, sondern nur »Verwahrräume«. Dreimal am Tag gab es einen Appell, bei dem sich die Häftlinge unter dem Fenster aufstellten und ihre Anwesenheit meldeten. »Verwahrraum 312, belegt mit vier Strafgefangenen, keine besonderen Vorkommnisse. Es erstattet Strafgefangener XYZ Bericht«, lautete die Meldung.

Nach dem Abendappell wurde gefragt, ob man an kulturellen »Aktivitäten« teilnehmen wolle, womit Fernsehen gemeint war. Es gab zwei DDR-Programme. Wenn man am Kulturprogramm nicht teilnahm, begann 21.00 Uhr die Nachtruhe.

Dem Arbeitskommando III gehörten neben mir zwei weitere Ausländer an. Das waren Maung Tin aus Burma und Otto Leitner aus Österreich. Leitner hatte keinen guten Ruf, er galt als Windhund und Stasispitzel. Beweisen ließ sich das nicht, aber er saß nachweislich regelmäßig beim »Onkel« im ersten Geschoß und trank mit dem Major des MfS, der dort sein Büro hatte, seinen Kaffee.

Nach einiger Zeit wurde das Kommado III und das Kommando IV zu einem zusammengeführt. Dem neuen Westkommando IV gehörten bis zu 30 Häftlinge an. Die meisten Agenten waren älter als die Fluchthelfer, sie wirkten in der Regel besonnener, ruhiger, überlegter. Obgleich wir gut miteinander auskamen, gab es doch eine merkliche Trennungslinie zwischen uns.

Die Neustrukturierung führte dazu, daß wir alle in die fünfte Etage und in einen anderen Trakt verlegt wurden. Die Arbeit zog auch vom Keller in die fünfte Etage. Der Umschluß wurde lockerer gehandhabt.

Der Jüngste von uns allen war Stefan Quack, der Älteste Hans Klüß. Er hatte für einen Geheimdienst der US-Navy gearbeitet. Ich selbst teilte mir fortan die Zelle nur noch mit Rainer M. Schubert. Er war sowohl als Agent als auch als Fluchthelfer verurteilt worden. Er saß schon längere Zeit ein und beherrschte die Knast-Klaviatur exzellent. Wenn es etwa auf einen Feiertag zuging, hatte er immer ein passendes Druckmittel parat, um diese Feiertage so angenehm wie möglich zu gestalten. Erhielt er Besuch von der Ständigen Vertretung und die übergaben ihm ein Paket, teilten wir alles. Einige Male unternahm er Anläufe, daß sich die Ständige Vertretung auch um mich kümmern sollte, doch dem stand meine Staatsbürgerschaft entgegen. (Auch nach seiner Entlassung intervenierte Schubert bei der türkischen Vertretung in Ostberlin in meiner Angelegenheit, doch der zuständige Botschaftsrat Gökay machte sich nicht krumm. Ich nahm zunächst an, daß dies der Tatsache geschuldet war, daß ich in seinen Augen ein »kleiner Fisch« war. Doch wie ich hörte, interessierten sich die Amerikaner nicht mal für ihre »großen Fische«. Offenbar handelte es sich also um eine allgemeine Erscheinung.)

Schubert war Journalist und half mir beim Aufsetzen von Schriftstücken. Denn auch wenn diese an die Botschaft der Türkei gerichtet waren, mußten sie in deutscher Sprache verfaßt sein. Vermutlich um eine Kontrolle durch die Haftleitung zu ermöglichen.

Nach und nach richtete sich jeder in die Verhältnisse ein. Der Mensch ist bekanntlich ein Gewohnheitstier.

Da ich mit allen gut auskam, hatte ich auch zu den Ost-Kommandos einen guten Draht. Ich kaufte und verkaufte alles, was sich mir anbot. Ich tauschte Kosmetika gegen Tabak. Der Handel ging vom Ost-Kommando zum West-Kommando und zurück. Ich ließ mir von meinen Eltern bei jedem Besuch Zigaretten, Tabak und Kosmetikartikel mitbringen. Da ich nicht rauchte, war ich in der glücklichen Lage, alle Waren sofort verkaufen zu können. Einige der Inhaftierten bestellten bei mir ihren Lieblingstabak aus dem Westen. Alles, was gefragt war, konnte ich besorgen. Das galt nicht nur für West-Artikel, sondern auch für Ost-Waren. Meine rege Geschäftstätigkeit trug mir bald den Beinamen »Basari« ein.

Genußmittel, die die Ständige Vertretung an die von ihnen Betreuten übergaben, wurden an die Ost-Kommandos verkauft oder gegen andere Waren eingetauscht. Pro Quartal konnte jeder Gefangene ein Paket von daheim empfangen: Auch diese Sachen wurden in den Warenkreislauf eingespeist. Ich reichte zu Beginn jedes Vierteljahres meinen Paketschein bei »Bobby« ein, der diesen genehmigte. So besorgte ich kontinuierlich Nachschub.

Bei der Arbeit gab es Vorgaben. Erfüllte man das Soll mit 100 Prozent, erhielt man 100,00 Ostmark in Gestalt von Wertscheinen, die wir »Bautzen-Dollar« oder »Bautzen-Rubel« nannten. Ich leistete mehr als 100 Prozent und beantragte darum zur Mitte des Quartals einen Extra-Paketschein. Und sofern der nicht genehmigt wurde, bat ich darum, daß er im kommenden Vierteljahr bewilligt wurde. So kam ich in einem Jahr auf elf statt nur auf die üblichen vier Paketscheine. Ohne »Bobby« hätte das natürlich nicht funktioniert.

Es gab Zeiten, da hatte ich in meiner Zelle mehr Nahrungs- und Genußmittel auf Lager als der HO-Laden des Gefängnisses. War etwas in der HO nicht zu kriegen, kam man zu »Basari« Erol.

Mein neuer Zellengefährte tolerierte das. Er hatte für die Amerikaner spioniert und war gemäß § 98 StGB der DDR verurteilt worden. Gerhard Tietz trug den Spitznamen »Frettchen« und »Hexer«. Er übernahm mein Warenlager, als ich »verlegt« wurde, wie man die Entlassung gemeinhin nannte. Das war generell Praxis in Bautzen II: Wer ging, überließ seine Sachen den Zurückbleibenden. Das war durchaus eine solidarische Übung. Alle Inhaftierten halfen sich gegenseitig, wo sie konnten. Keiner im West-Kommando mußte jemals auf Tabak oder Kaffee verzichten.

Kameradendiebstahl gab es nicht. Nur einmal versuchte sich Leitner an meinem Kaffee zu vergreifen. Ich erwischte ihn, es gab eine heftige Auseinandersetzung, bei der ich ihm in die Eier trat. Er meldete den Vorfall bei »Bobby« und ließ sich für zwei Wochen arbeitsunfähig schreiben. Ich kam drei Wochen in den Bunker in der ersten Etage. Der war zwar fast so groß wie eine Einmannzelle, zwei Drittel des Raumes waren allerdings mit einem Gitter abgesperrt. Jenseits des Gitters befand sich der Sanitärbereich, der abgeschlossen wurde, wenn man randalierte.

So mußte man den Schließer herbeiklingeln, wenn man aufs Klo wollte. Dieser ließ sich Zeit.

Es gab auch keine normale Liege, sondern eine Holzpritsche, die sich etwa 10 cm über dem Fußboden befand. Tagsüber mußte sie aufrecht gestellt werden, damit man sie nicht benutzte.

Zum Schlafen wurde eine Matratze hereingereicht. Am Morgen gab man sie wieder ab. Geweckt wurde bereits 3.00 Uhr, irgendwann gab es Frühstück. Im Laufe des Tages ging es für eine Stunde in den Hof. Bei der Freistunde war man allein und trug Handschellen. Man hörte die anderen Inhaftierten, die im großen Hof gemeinsam zur »Freistunde« waren. Mittagessen und Abendbrot wurden in den Bunker gereicht. Abends um 18 Uhr kam die Matratze, es begann die Nachtruhe. Das war der »Tagesablauf«.

Als ich über Rückenbeschwerden klagte, wurde mir erlaubt, auch tagsüber die Pritsche zu benutzen. Ich verbrachte die meiste Arrest-Zeit im Liegen. Über die Kalfaktoren hielt ich Kontakt zu den Kameraden im Kommando.

Nach Verbüßung der Strafe kam ich wieder ins Kommando, und es ging wie gewohnt weiter.

Gerhard Tietz (»Frettchen«), Zweiter von links, übernahm »Basaris« Warenlager. Neben ihm Hannes Sieberer und Heinz Jonsek, Aufnahme vom September 2002 in Bautzen II

In einem Schreiben an die türkische Botschaft, das mir Schubert aufgesetzt hatte, bat ich um seelischen Beistand. Ich beantragte einen türkischen Geistlichen. Mit dessen Hilfe hoffte ich meiner Regierung in Ankara klarmachen zu können, daß ich nicht nur ein politischer, sondern eine Art Kriegsgefangener sei. Schließlich herrschte kalter Krieg, dessen Opfer ich geworden war. Sie mußte darum etwas für mich tun.

Nach einiger Zeit kam die Antwort. Man wolle mit mir in Berlin sprechen, hieß es. Ich wurde mit dem Barkas wieder nach Ostberlin gefahren. Die Begegnung fand in der Haftanstalt Rummelsburg statt, wo ebenfalls verurteilte Fluchthelfer einsaßen. Aber auch einige Türken, die wegen anderer Delikte verurteilt worden waren.

Nunmehr lernte ich Botschaftsrat Gökay persönlich kennen, mit dem ich bereits einige Briefe gewechselt hatte.

Ich trug ihm mein Anliegen vor und spürte, daß er den Kern meiner Bitte nicht begriffen hatte. Er meinte, ich könne meinen Glauben auch ohne Geistlichen pflegen, sie hätten keinen, der mich betreuen könnte. Er werde dafür sorgen, daß ich einen Koran in deutscher Sprache erhielte.

Maßlos enttäuscht fuhr ich nach Bautzen zurück.

Wieder einmal, es war ein Freitag, besuchten mich meine Eltern und mein Bruder. Allerdings führte nicht »Bobby«, sondern »Hähnchen« die Aufsicht. Oberleutnant Schulz mit der hohen, sich bei Erregung überschlagenden Stimme, war nicht so nachsichtig wie sein Kollege. Er sortierte etwa vier Fünftel der mitgebrachten Sachen aus und gab sie meinen Eltern zurück.

Ich verweigerte erbost die Annahme des Restes und leistete auch »Hähnchens« Aufforderung keine Folge, die Sachen in der Effektenkammer abzugeben. Und meine Eltern bat ich, vor dem Gefängnis die Lebens- und Genußmittel an DDR-Bürger mit dem Hinweis zu verteilen, daß man mir die Annahme verwehrt habe.

Am nächsten Tag trat ich in den Hungerstreik.

Und ich setzte ein Schreiben an meine Verwandten in Berlin auf, in dem ich sie über diesen Schritt in Kenntnis setzte.

Am Montag kam »Bobby«, fragte, was das solle, und gab mir den Brief zurück. In seinem Wortschatz, sagte er, komme das Wort »Hungerstreik« nicht vor. Wenn ich möchte, daß der Brief die Anstalt verließe, solle ich mir das Wort sparen. Er könne natürlich nichts dagegen einwenden, wenn ich zum Beispiel über Appetitlosigkeit klagte und deshalb keine Nahrung aufnehmen würde. »Bobby« war ein richtiges Schlitzohr.

Also habe ich den Brief umformuliert und schrieb von »Appetitlosigkeit« und daß ich nichts essen wolle und so weiter.

Auch meinen Eltern durfte ich schreiben und sie informieren, daß ihnen außerplanmäßig ein weiterer Besuchstermin eingeräumt worden sei.

Das war typisch »Bobby«. Er korrigierte und bügelte die Scharten aus, die andere herzlos gerissen hatten. Und das machte er nicht nur bei mir.

Deshalb verstand ich es nicht, als nach dem Ende der DDR in dieser ganzen Stasi-Hysterie auch Dreck auf diesen meiner Ansicht nach durchaus anständigen Mann geworfen wurde. Ich schämte mich für Ex-Häftlinge wie Peter Gross aus der Schweiz, der öffentlich bei einem Treffen der Ehemaligen gegen Oberleutnant Christian Jahn hetzte. Wegen solcher Anschuldigung klagte man im Juli 1994 den inzwischen 60jährigen Jahn, der von 1962 bis 1990 in Bautzen II tätig war, wegen schwerer Körperverletzung in zwölf Fällen an. Er wurde, da vieles nicht haltbar war, zu einer Bewährungsstrafe verurteilt, vermutlich um einige erregte Gemüter zu beruhigen.

Nach diesem Zwischenfall also bekam ich bei »Bobby« alles durch, was die Eltern mitbrachten. Das war sehr gut für das Geschäft. Selbst das Knüpfen von Gebetsteppichen wurde mir genehmigt. Dafür brauchte ich Wolle und dergleichen.

Auch Dietmar Stoll, bei dessen Flucht in den Westen ich helfen sollte und wegen dem ich eigentlich hier saß, befand sich in Bautzen. Alle DDR-Häftlinge wären aus politischen Gründen hier, hieß es damals, und auch heute wird das so verbreitet. Ich mag ja nicht in Abrede stellen, daß es vielleicht wirklich bei jedem Einzelnen auch politische Motive gab, wegen der er die Gesetze der DDR übertrat. Aber manchmal war das wohl auch Legende, die man um einen kriminellen Straftatbestand webte. Stoll, so erfuhr ich in Bautzen II, war nicht wegen seines Oppositionsgeistes aus dem MfS gefeuert worden, sondern wegen eines Sexualdeliktes.

Neben »Bobby« und »Hähnchen« gab es noch weitere »Schließer«, denen Spitznamen anhingen. Ein Leutnant im Ost-Kommando hieß »Neckermann«. Wollte man etwas erreichen, fragte man »Neckermann«, der machte es möglich. Ein anderer wurde wegen seiner Körpergröße »Eckschrank« genannt, er paßte kaum durch eine Tür. »Spargeltarzan« ließ sich sehr schnell aus der Ruhe bringen und lief rot an. Wir ließen keine Möglichkeit aus, um ihn zu veralbern und ebendiese Reaktion hervorzurufen. Dann gab es noch »Blondie«. Er war sehr umgänglich.

Solche Leute passen natürlich genauso wenig in die seit 1990 verbreiteten Klischees über Bautzen II wie Berichte von Ehemaligen, die ebendiese in Frage stellen. Ich gehöre zu jenen. Natürlich war auch Bautzen II wie jeder Knast auf der Welt kein freundlicher Ort. Und die Menschen, die dort waren, kamen nicht aus freien Stücken und wären lieber heute als morgen abgehauen, wenn sie denn gekonnt hätten. Bautzen war beileibe kein Erholungsheim – es war aber auch nicht die Hölle, als die sie manchem heute erscheint, der nicht dort war. Man sollte darum nicht den Darstellungen folgen, die mit einer bestimmten politischen Zielsetzung verbreitet werden. Ich gestehe jedem meiner Kameraden das Recht zu, eine subjektive Meinung zu haben. Und wie die Menschen verschiedene Charaktere haben, sind auch ihre Wahrnehmungen und Empfindungen unterschiedlich. Objektiv aber ist keiner.

Wenn wir in der Frühstückspause unsere ungarische Edelsalami, den zart geräucherten Lachsschinken und die leicht salzigen Seelachsscheiben verzehrten, provozierten wir unseren zivilen Meister Randnick vom VEB Oppach-Elektronikwerke, der auf seinem Hasenbrot mit billiger Leberwurst herumkaute: »Na, Meister, wollen Sie nicht doch mal kosten?« Er lehnte ab und meinte, das habe er auch zu Hause. Er wäre erst letzte Woche in der Hauptstadt gewesen und hätte sich damit eingedeckt. Er wußte, daß wir wußten, daß er log und sich nicht die Blöße geben wollte, daß wir im Knast besser versorgt waren als er, der ehrbare DDR-Bürger auf freiem Fuße.

Die Wochenenden waren langweilig, es war nichts los. Nach dem Wecken um 7.00 Uhr wurden wir wieder »gezählt«. Nach der Freistunde und dem Mittagessen konnten wir uns im Kulturraum aufhalten oder Mitgefangene in deren Zellen besuchen. Die blieben bis zur abendlichen Zählung offen. Wir spielten Skat, meist ging es um Kuchen oder Tabak. Ich spielte lieber Schach, das Skatspiel habe ich inzwischen wieder verlernt. War ich nicht unterwegs, knüpfte ich an einem Wandteppich. Abends sah man fern, so man mochte.

Ich unterhielt intensiven Kontakt zu Dietrich Niestroj, einem Physiker, der im Februar 1986 mit dem sowjetischen Bürgerrechtler Anatolij Schtscharanski ausgetauscht werden sollte, zu Maung aus Burma und zu Rüdiger aus Hamburg, der für den Verfassungsschutz gearbeitet hatte. Er wurde sehr bald »verlegt«, also freigelassen. Vermutlich hatte sich die Bundesrepublik um ihn besonders bemüht.

Ein gutes Verhältnis hatte ich auch zu Hannes Sieberer, neben Leitner der zweite »Ösi« in Bautzen II. »Hansi« (oder »Almödi« und »der Österreicher«) war in Ordnung. Man konnte sich mit ihm über alles unterhalten. Bekam er Besuch von seiner Mutter, vergaß er nicht, für mich österreichische »Landjäger« zu bestellen, die ich gerne aß. Das waren Würste, die tagelang gepreßt und dann geräuchert worden waren und einen sehr speziellen Geschmack hatten.

Das Essen war eine Zumutung. Ich bestreite, daß es »nahrhaft und schmackhaft« gewesen sei, wie offiziell behauptet. Es gab sehr oft Kartoffeln, die in einem Zustand waren, wo man sie besser an Schweine verfüttert hätte. Sie stanken. Oft bereiteten wir uns das Essen selbst. In der DDR gab es Knacker mit Kümmel, die es bei uns nicht gab. Diese Wurst schmeckte gut. Wir hatten weder Kochtopf noch Herd. So machten wir mit einem Tauchsieder, der erlaubt war, Wasser heiß. Ging dieser kaputt, bastelten wir daraus ein UFO: Am Ende des Stromkabels wurde eine Rasierklinge befestigt. Damit wurde die Suppe noch viel schneller warm. Dabei stand einer der Kameraden »Schmiere«, damit sich die anderen aufs Kochen konzentrieren konnten.

In unserer Abwesenheit wurden zuweilen die Zellen kontrolliert. Und manchmal wurde man ohne Begründung auf eine andere Zelle verlegt. Während meines Aufenthaltes in Bautzen II wechselte ich mindestens siebenmal die Behausung. Zu den Privilegien, die man sich durch Übererfüllung des Arbeitssolls erwerben konnte, gehörte zweimal Duschen in der Woche. Ich schaffte es, sogar täglich unter die Brause zu kommen. Weil ich stets mein Soll überbot, wurde ich in die Technische Kontrolle versetzt. In der TKO saßen der Brigadier Willi Sommerfeld und seine rechte Hand Heinz Gephard, ein 105er. Und so kam es, daß ich jeden Tag duschen konnte.

Im Knast in Bautzen II sammelte ich Menschenkenntnisse wie nie zuvor. Ich lernte Menschen kennen, die hart und abgebrüht taten, aber in Wahrheit sehr empfindsam und mitunter sogar labil waren. Da war zum Beispiel Hartmut (»Uwe«) Seel aus Westberlin, ein 105er. Auch seine Freundin saß ein. Er unternahm einen Selbstmordversuch, der aber, wie mir schien, sehr inszeniert war. Allerdings verfehlte er die beabsichtigte Wirkung nicht: Seel und seine Freundin wurden abgeschoben. Oder Reinhard Hübner, genannt »Hübi«: ein Bodybuilder, ein Schrank von einem Kerl. Man meinte, daß ihn nichts umhauen könnte. Jedoch: In seinem Innersten war er weich und verletzlich wie ein Kind.

Die 98er und 105er bildeten untereinander Gruppen mit hierarchischen Strukturen. Man war gut beraten, sich dort rauszuhalten, um mit allen klarzukommen. Die Cliquen warteten immer auf Neuzugänge, die man dann für sich zu gewinnen hoffte. Sommerfeld, Gephard und Seel bildeten so eine Gruppe, Hübner, Rack, Quack und Taschner eine andere. Ich, Maung, Holger und Werner Gillwald, der schon lange wegen § 105 einsaß, hielten sich raus. Die alteingesessenen 105er hielten sich für die Elite. Bei den 98ern lief das fast ähnlich. Es war ein wenig absurd, weil wir doch alle in der gleichen beschissenen Lage waren.

Nachdem Rainer M. Schubert 1983 entlassen worden war, besuchte er öfters meine Eltern in Westberlin. Schubert war Antikommunist reinsten Wassers – er sollte 2002 demonstrativ die SPD verlassen, als diese in Berlin mit der PDS koalierte, und verbrannte sein Mitgliedsbuch vor dem Willy-Brandt-Haus. Man hatte ihn seinerzeit zu 15 Jahren verurteilt, nachdem er als Fluchthelfer verraten worden war.

Kamen meine Eltern nach Bautzen, richteten sie mir stets Grüße von Schubert aus. Er hatte mich nicht vergessen – im Unterschied zu manch anderem.

Im Herbst 1984 flogen meine Eltern nach Ankara, um mit den Behörden über die Möglichkeit einer politischen Lösung zu sprechen. Die türkische Regierung sollte sich für mich einsetzen. Der Grund, sich an diese Institution zu wenden, wurzelte nicht nur in der Überlegung, daß ich schließlich Staatsangehöriger der Türkei war. Die Türkei gehörte wie die Bundesrepublik und die USA der NATO an. Sie waren Partner. Ich war als Mitglied der »Grauen Wölfe« an die Internationale Gesellschaft für Menschenrechte geraten. Das waren keine Regierungsorganisationen, doch überall hatten die Nachrichtendienste – von Verfassungsschutz über den türkischen Geheimdienst MIT bis hin zur CIA – ihre Finger im Spiel. Und das waren Regierungsinstitutionen. Also war mein Fall nicht der eines kleinen, unbekannten türkischen Kellners aus Westberlin, der zufällig in der DDR verhaftet wurde, sondern ich war eingebunden in ein Netzwerk antikommunistischer Organisationen, die wie ihre Staaten gegen den Ostblock, gegen die kommunistischen Staaten kämpften. Ich war bei Erfüllung eines »Dienstauftrages«, also gleichsam in höherer Mission, hinter dem Eisernen Vorhang verunglückt. Darauf wollten sie die Regierung in Ankara aufmerksam machen.

Natürlich hielt sich jeder im IV. Kommando für unerhört bedeutend und war davon überzeugt, daß sich sein Auftraggeber und die Behörden unablässig hinter den Kulissen um seine Freilassung bemühen würden. Das war die Hoffnung, an die sich jeder klammerte. Und aus dieser Hoffnung wurde, je länger und fester man daran glaubte, schließlich Überzeugung. Vielleicht war das überhaupt der einzig hilfreiche Gedanke, um die Zeit durchzustehen. Selbst die Tatsache, daß Entlassungen ohne jede Regel und System zu erfolgen schienen, nährten den Verdacht auf fortgesetzte Anstrengungen außerhalb der DDR. Stefan Quack zum Beispiel war wie ich zu neun Jahren Haft verurteilt worden. Er kam nach mir nach Bautzen II – aber wurde lange vor mir entlassen. Ich schrieb das dem Umstand zu, daß seine Eltern – vermögende Geschäftsleute in Westberlin – deshalb erfolgreich waren, weil sie über Einfluß und Beziehungen verfügten. Das heißt: Überall wurde also für unsere Entlassung gestritten, und die einen kamen rascher durch, bei anderen dauerte es eben ein wenig länger. Aber gekämpft wurde überall.

Die später gemachte Erfahrung, daß dies eine Illusion war, gehört zu meinen schmerzlichsten Enttäuschungen im Zusammenhang mit meiner Haft. Bis auf einzelne Personen, die sich aufgrund verwandtschaftlicher oder freundschaftlicher Beziehungen mir verpflichtet fühlten, hat niemand, schon gar nicht die Organisation, die mich geschickt hatte, mein Schicksal berührt. Man hat mich gebraucht, benutzt, und als die Sache scheiterte, vergessen.

Ende Februar 1985 erhielten meine Eltern Besuch von zwei Herren. Sie gaben sich als Beamte aus, die im Auftrage der Bundesregierung kämen. Sie teilten mit, daß ich bald aus der DDR entlassen werden würde. Das aber sollten sie für sich behalten – auch mir gegenüber.

An einem Vormittag des 10. März 1985 kam »Bobby« in den Arbeitsraum. Ich solle meine Sachen packen, da ich in eine andere Anstalt verlegt werden solle, sagte er. Ich verabschiedete mich von meinen Kameraden und Freunden. »Bobby« brachte mich in die Zelle, dort wartete bereits ein Schließer. Ich raffte eilig meine Siebensachen zusammen und jubilierte innerlich. Jeder hier wußte, daß »Verlegung in eine andere Anstalt« eine Umschreibung für Entlassung war. Endlich war ich an der Reihe!

Der Schließer begleitete mich in das dritte Obergeschoß und übergab mich wieder an »Bobby«, der mich in die Effektenkammer brachte. Nach drei Jahren konnte ich endlich wieder meine eigenen Sachen anziehen. Es war ein wunderbares Gefühl, alles erschien bunt und farbenprächtig. Dann brachte mich der Oberleutnant ins Besucherzimmer, wo ich über eine Stunde wartete. Aus dem Fenster sah ich einen weißen Lada vorfahren. Jetzt ging's los.

»Bobby« erschien. Doch statt auf den Hof, führte er mich wieder in die Effektenkammer. Ich mußte die Zivilkleidung ausziehen und erhielt die Gefängniskluft zurück. Wenig später befand ich mich wieder im Kommando in der fünften Etage.

Ich brach fast zusammen. Was war hier los?

Alle versuchten mich zu ermuntern. Der Anstaltsarzt, früher bei der Vergabe von Beruhigungsmitteln sehr sparsam, behandelte mich heute großzügig. Zum ersten Mal während meiner Haft nahm ich Medikamente. »Bobby« war so ratlos wie ich. Er hatte auch nur einen Befehl erhalten.

In der Zelle lief das Radio. Plötzlich gab es getragene Musik. Und der Nachrichtensprecher verkündete mit gedämpfter Stimme, daß in Moskau im Alter von 73 Jahren Konstantin Ustinowitsch Tschernenko verstorben sei. Der Generalsekretär des ZK der KPdSU und Vorsitzende des Präsidiums des Obersten Sowjets, also das Staatsoberhaupt der Sowjetunion, hatte seinen letzten Schnaufer getan: War das der Grund, weshalb man meine »Verlegung« gestoppt hatte? Was hatte ich mit dem Kreml-Chef und dessen Hinscheiden zu tun?

Abends fiel die Kultur aus, damit wir uns der Trauer hingegeben konnten.

Am nächsten Tag ging in der Anstalt alles seinen »sozialistischen Gang«. Wecken, aufstehen, Appell, arbeiten.

Und im Kreml berief man Gorbatschow an die Spitze der Partei. Die Meldung kam über den Rundfunk.

War damit der Weg frei für meine Entlassung?

Ging die Tür auf, erwartete ich »Bobby« mit der Nachricht.

Und schließlich kam er. Die Prozedur war mir inzwischen geläufig. Und es lief auch genau so ab wie vor einigen Tagen. Mit einer Ausnahme. »Bobby« brachte mich nicht wieder ins Arbeitskommando zurück, sondern schloß mich in die Arrestzelle. Er wolle sich in Berlin erkundigen, was nun schon wieder sei, sagte er und ließ mich mit meinen Fragen und Zweifeln zurück.

Nach einer Woche kam er und verkündete: »Erol, heute geht es endgültig ab!«

Ich sah aus dem Fenster im Besucherraum den weißen Lada wieder vorfahren und einen Schließer meine Sachen im Kofferraum verstauen. »Bobby« und ein zweiter Mann brachten mich zum Fahrzeug, ich bekam Handschellen und wurde im Auto angeschlossen. Ich saß zwischen zwei Personen, vorn saßen zwei weitere Aufpasser. Sie waren nicht sehr gesprächig. Fragen, die ich stellte, wurden nicht beantwortet. Auch untereinander führten sie nur kurze Gespräche, die dienstlich waren. Irgendwann setzte man mir eine geschwärzte Brille auf. Nach dem Durchfahren von Schleusen wurden mir die Handschellen und die schwarze Brille abgenommen. Ich wurde an Personen übergeben, die die gleichen Uniformen wie in Bautzen II trugen. Hatte man mich wirklich nur in eine andere Haftanstalt verlegt?

Keiner in Bautzen wußte genau, was nach einer »Verlegung« passierte, wie so ein »Freikauf« über die Bühne ging. Wir glaubten alle, daß es über Ostberlin gehe. Doch ich war erkennbar nicht in Berlin. Auch hier hieß es: »Komm' Se, gehn Se.« Ich befand mich also noch immer in Sachsen.

Ich kam in eine Zelle, in der zweimal drei Betten übereinander standen. Einige waren schon belegt. Nach mir kamen noch zwei weitere Häftlinge. Von diesen erfuhr ich, daß wir uns in Karl-Marx-Stadt befänden. Ich hatte schon gehört, daß Inhaftierte aus der DDR hierher gebracht würden, bevor sie in den Westen durften. Alle waren darum guter Dinge, gleichwohl war die Stimmung gereizt und ruppig. Ich war nicht nur der einzige Türke, sondern auch noch der einzige Westler. Die Luft in der Zelle war stickig und kaum zu atmen. Nach zwei unendlich langen Tagen fuhren die ersten Häftlinge mit Bussen weg.

Ich blieb zurück.

Am Vormittag des fünften Tages brachte mich ein Schließer zu einem Zivilisten. Dieser teilte mir mit, daß ich in die BRD entlassen werden könnte. Ich müsse lediglich ein Gnadengesuch stellen, welches umgehend positiv entschieden werden würde. Ich sagte, daß ich keine Gnade, sondern meine Entlassung wolle. Denn diese sei doch bereits entschieden worden, sonst wäre ich doch nicht hier.

»Sie stellen also kein Gnadengesuch?«

Ich schüttelte den Kopf.

»Abführen.«

Ich wurde wieder in die Zelle gebracht, wo bereits neue Inhaftierte eingetroffen waren.

Nach dem Mittagessen – es war noch um einiges schlechter als in Bautzen II – wurde ich erneut geholt und in einen Raum gebracht, wo Genußmittel aus der DDR zum Verkauf bereit standen. Ich verfügte über 345 »Bautzen-Dollar«, die ich ausgeben sollte. Ich kaufe massenweise »Rondo«, 125 Gramm Bohnenkaffee für 8,75 Mark. Im Westen kostete die vierfache Menge nur 8,99 DM. Dazu noch ein paar andere unnütze Sachen. Die Ware wurde mir nicht ausgehändigt, sondern in meiner Gegenwart in einen Karton gepackt und dieser zur Effektenkammer gebracht. Am Nachmittag holte man mich, um die Vollzähligkeit meiner persönlichen Sachen zu bestätigen.

Im Hof wartete ein Lada auf mich. Nach dem Überprüfen der Personalien übergaben mich die Uniformierten an die vier Zivilisten im Wagen.

Auf der Fahrt unterhielt sich wieder niemand mit mir, als ob das abgesprochen gewesen wäre. Fragen, die ich stellte, wurden überhört. Ich genoß die Fahrt, die offenkundig nach Berlin ging, in vollen Zügen. »Berlin – Hauptstadt der DDR« stand auf dem Ortsschild. Wir fuhren über das Adlergestell, dann bekam ich die dunkle Brille aufgesetzt. Nachdem sich irgendwelche Schleusen hinter mir geschlossen hatten, nahm man mir Brille und Handschellen ab.

Ich war wieder in der Haftanstalt in der Magdalenenstraße gelandet.

Am dritten Tag brachte man mich in einen Besucherraum. Ein mir unbekannter Major des MfS, der schon bei meiner Verhaftung dabei war, befand sich im Raum. Und ein zweiter, der mir Kaffee anbot. Er informierte mich, daß ich in den nächsten Tagen aus der DDR »ausgewiesen« werden solle.

»Wohin wollen Sie abgeschoben werden?« Ich könnte mich zwischen der Türkei und Westberlin entscheiden.

Ich sagte »Westberlin«, doch der Mann wackelte bedenklich den Kopf. Da müsse Ankara erst zustimmen, das könne dauern.

Nachdem ich den Kaffee getrunken hatte, wurde ich wieder in die Zelle geführt. Meine Zivilkleidung durfte ich anbehalten.

Am Vormittag des 27. März 1985, einem Mittwoch, wurde ich erneut in den Besucherraum geführt. Ich wurde wieder von den beiden Männern erwartet. Wieder gab es den obligatorischen Kaffee.

Auf meine Frage, wohin es gehen würde, erhielt ich keine Antwort. Man erklärte nur, daß mich das MfS weiter im Auge behalten werde, auch in der Türkei. Das klang wie eine Drohung. Schließlich erfuhr ich, daß man mir ein Einreiseverbot in die DDR erteilte. Und zwar auf Lebenszeit. Das bedeute auch, daß ich kein Flugzeug nach Berlin benutzen dürfe, das in Berlin-Schönefeld lande.

Nach etwa einer Stunde wurde ich zur Effektenkammer gebracht. Ich kontrollierte, wie mir geheißen, meine persönlichen Sachen auf Vollständigkeit. Dann ging es mit einem Uniformierten zu einem im Innenhof stehenden Mercedes mit ostberliner Kennzeichen. Am Fahrzeug stand eine Dame im mittleren Alter, der irgendwelche Dokumente übergeben wurden. Nachdem sie den Empfang quittiert hatte, wurde ich von ihr aufgefordert einzusteigen.

Die Frau fuhr selbst. Nachdem wir vom Hof gerollt waren, stellte sie sich als Mitarbeiterin der Anwaltskanzlei Dr. Wolfgang Vogel vor. Sie habe den Auftrag, mich nach Westberlin zu bringen. Dort werde sie mich an einen Anwaltskollegen übergeben. Wir fuhren in die Invalidenstraße. An der Grenzübergangsstelle wies sie Papiere vor, dann konnten wir ohne Kontrolle passieren. Unmittelbar hinter der Grenze befand sich in einer Ödnis der Lehrter Bahnhof. Dort hielten wir neben einem Fahrzeug.

Grenzübergang Invalidenstraße in Berlin-Mitte: viereinhalb Jahre später, 10. November 1989

Ein Mann stieg aus, begrüßte uns und half beim Umladen meiner Sachen. Ich mußte im Fahrzeug warten.

Beide unterhielten sich und schauten einige Male zu mir. Ich wußte nicht, was ich davon halten sollte. Vor dem Bahnhof stand ein Mannschaftswagen der Westberliner Polizei. Waren die meinetwegen hier?

Nach etwa fünf Minuten unterschrieb der Mann irgendein Dokument, welches ihm die Frau überreicht hatte. Dann gab sie ihm eine Mappe. Ich wurde nunmehr von der Dame aufgefordert auszusteigen, der Mann begrüßte mich und forderte mich auf, neben dem Fahrer des westberliner Fahrzeuges Platz zu nehmen. Er wäre ein Mitarbeiter einer Anwaltskanzlei, hieß es, er werde mich meinen Eltern übergeben. Sie würden schon in der Anwaltskanzlei auf mich warten.

Wir fuhren nun in die Uhlandstraße. Ich wurde in einen Warteraum gebracht, in dem meine Eltern, mein Bruder und ein Mitarbeiter des türkischen Konsulats auf mich warteten. Nach einer überschwenglichen Begrüßung wurde ich von einem Mitarbeiter der Kanzlei informiert, daß ich in den nächsten Tagen einige Meldeauflagen zu befolgen hätte. Auch der Mann vom Konsulat bat mich, in den nächsten Tagen bei ihm vorzusprechen, damit mein Reisepaß verlängert werden könne. Dann wurde ich mit meinen Eltern entlassen.

Wir fuhren mit dem Taxi über den Kurfürstendamm nach Hause. Ich genoß die Freiheit.

Einige Tage später meldete ich mich im Konsulat. Nachdem ich meinen Namen genannt hatte, wurde ich vorgelassen. Man verlängerte meinen Reisepaß, ohne ein Wort über meine Haftzeit in der DDR zu verlieren. Ich wurde lediglich darüber in Kenntnis gesetzt, daß ich in der Türkei noch den Grundwehrdienst beim Militär absolvieren müsse. Das fand ich schon ein wenig merkwürdig.

Nach dem Wochenende meldete ich mich im Aufnahmelager in Berlin-Marienfelde, wie mir aufgetragen worden war. Es gab eine erste Befragung, ich sollte aber noch bei anderen Dienststellen aussagen. Nach einer Woche wurde ich in die Sven-Hedin-Straße gebracht. Dort befand sich das Büro der CIA. Ich wurde nach jedem in Bautzen II einsitzenden Inhaftierten befragt. Nach welchen Paragraphen er verurteilt worden sei, ob er etwas über seinen Auftrag erzählt hätte, über die Lage des Objektes und so weiter. Auch über einzelne Schließer wurde ich befragt.

Insbesondere CIA und Verfassungsschutz interessierten sich für die Ballon-Aktion genauer. Sie wollten wissen, wer sie geplant hatte und wer darin eingebunden war, wer davon wußte, und ob ich einen Verdacht hätte, wer sie verraten und damit mich ans Messer geliefert habe. Ich sagte, daß ich dies entweder Schosteck oder Richter zutrauen würde, sie wären auch am stärksten involviert gewesen. Aber ich wolle niemanden denunzieren. Schosteck sei nicht mehr in Westberlin, hieß es, der sei nach Hamburg übergesiedelt.

Nachdem ich bei allen Dienststellen meine Aussagen gemacht hatte und mein Laufzettel alle Stempel aufwies, beantragte ich damit beim Kammergericht die Annullierung meines Urteils. Da ich nicht gegen hier geltendes Recht verstoßen hatte, wurde das Urteil aufgehoben.

Anfang April 1985 nahm ich eine Tätigkeit bei einem privaten Sicherheitsunternehmen auf. Für die Arbeitskollegen und meine Bekannten war ich in der ersten Zeit eine interessante Person, die Auskunft über die DDR und die Verhältnisse in Bautzen II geben konnte. Sie hatten Gruselgeschichten gehört, die zwar fern der Realität waren, aber ich habe sie nicht dementiert und zog es vor zu schweigen. Bis 2005 habe ich über meine Haftzeit und über Bautzen mit niemandem gesprochen.

Richter traf ich nur noch einmal. Er bestätigte mir das Verschwinden von Schosteck. Mit Rainer M. Schubert kam ich häufiger zusammen, doch der Kontakt ist heute erheblich lockerer als in den 80er Jahren.

Aufmerksam verfolgte ich den Agentenaustausch am 11. Juni 1985 auf der Glienicker Brücke, weil ich dort alte Bekannte wieder sah. Zu Bernd Athner, Werner Hüller und Gerhard Tietz, die für die Amerikaner gearbeitet hatten, nahm ich Verbindung auf. Wir trafen uns ab und zu. Die Kontakte zum »Ösi« Sieberer jedoch rissen nie ab. Nach meiner Abschiebung traf ich mich wiederholt auch mit Maung Tin und seiner Frau. Sie eröffneten im Bezirk Neukölln in der Karl-Marx-Straße ein Geschäft für Asia-Produkte. Irgendwie kehrten alle wieder ins bürgerliche Leben zurück. Die Haft hatten die meisten irgendwie verdrängt. Wir sprachen nie darüber. Und als 1992 die Stasi-Unterlagen zugänglich gemacht wurden, hatte auch ich kein Interesse, in meinen Akten und damit in meiner Vergangenheit zu wühlen. Erst mehr als zwei Jahrzehnte nach meiner Abschiebung war ich bereit, dies zu tun. Ich war, zugegeben, überrascht angesichts der Fülle des Materials, welches das MfS über mich angelegt hatte. Die haben sehr gründlich gearbeitet, Respekt.

Bei der Lektüre wuchs allerdings auch der Verdacht, daß mein zweifellos vorhandener Idealismus möglicherweise auch ausgenutzt worden war. So fand ich in den Akten auch einen technischen Untersuchungsbericht des MfS vom 7. September 1982, aus dem klar hervorgeht, daß diese drei Ballons überhaupt nicht tragfähig waren. Um einen Menschen über die Mauer zu bringen, hätte man etwa 40 Ballons dieser Größe und ein anderes Gas benötigt. Mit anderen Worten: Wenn Stoll und ich nicht verhaftet worden wären und er vom Dach des Hochhauses gestartet wäre, hätte er nie und nimmer die Grenze überflogen, geschweige denn erreicht. Er wäre abgestürzt.

Stellte sich also die Frage: Hatte man es bei der IGfM und jenen, die diese Aktion planten, mit technischen Laien, mit Dilettanten zu tun – oder war es Kalkül, daß Stoll wie ein Stein zu Boden stürzte und sich das Genick brach? Ein vor den Kameras des Westens verunglückter DDR-Flüchtling lieferte möglicherweise eine wirksamere Schlagzeile als ein heil gelandeter.

Ich kann nicht behaupten, daß diese Art Zynismus jenen Personen fremd war, die ich Anfang der 80er Jahre kennenlernte und auf die ich mich einließ.

In den Unterlagen fand ich auch meinen Verdacht gegenüber Schosteck bestätigt – als »Heiner Backhaus« hatte er sehr detailliert über mich und die »Grauen Wölfe« ans MfS berichtet.

Allerdings ging aus den Akten auch schlüssig hervor, daß es noch einen weiteren Informanten gegeben haben muß. Es war ein Türke. Allerdings war für mich nicht ersichtlich, ob er abgeschöpft wurde oder wissentlich für das MfS gearbeitet hatte.

Was bleibt am Ende?

Natürlich habe ich gegen die Gesetze der DDR verstoßen. Trotzdem stand das Urteil von neun Jahren in keinem angemessenen Verhältnis zu der mir vorgehaltenen Straftat. Es war Unrecht. Damals sah ich das doppelt kritisch. Ich hatte nach meinem naiven Verständnis einem Deutschen helfen wollen, von einem Deutschland ins andere zu kommen. Was war dabei? Inzwischen bin ich nicht mehr so unwissend und unbedarft und sehe durchaus, daß diese Aktion Teil des Kalten Krieges war. Mit dem gleichen Recht, mit dem Menschen gegen die DDR waren, hat sich auch diese DDR gegen Angriffe zur Wehr gesetzt. So geriet ich als kleiner, unbescholtener Türke ins Räderwerk der Politik.

Ich meine heute, daß es der IGfM weniger um Stolls Freiheit, sondern mehr um die propagandistische Wirkung ging, die man mit ihm – nicht ganz uneigennützig – zu erzielen hoffte. Stoll war nicht mehr als ein Eingang vor einem Aeroflot-Büro: Mittel zum Zweck. Wenn man diese Aktionen von ihrer ideologischen Tünche befreite, blieben nur noch Kassemachen und Selbstdarstellung übrig.

Diese Art von Wichtigtuerei, dieses Heischen nach öffentlicher Aufmerksamkeit, scheint ungebrochen. Als der Staat DDR weg war, richtete man die Attacken auf die Staatsdiener, zu denen »Bobby« und andere gehörten. Sie haben ihren Dienst gemacht. Wenn sie geltendes Recht brachen, muß man sie bestrafen. Allein die Tatsache, daß sie dabei waren, ist nicht justitiabel. Darüber sollte man schweigen. So wie das westberliner Kammergericht anno 1985 mein DDR-Urteil aus der Welt schaffte, sollte sich nach dem 3. Oktober 1990 auch die Tätigkeit für die DDR erledigt haben. Aus, vorbei und vergessen. Wir schreiben das Jahr 2008, doch noch immer werden Leute aus Ämtern verjagt, nur weil sie sich mit dem MfS einließen. Jeder profane Mörder, der seinen Nachbarn erschlagen hat, hat seine Strafe verbüßt und darf daran nicht mehr erinnert werden. Aber wer nach MfS nur riecht, unterliegt noch immer gesellschaftlicher Ächtung. Das ist vom gleichen Unrecht wie die neun Jahre, zu denen mich die DDR verurteilte.

Die DDR hat mir drei Jahre meines Lebens genommen. Nicht aus Lust oder Willkür, sondern weil es das Gesetz befahl. Wenn die Frage nach der Schuld gestellt wird – und ich stelle sie – steht für mich an erster Stelle die IGfM. Sie hat sich bei mir anschließend weder entschuldigt noch half sie mir, wieder in Berlin Fuß zu fassen. Daß sie mich während der drei Jahren in Bautzen II nicht kannte, kommt noch hinzu.

Die, die mich seinerzeit festnahmen, verurteilten und bewachten, verhielten sich mir gegenüber erheblich menschlicher und fairer. Insofern bedrückte es mich, daß ich mich ihnen gegenüber so verhalten mußte, wie es der Zeitgeist verlangte. Ich arbeitete seit Jahren bei einer angesehenen Versicherungsgesellschaft in Berlin, als die DDR unterging. Wir weiteten unseren Aktionsradius aus und schrieben Stellen aus. Unter den neuen Mitarbeitern wurden bald jene ausgesiebt, die vom MdI oder vom MfS gekommen waren. Ich war gezwungen, in meinem Bereich qualifizierte, fähige Leute zu entlassen, nur weil man ihnen dieses Kainsmal verpaßt hatte und sie auf einer schwarzen Liste standen.

Denn daß ich heute noch immer zusammenzucke, wenn Türen knallen oder Schlüsselbunde klimpern, habe ich ursächlich nicht ihnen zu verdanken.

Der Fall des Christian Jahn, genannt »Bobby«

Von Hannes Sieberer

Bei historischen Umwälzungen gibt es immer wieder Menschen, die im letzten Glied für Fehler des Systems oder stellvertretend für die bis dato herrschende Clique ihren Kopf hinhalten müssen. Die einen mehr, andere weniger. Bei gesellschaftlichen Systembrüchen werden im letzten Glied selten Differenzierungen vorgenommen.

Es überraschte mich dennoch zu hören, daß Christian Jahn (»Bobby«) zu Beginn der 90er Jahre von der Staatsanwaltschaft Dresden wegen Körperverletzung angeklagt wurde. Weder mir noch meinesgleichen waren Übergriffe bekannt geworden. Er hätte, hieß es in der Klage, disziplinäre Maßnahmen mit Gewalt durchgesetzt. Ein Zeuge gab an, er habe »schmerzhafte Prellungen am seitlichen Oberkörper« (1970) erhalten, bei einem anderen war es ein »Faustschlag ins Gesicht« (1977). Ein Häftling wäre 1973 in den Hungerstreik getreten. Um ihn am Leben zu erhalten, sei er zwangsernährt worden. Der Beklagte habe ihn gefüttert, daraufhin hätte er ihm das Essen ins Gesicht gespuckt. Jahn habe zurückgeschlagen und ihn dabei verletzt, klagte das Opfer.

Der Prozeß gegen Christian Jahn fand im Sommer 1994 in Bautzen statt. Mein Mithäftling Hans Klüß, der während seiner Aktivzeit für die Amerikaner an leitender Stelle tätig war, sagte als Entlastungszeuge bei Gericht aus. Ich selbst war zu jener Zeit auf Urlaub, hatte aber – gleich anderen Ehemaligen – dem Angeklagten freigestellt, unseren Briefwechsel bei Gericht vorzulegen.

Hans berichtete mir später, daß es für manche kaum verständlich war, daß er, ein ehemaliger Top-Mann der Amerikaner, für Christian Jahn als Zeuge der Verteidigung auftrat. An den Belastungszeugen hingegen, die Hans Klüß sehr zurückhaltend als »dubios« bezeichnete, nahm niemand Anstoß oder fragte gar nach, ob das auch stimme, was sie da vortrügen. Frank O. – er war mit uns zeitgleich in Bautzen II inhaftiert und Mitglied unseres Kommandos –, wollte im Mai 1983 vom Beklagten einen »Faustschlag in den Rücken« erhalten haben.

Von einem solchen Vorfall haben wir seinerzeit nie etwas gehört. Auch O. verschwieg uns das damals. Allerdings erinnere ich mich, daß er wiederholt in den Arrest kam. Und das nicht zu unrecht.

Hans Klüß korrespondierte mit Jahns Verteidiger, um diesen auf bestimmte Sachverhalte hinzuweisen.

So schrieb er am 25. August 1993: »Sehr geehrter Herr T., ich beziehe mich auf unser Telefonat vom 19. August 1993, dabei habe ich Sie kurz über den Alltag der Häftlinge aus der Bundesrepublik im sogenannten Westkommando in Bautzen informiert.

Ich wiederhole, daß ich Herrn Jahn als einen korrekten Gefängnisbeamten in Erinnerung habe. Er hatte die Funktion eines Erziehers, war als Aufsicht – wohl im Schichtdienst – gelegentlich in unserem Kommando zu sehen, verteilte die Post, öffnete in unserem Beisein die Pakete von Familienangehörigen. Jeden zweiten Monat erhielten wir Besuch von zu Hause, dabei war er als stummer Zuhörer und Aufsicht anwesend. Er zeigte sich großzügig bei der Kontrolle der mitgebrachten Sachen. Er ließ mit mißbilligendem Kopfschütteln sogar verbotene Sachen passieren, wie z. B. Bratpfanne, Taschenrechner, elektrische Zeitschaltuhr (zum Eierkochen) etc.

Bei Lebensmitteln/Zigaretten sah er großzügig über die vorgeschriebenen Mengenbegrenzungen hinweg. Drei Tage vor meiner Entlassung hat er meiner Tochter (ohne meine Anwesenheit) durch die ›Blume‹, aber eindeutig meine bevorstehende Entlassung angedeutet. Dieser Vorgang war bei dem dort herrschenden ›Sicherheitsfimmel‹ für Herrn Jahn sicher riskant.

Ich hatte Mühe, Herrn Jahn nicht zu gefährden, als während seines Urlaubs seine Vertretung – ein älterer, wohl schon pensionierter Hauptmann – über die mitgebrachten Sachen meiner Tochter staunte und dann entsetzt fragte, ob denn der Herr Oberleutnant – gemeint war Herr Jahn – so etwas und so viel immer hereingelassen hätte? Zum Glück stellte sich dann heraus, daß dieser Herr genauso gutmütig war wie Herr Jahn.

Ch. J. wurde von uns ›Bobby‹ genannt, ein Spitzname, der von den Häftlingen seit Generationen entwickelt (und) weitergegeben wurde und sicher die Persönlichkeit des betreffenden Aufsehers beschreiben sollte, nämlich brummig, wortkarg, aber gutmütig und korrekt [...]

Ein weiterer Offizier hatte z. B. den Spitznamen ›Komplex‹, er war nervös, überhastet, sehr empfindlich, unangenehm. Außerdem fiel er durch völlig überflüssige und uns gegenüber unangebrachte ideologische Schlagworte auf, z. B. als er versuchte, uns bei einem mehrstündigen Streik durch die Drohung umzustimmen: Die Arbeiter- und Bauernmacht läßt sich nicht erpressen.

Derartiges haben wir von Herrn Jahn nie zu hören bekommen. Ich bin von Jahn nie körperlich bedroht oder geschlagen worden, noch habe ich etwas Derartiges von anderen Mithäftlingen gehört oder gesehen, deshalb bin ich erstaunt, daß man ihn als ›brutalen Schlägertyp‹ bezeichnet.

Man muß wohl prüfen, wer solche Anschuldigungen vorbringt, eventuell lassen sie auch Rückschlüsse auf den Charakter des Betreffenden zu [...]

Sie haben mich nach der Möglichkeit von Beschwerden [*in der Haft – d. Hrsg.*] gefragt: Ich habe nur zweimal schriftlich bei der Verwaltung wegen Unstimmigkeiten in der Abrechnung gefragt, was prompt und zu meiner Zufriedenheit beantwortet wurde. Als ich um eine Einzelzelle bat, um meine Ruhe zu haben, wurde das bei nächster Gelegenheit geregelt. Mir ist bekannt, daß öfter schriftliche Beschwerden erhoben wurden, nur betrafen diese kaum das Verhalten des Personals als vielmehr Klagen über bauliche Mängel, schlechte Ausstattung der Zellen und des Arbeitsraumes etc., also Dinge, die das Gefängnispersonal auch kaum ändern konnte, wir waren schließlich in der DDR, und der ging es bekanntlich materiell schlecht.

Was nützen Klagen wegen zu wenig Obst und Gemüse, besonders im Winter?

In der DDR waren eben die uns selbstverständlichen Maßstäbe nicht vorhanden [...]

Sie haben mich über einen chinesischen Herrn* informiert. Den kenne ich aus verschiedenen Zeitungsartikeln und seit gestern aus dem ZDF-Interview.

Der ist wohl etwas weltfremd mit ›Fronarbeit‹ und ähnliche Ausdrücken. Keiner aus unserem Westkommando hatte jemals [zuvor] an einem Fließband gearbeitet, um elektrische Kleinteile zu montieren, aber wir haben es getan (auch um die Zeit totzuschlagen), doch gesundheitliche Schäden hat keiner davongetragen. Man sollte sich daran erinnern, daß eine solche ›Fronarbeit‹ seit Jahrzehnten von Millionen armer Mädchen verrichtet wird, wie wir es aus der Wirtschaft kennen – und die Laien es im Fernsehen beobachten können. […]

Soweit erste Informationen, bei Bedarf stehe ich Ihnen gerne zur Verfügung, auch als Zeuge vor Gericht …

Zu meiner Person: 68, Dipl. Betriebswirt, verurteilt zu lebenslänglich, 13 Monate Untersuchungshaft beim MfS in Berlin, 23 Monate in Bautzen.

Mit freundlichen Grüßen

Hans Klüß«

Christian Jahn wurde schuldig gesprochen und zu einer Bewährungsstrafe von zweieinhalb Jahren Gefängnis und zur Entrichtung eines Geldbetrages von DM 3.000,00 an das Bautzen-Komitee rechtskräftig verurteilt.

* *Gemeint ist Xing-Hu Kuo, Jahrgang 1938, der seine Hafterfahrungen unter dem Titel »Ein Chinese in Bautzen. 2675 Nächte im Würgegriff der Stasi« publizierte. Kuo hatte in Leipzig Journalistik studiert, lebte seit 1963 in Ostberlin und arbeitete dort in der Presseabteilung der chinesischen Botschaft. »Er soll einige deutsche Freunde in seinem Mercedes nach West-Berlin gebracht haben«, heißt es im Konjunktiv im Klappentext seines Buches. Dafür wurde er »verhaftet, schwer mißhandelt und aufgrund von erpreßten ›Geständnissen‹ in einem geheimen Prozeß zu siebeneinhalb Jahren Zuchthaus verurteilt, die er fast bis zum letzten Tag in Bautzen II verbrachte«. Kuo »floh«, wie er am 10. Oktober 2002, 2.40 Uhr, im Internet mitteilte, »vor zwei Jahren aus der BR-DDR in die Niederlande […], ein PDS- und stasifreies Land. […] Die Verhältnisse im wiedervereinigten Deutschland, der gesamtdeutschen DDR, sind unerträglich. Die PDS regiert mit, als ob die Verbrechen der SED nie existiert hätten.«*

Der amerikanische Dienst zerstörte mein Leben

Von Gerhard Tietz

Gerhard Tietz, geboren 1935, arbeitete als Bandagist und seit 1980 für den US-Geheimdienst Military Intelligence. *Er wurde am 25. Oktober 1981 am Grenzübergang Bahnhof Friedrichstraße verhaftet und am 13. Mai 1983 vom Militärobergericht Berlin zu acht Jahren Haft verurteilt, von denen er drei Jahre und acht Monate in Bautzen absaß. Er wurde am 11. Juni 1985 auf der Glienicker Brücke ausgetauscht. Gerhard Tietz lebt als Rentner in Berlin.*

Eigentlich wollte ich an den Lebensabschnitt, der im Frühjahr 1980 mit dem Kontakt zum amerikanischen Geheimdienst begann und im Juni 1985 mit der Entlassung aus dem Gefängnis der DDR endete, nicht mehr erinnert werden. Schon gar nicht wollte ich darüber jemals etwas schreiben. Diese Zeit hat mein Leben grundsätzlich verändert. Ich verlor meine Gesundheit, einen sicheren Job und meinen Seelenfrieden. Das tauschte ich ein gegen Krankheit, Arbeitslosigkeit und menschliche Enttäuschungen. Wenn ich mich dennoch entschieden habe, einen Beitrag für dieses Buch zu leisten, folge ich damit einzig der – vielleicht naiven – Vorstellung, meine Geschichte könnte diesen oder jenen davon abhalten, meinen Fehler zu wiederholen. Er soll, anders als ich, NEIN sagen, wenn ihn ein Geheimdienst zur Mitarbeit einlädt.

Nach der Schule erlernte ich den Beruf eines Bandagisten, die Ausbildung schloß ich 1954 ab. Damals waren die Chancen, in diesem speziellen Beruf eine Anstellung mit ordentlichem Gehalt zu erhalten, gering. Deshalb wechselte ich die Branche und wurde Maler und Fußbodenleger. 1970 übernahm ich ein Farben- und Tapetengeschäft, ab 1973 war ich als Expedient im Farbengroßhandel tätig. Diese Aufgabe füllte mich aus. Ich war zufrieden, verdiente gut und war anerkannt. 1979 fand ich beim Urlaub in der Tschechoslowakei meine große Liebe. Christa lebte in Dresden, war ein wenig jünger als ich und hatte sich von der Technischen Zeichnerin zum Teilkonstrukteur hochgearbeitet. Zu ihrem Glück fehlte nur ein Partner; frühere Beziehungen hatten nicht gehalten. Wir trafen uns in der Folgezeit regelmäßig und begannen von einer gemeinsamen Zukunft zu träumen. Die sollte in Westberlin liegen.

Im Frühjahr 1980 erhielt ich in meinem kleinen Häuschen in einer Gartenkolonie in Westberlin unerwarteten Besuch. Die beiden mir unbekannten Herren sprachen Deutsch mit erkennbarem amerikanischen Akzent. Der ältere der beiden, vielleicht auf die 40 zugehend, erklärte, sie kämen im Auftrage eines Meinungsforschungsinstituts und würden mich bitten, an einer Umfrage teilzunehmen. Ich hatte nichts dagegen und beantwortete ohne jeden Argwohn alle Fragen, an die ich mich heute nicht mehr erinnere. Verwundert war ich erst, als ich wenig später einen Anruf von einem dieser beiden Herren erhielt. Ob wir uns noch einmal treffen könnten? Er schlug ein Restaurant am Heidelberger Platz vor.

Es blieb nicht bei dem einen Mal. Irgendwann ließ man die Katze aus dem Sack. Ich wurde direkt gefragt, ob ich bereit sei, den USA beim Kampf gegen den Kommunismus zu helfen.

Auch ohne Vorstellung wurde mir nun bewußt, daß ich zwei Mitarbeitern eines US-Geheimdienstes gegenübersaß.

Sie hatten inzwischen meinen politischen Standort ziemlich präzise ermittelt. Ich war kein Freund der Russen, lehnte deren Politik ab. Im Grunde meines Herzens war ich Antikommunist. Die USA standen mir erheblich näher als die Sowjetunion. Meine Heimat war die Bundesrepublik beziehungsweise Westberlin: Mit der DDR hatte ich nichts am Hut. Die lag hinterm Eisernen Vorhang, war Teil des Sowjetimperiums.

Ja, warum nicht, antwortete ich, zumal ich glaubte, mit Hilfe der Amerikaner Christa in den Westen holen zu können. Denn legal würde die DDR sie nicht ausreisen lassen, sie wußte zuviel und war auch sonst in ihrem Betrieb unentbehrlich.

»John« machte mir Hoffnungen. Natürlich werde man mir helfen. Aber ich solle durch erfolgreiche Arbeit für sie erst einmal beweisen, daß man mir vertrauen könne.

Verständlich, daß ich so schnell wie möglich den erbetenen Vertrauensbeweis bringen wollte.

Man begann mich auszubilden. Die Vorbereitung auf meinen Einsatz in der DDR erfolgte auf merkwürdige Weise. Man holte mich am Treffort mit einem Lieferwagen ab. Ich mußte in den Kofferraum steigen und mich flach auf den Boden legen. Dann fuhr man mit mir durch die Stadt. Die Fahrt endete in einem US-Objekt, das ich nie lokalisieren konnte, obgleich ich etwa acht- bis zehnmal dort war. Im Keller unterrichtete mich ein Amerikaner etwa zwei Stunden. Er zeigte mir Tafeln mit russischer Militärtechnik, instruierte mich über Details, machte mich auf Besonderheiten aufmerksam.

Im weiteren wurde ich über Möglichkeiten informiert, wie ich unauffällig an russische Militärobjekte herankommen könnte: mit der Bahn, mit der Straßenbahn, als Spaziergänger. Erst im nachhinein wurde mir bewußt, daß nicht ein einziges Mal darüber gesprochen wurde, ob und auf welche Weise die Russen oder die ostdeutsche Staatssicherheit diese Objekte bewachte, was objektiv eine Gefahr für Leute wie mich darstellte. Man tat stets so, als machte ich einen ungefährlichen Ausflug, und wie andere die Rufe des Kuckucks zählten, zählte ich Panzer und Kanonen. Ganz einfach.

Ich lernte auch Geheimschreibmittel zu benutzen. Es handelte sich um eine Kugelschreibermine mit unsichtbarem Farbstoff, mit dem ich bei meinen Reisen Notizen machen sollte. Auf mich geheimdienstlichen Laien machte das einen unerhörten Eindruck. Allerdings wurde verschwiegen, daß diese Praxis der Spionageabwehr des MfS längst bekannt war.

Gegen Ende der Ausbildung teilte man mir endlich mit, welches Militärobjekt ich auskundschaften sollte. Es befand sich in Frankfurt/Oder. Ich sollte es in regelmäßigen Abständen aufsuchen, im Frühjahr und Herbst am besten, da würden Personal und Technik gewechselt. Als Legende empfahlen mir die Amerikaner ein großes Interesse für Heinrich von Kleist, der dort geboren sei und an der Viadrina studiert habe. Es gäbe ein Museum und ein Kleist-Theater.

Ich hatte in der Schule vom Dramatiker Kleist, der 1811 erst sich und dann seiner krebskranken Freundin am Wannsee eine Kugel in den Kopf schoß, zwar gehört, aber ein gesteigertes Interesse konnte ich nicht für ihn aufbringen. Das teilte ich John mit. Ich fürchtete, bei dem geringsten Test in bezug auf Kleist jämmerlich zu versagen. Doch die Amis winkten ab. No problem. Wie ich sehr viel später mitbekam, schickten die Amerikaner alle ihre Militärspione nach Frankfurt mit dieser Kleist-Legende auf die Reise. Und ich kann mir nicht helfen: Ich werde den Verdacht nicht los, daß sie keine Ahnung hatten, wer dieser Kleist überhaupt war. Aber irgendeiner hatte ihnen gesagt, daß Kleist in Frankfurt eine große Nummer sei und darum auch jedem Russen bekannt sein müsse.

Aber gesetzt den Fall, fragte ich vorsichtig an, diese Kleist-Geschichte verfängt nicht, wenn man mich schnappte: was dann?

»John« winkte gelangweilt ab. »Es bestehe so gut wie keine Gefahr, daß sie dich schnappen. Aber sollte dieser unwahrscheinlichste aller Fälle eintreten, kommen wir dir sofort zu Hilfe.«

Wie das allerdings konkret aussehen würde, sagte er mir nicht.

Die erste Reise erfolgte am 25. April 1981. Ich sollte mich dort 24 Stunden aufhalten. Die Fahrt mit Übernachtung hatte ich über ein Reisebüro in Westberlin gebucht.

Bereits vom Zug sah ich das Militärobjekt, später spazierte ich durch die August-Bebel-Straße. Allerdings war die Mauer derart hoch, daß man nichts sah. Am Abend warf ich noch einen Blick aufs Kleisttheater, am nächsten Tag stieg ich 11 Uhr wieder in den Zug und fuhr nach Berlin zurück.

Im Grunde war die Reise völlig sinnlos, was ich auch »John« wissen ließ. Ich könne das nicht beurteilen, entgegnete er ziemlich abweisend.

Wie ich später erfuhr, wurde ich schon bei dieser Fahrt observiert. Bereits im Prozeß hielt man mir genaue Aufenthaltszeiten und -orte vor, nannte die Wege, die ich in Frankfurt gegangen war. Ich war zweimal am Objekt vorbeigelaufen und offenkundig dadurch bereits ins Fadenkreuz der ostdeutschen Spionageabwehr geraten.

Die zweite Reise am 24. /25. Oktober 1981 erfolgte nach dem gleichem Muster. Diesmal hatte ich den Auftrag, die Fahrt in der Passierscheinstelle in Westberlin zu beantragen. Diesmal benutzte ich in Frankfurt auch die Straßenbahn, die am Objekt direkt vorbeifuhr. Vom Zug aus hatte ich auf dem Hof des Objekts mehrere Militärfahrzeuge, auch Panzer, identifizieren können, beim Vorbeilaufen am Objekt stellte ich zwei Fahrzeugkennzeichen fest, die ich mit Geheimschreibmittel in einen Block notierte.

Der Ablauf auch dieser Reise wurde mir in den späteren Vernehmungen in allen Einzelheiten vorgehalten. Ich war also wieder beobachtet worden.

In der Haft habe ich oft gegrübelt, welchen Nutzen solche Spionageaufträge hatten, zumal das zu erwartende Ergebnis in keinem akzeptablen Verhältnis zum Risiko stand, in das der Agent sich begab. Ich bin zu keinem Ergebnis gekommen. Außer jenem, das mir mein gesunder Menschenverstand eingab: Es war unsinnig und töricht.

Bei der Ausreisekontrolle am 25. Oktober am Grenzübergang Bahnhof Friedrichstraße wurde ich herausgewunken. Man durchsuchte mein Gepäck, dann mich. Ich mußte mich nackt ausziehen. Nach etwa einer Stunde holten mich zwei Zivilisten mit einem PKW ab und brachten mich mit meiner Zustimmung – was blieb mir anders übrig – zur »Klärung eines Sachverhaltes« in ein villenähnliches Haus am Rande von Berlin. Man hielt mir vor, Spionageaufträge in Frankfurt/Oder erfüllt zu haben. Ich erzählte was von Kleist. Die beiden Herren vom MfS lächelten müde. Insbesondere der Kugelschreiber erregte ihren Verdacht. Noch in der Nacht gab ihnen die technische Untersuchung recht: ein Geheimschreibmittel der Amerikaner.

Am 26. Oktober erfolgte meine Überführung in die Haftanstalt in Berlin-Hohenschönhausen. Meine U-Haft dort sollte zwanzig Monate dauern. Ich wurde weder geschlagen noch psychisch unter Druck gesetzt. Ich war bemüht, von Anfang an ein sachliches und korrektes Verhältnis zum Wachpersonal und zu den Vernehmern herzustellen, ich habe als Gefangener die Weisungen befolgt und mich Provokationen jeder Art enthalten. Gleichwohl belastete mich die Haft wie jeden anderen auch, der von heute auf morgen in eine Zelle gesteckt wird.

Zunächst wurde ich täglich vernommen. Nach sechs Wochen wurden die Abstände immer größer. Manchmal hatte ich den Eindruck, daß man mich bereits vergessen hatte.

Die Vernehmer glaubten offensichtlich, einen dicken Fisch gefangen zu haben, der lange Zeit unerkannt für einen amerikanischen Geheimdienst gearbeitet hatte. Meine Beteuerungen, ich sei lediglich zweimal in Frankfurt und sonst nirgends gewesen, hielten sie für Tarnung und Täuschung. An meinem Geburtstag wurde ich zu einer Tasse Kaffee in das Vernehmungszimmer gerufen. Der Vernehmer erklärte: »Wir bemühen uns, den Inhaftierten an ihrem Geburtstag etwas Gutes zu tun. Wären Sie etwas kooperativer und nicht so verstockt, sähe unser Geburtstagsgruß anders aus.« Nach der Tasse Kaffee wurde ich in die Zelle zurückgebracht. Ich galt also als verstockt.

Haftanstalt Berlin-Hohenschönhausen

Die Hauptverhandlung fand vom 10. bis 13. Mai 1983 vor dem l. Militärstrafsenat des Militärobergerichts Berlin statt. Einem Militärrichter im Range eines Oberstleutnant wurde von zwei Schöffen, ebenfalls Militärangehörige, assistiert. Christa war aus Dresden als Zeugin geladen worden. Sie wußte weder etwas von meiner Verbindung zum US-Geheimdienst noch von den beiden Reisen, die ich in dessen Auftrag unternommen hatte. Insofern konnte sie weder etwas gegen noch für mich vortragen. Als sie jedoch mitbekam, mit wem sie es zu tun hatte, bestritt sie, jemals den Gedanken der Ausreise erwogen zu haben. Damit war also auch dieses Kapitel zu Ende.

Mein Rechtsanwalt warf ein, daß eine klassische Werbung durch einen Geheimdienst nicht erfolgt sei und mir die Hintergründe der Aufträge und der dadurch für den Osten entstehende Schaden nicht bewußt waren.

Im Urteil ging man darauf ein. Der Angeklagte habe »durch schlüssiges Verhalten ein Anwerbungsverhältnis begründet«. Nicht die Form, sondern der Inhalt der Handlungen zur Erfüllung des Auftrages seien wesentlich gewesen. »Wie der Militärstrafsenat nachweisen konnte, war der Angeklagte instruiert und mit nachrichtendienstlichen Hilfsmitteln ausgerüstet. Er hat sich damit bewußt in das System eines imperialistischen Geheimdienstes eingegliedert und gleichzeitig ein Anwerbungsverhältnis begründet. Damit sind auch die vom Verteidiger vorgebrachten Einwände gegenstandslos, daß es an der Erfüllung der subjektiven Seite des § 98 StGB mangelt.«

Der Militärstaatsanwalts forderte acht Jahre Freiheitsentzug, dem folgte das Gericht.

Mein Rechtsanwalt empfahl mir, in Berufung zu gehen, weil die Zusammenarbeit mit dem amerikanischen Geheimdienst nicht schlüssig bewiesen worden sei. Ich stimmte dem Vorschlag des Rechtsanwalts zu, obwohl ich damit wenig Hoffnung verband. Die Annahme war begründet, die Berufung wurde zurückgewiesen und das Urteil in voller Höhe bestätigt. Im Beschluß hieß es zwar: »Der Berufung ist deshalb insoweit zuzustimmen, als sich das Militärobergericht ungenügend mit der Schuld des Angeklagten auseinandersetzte und dadurch den Nachweis für seine strafrechtliche Verantwortlichkeit gemäß § 98 StGB der DDR nicht zweifelsfrei

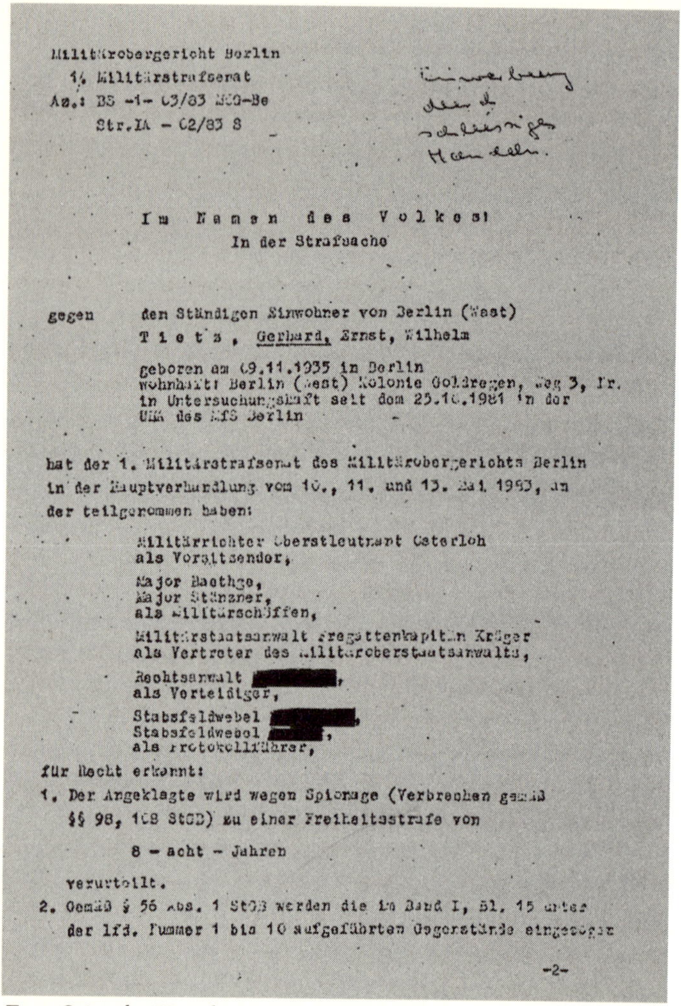

Militärobergericht Berlin
1. Militärstrafsenat
Az.: BS -1- 03/83 MOG-Be
Str.IA - 02/83 S

Einwendung durch schlüssiges Handeln.

I m N a m e n d e s V o l k e s!
In der Strafsache

gegen den Ständigen Einwohner von Berlin (West)
T i e t z , Gerhard, Ernst, Wilhelm

geboren am 09.11.1935 in Berlin
wohnhaft: Berlin (West) Kolonie Goldregen, Weg 3, Nr.
in Untersuchungshaft seit dem 25.10.1981 in der
UHA des MfS Berlin

hat der 1. Militärstrafsenat des Militärobergerichts Berlin
in der Hauptverhandlung vom 10., 11. und 13. Mai 1983, an
der teilgenommen haben:

Militärrichter Oberstleutnant Osterloh
als Vorsitzender,

Major Baethge,
Major Stünzner,
als Militärschöffen,

Militärstaatsanwalt Fregattenkapitän Krüger
als Vertreter des Militäroberstaatsanwalts,

Rechtsanwalt [redacted],
als Verteidiger,

Stabsfeldwebel [redacted],
Stabsfeldwebel [redacted],
als Protokollführer,

für Recht erkannt:

1. Der Angeklagte wird wegen Spionage (Verbrechen gemäß §§ 98, 108 StGB) zu einer Freiheitsstrafe von

8 - acht - Jahren

verurteilt.

2. Gemäß § 56 Abs. 1 StGB werden die im Band I, Bl. 15 unter der lfd. Nummer 1 bis 10 aufgeführten Gegenstände eingezogen

-2-

Erste Seite des Urteils vom 13. Mai 1981

geführt hat. Zum Nachweis seiner Schuld war es erforderlich, im Ergebnis einer zusammenhängenden Würdigung der objektiven Verhaltensweisen des Angeklagten sowie der darüber hinaus vorliegenden Informationen, die sich insbesondere aus seinen Aussagen ergeben, eine schlüssige Wertung vorzunehmen.« Aber was nützte das, wenn es bei der ausgesprochenen Haftstrafe blieb?

Die Höhe der Haftstrafe hat mich mehr als schockiert. Acht Jahre für zwei zweitägige Reisen ohne Ergebnis und letztlich auch ohne Schaden für die DDR, selbst wenn man erklärte: »Eine geringere Freiheitsstrafe, wie von der Verteidigung beantragt, würde dem Schutzbedürfnis der Sicherheitsinteressen der Deutschen Demokratischen Republik entgegenstehen.«

Der Aufenthalt in Bautzen II ist von meinem Mithäftling Hannes Sieberer im Buch »Verheizt und vergessen« ausführlich geschildert worden. Ich muß auch nicht wiederholen, was Erol Ünsalsudan dazu geschrieben hat. Er nannte mich »Hexer«. Warum er mich so rief, hat er mir bis heute nicht verraten. Für die anderen war ich wegen meiner Größe und Beweglichkeit »Frettchen«.

Während der Haft besuchte mich mein Bruder, meine Schwester und deren Mann sowie meine Tochter aus erster Ehe. Oberregierungsrat Staab von der Ständigen Vertretung der Bundesrepublik nahm vier Besuchstermine mit mir wahr. Die Besuche brachten ein wenig Abwechslung in die traurige Haftzeit.

Die Amerikaner meldeten sich nicht. Es gab weder direkte noch indirekte Versuche, mit mir in Verbindung zu treten oder gar Hilfe zu leisten, wie es vollmundig von »John« versprochen worden war.

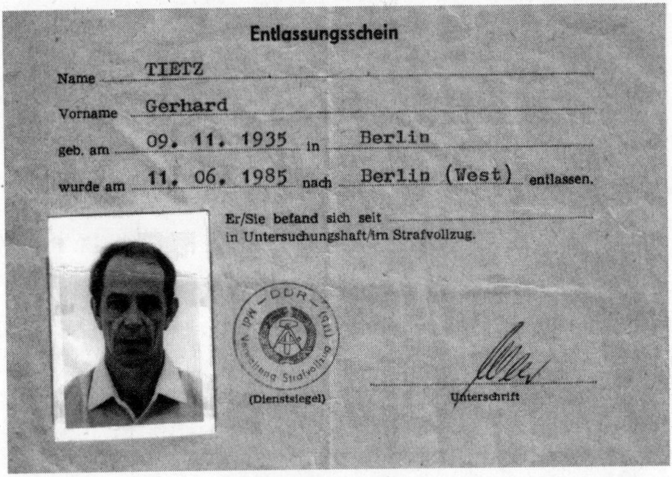

Entlassungsschein

Name TIETZ

Vorname Gerhard

geb. am 09. 11. 1935 in Berlin

wurde am 11. 06. 1985 nach Berlin (West) entlassen.

Er/Sie befand sich seit .... in Untersuchungshaft/im Strafvollzug.

(Dienstsiegel) Unterschrift

Vier Jahre später dann die Entlassung

Die Glienicker Brücke von DDR-Seite, auf der am 11. Juni 1985 der Agentenaustausch erfolgte

Am 5. Juni 1985, einem Mittwoch, wurde mein Name mit anderen im Arbeitsraum der Haftanstalt aufgerufen. Unsere Reise ging über einen Zwischenaufenthalt in Karl-Marx-Stadt am 11. Juni direkt nach Potsdam. Dort wurden wir auf der Glienicker Brücke ausgetauscht. Hannes Sieberer schildert in seinem Buch ausführlich unsere letzte Reise in der DDR.

Nach der Ankunft in Frankfurt am Main wurden wir mit einem Bus nach Gießen gebracht. Dort konnten wir uns telefonisch bei Verwandten und Bekannten melden. Nach der ärztlichen Untersuchung und nach allgemeinen Befragungen reichte mir der Aufenthalt. Ich bestand auf ein Flugticket nach Berlin.

Etwa drei Tage nach meiner Ankunft in Berlin erhielt ich einen Anruf von einem mir unbekannten Amerikaner aus der Kaserne Clay-Allee. Man wolle mich sprechen.

Fünf- oder sechsmal wurde ich von Unbekannten befragt. Die Befragung war kühl und unpersönlich, distanziert professionell. Möglichen Vorhaltungen an ihre Adresse glaubte man zuvorzukommen, indem man mir die Schuld für meine Festnahme andichtete. Ich hätte absprachewidrig den Zug nach Frankfurt nicht in Bahnhof Zoo, sondern am Ostbahnhof bestiegen. Das war geradezu grotesk, und ich empörte mich über diese Unverschämtheit. Daraufhin schloß man mich an einen Lügendetektor an. Die Ergebnisse wurden mit der Detektorüberprüfung während der Ausbildung verglichen. Kommentar des Überprüfers: »Sie sagen die Wahrheit.«

Die Amerikaner zahlten mir eine Haftentschädigung, die lächerlich gering und keineswegs angemessen war. Ich wurde verpflichtet, darüber gegenüber Dritten, auch nicht gegenüber deutschen Dienststellen, irgendwelche Angaben zu machen. Damit hatte sich die Sache für sie erledigt. Der Mohr hatte seine

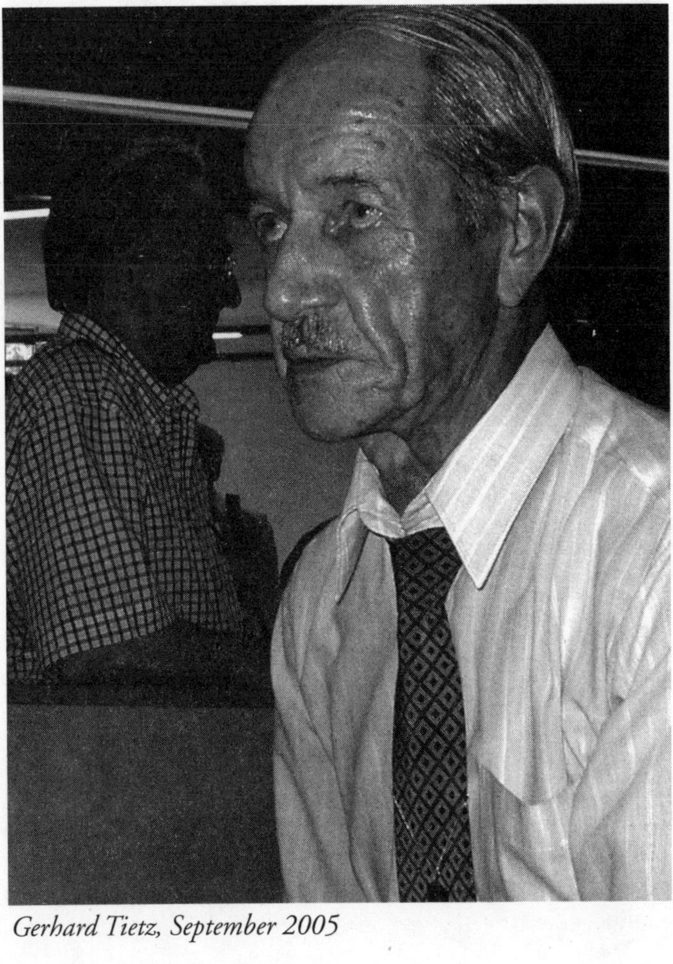

Gerhard Tietz, September 2005

Schuldigkeit getan, ich konnte allein sehen, wie ich wieder auf die Füße kam.

Meine Bitte, mir wenigstens bei der Jobsuche zu helfen, wurde mit der Bemerkung abgetan, daß dafür die deutschen Behörden zuständig wären. Dort aber erklärte man mir, ich hätte für eine fremde Macht gearbeitet – es wäre Sache der Amerikaner, mir zu helfen.

Gerhard Tietz (rechts außen) als Zaungast und Zeuge, als der ehemalige HVA-Chef Markus Wolf († 9. November 2006) Hannes Sieberer zu dessen Buch »Verheizt und vergessen« gratuliert, das dieser in einem Hotel in der Genslerstraße vorgestellt hatte, 13. September 2005

Die Amerikaner hatten sich nach dieser Befragung verabschiedet, ich habe nie wieder etwas von ihnen gehört. Mein Schicksal war diesen Leuten völlig gleichgültig. Ihr Interesse richtete sich ausschließlich auf MfS-Mitarbeiter, Personal der Haftanstalt und auf mögliche Zellenagenten, über die sie bei mir Auskunft einholen wollten.

Auf den deutschen Ämtern wurde ich wie ein Flüchtling behandelt, nicht wie ein Westberliner, der fast vier Jahre seines Lebens für den Westen in einem DDR-Gefängnis zugebracht hatte. Für die Behörden war ich bereits gestorben. Deshalb mußte ich mich neu anmelden und eine »Identität« beantragen.

Wenn ein Krimineller aus dem Knast entlassen wurde, bekam er Bewährungshelfer und Sozialarbeiter an die Seite gestellt, um ein neues Leben beginnen zu können. Um mich sorgte sich niemand. Ich hatte mich einfach mit falschen Partnern eingelassen, die doch angeblich unsere Freunde waren.

Fast zwei Jahre wurde ich wegen schwerer psychischer Schädigung ärztlich behandelt, ich war nicht arbeitsfähig. Ich lebte von einem geringen Sozialsatz. Meine Stelle war inzwischen besetzt, der Betrieb lehnte meine Wiedereinstellung ab. Auch alle anderen Versuche, eine Arbeit zu erhalten, schlugen fehl.

Nach meiner Rückkehr fand ich mein Häuschen, das ich vor der Festnahme bewohnte, in fast verfallenem Zustand vor. Niemand hatte sich darum gekümmert. Einen Großteil der von den Amerikanern gezahlten Summe steckte ich in die Instandsetzung. Den Rest investierte ich in einen Imbißwagen. Zwölf Jahre lebte ich davon mehr schlecht als recht, ehe ich 2001 in Rente ging.

Ich bin jetzt 71 Jahre alt und befinde mich im letzten Abschnitt meines Lebens. Dieses hat der amerikanische Geheimdienst zerstört.

Panzer zählen in der DDR

Von Heinz Jonsek

Heinz Jonsek, geboren 1933, arbeitete als Kraftfahrer und wurde 1972 vom US-Geheimdienst Military Intelligence *geworben. Im März 1982 in Thüringen festgenommen und vom Militärobergericht Berlin zu lebenslänglicher Haft verurteilt. Nach drei Jahren und vier Monaten Haft in Bautzen II wurde er am 11. Juni 1985 auf der Glienicker Brücke ausgetauscht. Heinz Jonsek lebt als Rentner in Stuttgart.*

Ich wurde in Wronnen im damaligen Ostpreußen als eines von sieben Kindern am 29. August 1933 geboren. Meine Eltern besaßen in Lützen ein kleines Häuschen, ich entstammte wie meine Eltern einer Arbeiterfamilie. Mein Vater war Tischler, meine Mutter als Hausmädchen tätig. Später, als die Kinder kamen, war sie nur noch Hausfrau.

Zu Beginn des Winters 1944, im November, flohen wir vor den heranrückenden Russen. Mit einem Pferdewagen ging es nach Seeburg. Dort hatte der jüngste Bruder meiner Mutter ein Haus. Anfang 1945 treckten wir übers Haff und bestiegen in Pillau ein Schiff. Ostern trafen wir in Rodau bei Plauen, das liegt im Vogtland, auf einem Rittergut ein. Wir wollten weiter nach Kempten, denn dort hatten wir Verwandte, blieben aber in Greiz in Thüringen hängen. Dort rückten im April die Amerikaner ein. Im Sommer 1945 zogen sie sich hinter die in Jalta beschlossene Demarkationslinie zurück und die Russen besetzten die ihnen zugewiesene Besatzungszone. Vater war noch in sowjetischer Kriegsgefangenschaft, aus der er erst 1948 zurückkehren sollte, Mutter arbeitete als Küchenhilfe.

Uns ging es nicht gut, »unter Adolf« ging es uns besser. Meine Eltern waren einfache Leute, sie hatten von den Sozialleistungen der Nationalsozialisten in den 30er Jahren spürbar profitiert und die ersten Jahre des Krieges machten sich bei uns auf dem Lande nicht so wie in den bombardierten Städten bemerkbar. Der Krieg trat erst in unser Leben, als die Russen kamen. In der Wahrnehmung meiner Eltern waren sie Schuld, daß wir unser Haus und unsere Heimat verloren. Ich wuchs mit dem Satz auf: »Die Russen haben uns verjagt.«

Mithin: Wer sich mit den Russen einließ, war kein guter Mensch. Aus dieser Perspektive nahm ich auch die Entwicklung im Osten Deutschlands war, die ich darum zwangsläufig ablehnte. 1952 ging ich in den Westen. Mit einem Kollegen, der mit mir in Greiz bei den Verkehrsbetrieben arbeitete, fuhr ich nach Westberlin. Von dort flog ich ins Bundesgebiet. Zwei Jahre später folgte meine älteste Schwester, sie lebt heute im Schwarzwald. Eine zweite Schwester ging 1956 nach Wuppertal, die Jüngste ging kurz vorm Mauerbau 1961 ebenfalls in den Westen. Die anderen Geschwister blieben in der DDR. Werner lebt noch in Greiz, eine Schwester ebenfalls, eine andere verzog nach Schwedt an der Oder.

Nach einem zweiwöchigen Aufenthalt in einem Übergangslager kam ich nach Bremerförde in der Nähe von Hamburg. Ich erhielt in Greilsheim eine Anstellung in der Landwirtschaft. Ein Kumpel aus Greiz holte mich nach Jahresfrist nach Stuttgart. Er arbeitete in einer amerikanischen Kaserne bei einer Wachmannschaft, wo er auch mich unterbrachte. Ich blieb von 1953 bis 1954. Dann war ich etwa neun Jahre als Kraftfahrer im Sauerstoffwerk in Untertürkheim, später bei anderen Firmen. Bei Esso fuhr ich bis 1972 einen Tankwagen. Danach war ich bis zu meiner Pensionierung bei der Stadtverwaltung in Stuttgart tätig. Im November 1955 hatte ich meine Frau Lore geheiratet, sie schenkte fünf Kindern das Leben.

1972 lernte ich, mit einem LKW unterwegs, in einer Wirtschaft in Frankfurt am Main zwei Amerikaner kennen. Wir kamen in ein angeregtes Gespräch, bei dem ich auch beiläufig erwähnte, daß ich aus dem Osten käme. Wir gingen auseinander mit dem Versprechen, daß man sich mal in Stuttgart sehen könne, wo der eine angeblich häufig zu tun habe. Ich gab ihm meine Telefonnummer. Es dauerte gar nicht lange, da meldete sich »Leo« bei mir. Wir trafen uns in einer Gaststätte. »Leo« ging auf die 50 zu, war kurz und gedrungen, neigte zu Übergewicht, und wirkte, obgleich er eine Brille trug, irgendwie schmuddelig.

Wenn er ging, hatte man das Gefühl, daß er was mit den Füßen hatte: er tapste.

Wir quatschten über Gott und die Welt und auch über meine Familie. Ich erwähnte, daß unsere Jüngste behindert sei. »Leo« meinte, da könne man was machen. Er habe gute Beziehungen zu Ärzten im Militärkrankenhaus der Amerikaner in Bad Cannstatt. Dafür sei ich ihm aber was schuldig.

Gern, sagte ich in der Hoffnung, daß unserer Kleinen geholfen werden würde.

Er sei viel unterwegs, erklärte »Leo«, auch in den USA, und darum selten zu Hause. Er handle mit Diamanten und mache gelegentlich auch Jobs für die CIA, da brauche er einen Mann seines Vertrauens, der seinen Briefkasten für ihn zur Verfügung stelle. Er würde dafür auch zahlen. Wenn er in Frankfurt sei, würde er sich melden, dann könne ich ihm entweder die Post vorbeibringen oder eben nachschicken.

Das klang alles harmlos, ich willigte ein. Natürlich sprach ich auch mit Lore darüber, sie hatte auch nichts dagegen, daß unsere Adresse von »Leo« mitgenutzt würde.

Lore Jonsek

»Leo« machte mich darauf aufmerksam, daß die für ihn bestimmten Geheimdienstbriefe sich von meinen privaten dadurch unterscheiden würden, daß sie nicht an Heinz Jonsek, sondern an *Heinz Günter Jonsek* oder *Heinz G. Jonsek* gerichtet seien. Diese sollte ich umgehend an eine Postfach-Adresse in Frankfurt weiterleiten. Für diesen Zweck gab er mir einige Dutzend Briefmarken.

Schon bald füllte fremde Post unseren Kasten. Jede Woche kamen Briefe aus Polen, Schweden, Österreich, auch aus der Bundesrepublik. Aus der DDR war nichts dabei.

Mindestens einmal im Monat schaute »Leo« bei uns in Stuttgart vorbei, seine Autos hatten wechselweise Frankfurter und Münchner Kennzeichen. Wir kamen uns immer näher. Als 1974 unser Sohn geboren wurde, drängte es ihn sogar, Taufpate bei Andi zu werden. Stets ließ er einen Schein auf dem Küchentisch zurück. Anfänglich waren es 50,00 DM pro Monat, am Ende war es das dreifache. Daneben brachte er uns gelegentlich Delikatessen aus dem »PX« mit, die es nur in diesen speziellen Läden für Angehörige der amerikanischen Streitkräfte gab.

Nach meiner Haftentlassung 1985 erfuhr ich von anderen Geheimdienstmitarbeitern, daß »Leo« uns die ganze Zeit beschissen hatte: Gegenüber dem Dienst hatte er 1.000 DM abgerechnet, die er uns angeblich monatlich für die Deckadresse gezahlt habe. Den Rest hatte er sich offenkundig in die eigene Tasche gesteckt.

Wie viele Deckadressen des US-Geheimdienstes von »Leo« betreut worden waren, verschwieg man mir. Ich vermute: Es werden einige gewesen sein, und auch dort wird er abkassiert haben.

Wenn ich zu Familienfesten oder an Feiertagen zu meinen Verwandten in die DDR fuhr, berichtete ich anschließend, was ich gesehen und gehört hatte. »Leo« interessierte sich für alles: Stimmungen in der Bevölkerung, Versorgungslage, Truppenbewegungen … Obgleich alles mehr oder minder zufällig und willkürlich war, was ich wahrnahm, mußte ich jährlich einmal an den Lügendetektor.

Ich erzählte »Leo«, daß zu unserer Silberhochzeit im November 1980 auch meine Verwandten und Geschwister aus der DDR kommen würden.

»Wenn dein Bruder da ist, kann man mit ihm schwätzen?«, fragte »Leo« neugierig.

»Ja, warum nicht?«, antwortete ich.

»Leo« meinte, mein Bruder wäre vor Ort in der DDR, er könne doch für die Amerikaner arbeiten. Für ihn wäre es viel leichter, Dinge, die sie interessierten, in Erfahrung zu bringen, als für mich, der nur gelegentlich in die DDR zu Besuch fahre.

Ich gab zu bedenken, daß dies für meinen Bruder ein Risiko darstelle. »Leo« winkte ab. Wenn er nur das berichtete, was ohnehin alle wüßten, würde gar nichts passieren.

Anfang 1980 trat das neue DDR-Reisegesetz in Kraft. Verwandte ersten Grades konnten auf Einladung in die Bundesrepublik und nach Westberlin fahren. Werner erhielt eine Besuchserlaubnis für zehn Tage. Erstmals kam er zu uns nach Stuttgart. Das war eine Freude!

»Leo« hatte mich gebeten, ihn zu avisieren. Am zweiten Tag sagte ich Werner, daß ich einen Amerikaner kenne, der sich mal mit ihm unterhalten wolle.

Verabredungsgemäß führte ich Werner in eine Gaststätte gegenüber dem Stuttgarter Hauptbahnhof, wo »Leo« und ein weiterer Geheimdienstmitarbeiter namens »Karl« auf uns warteten. Ein Tisch wurde dazugestellt. Nach einer lockeren Einleitung wurde Werner direkt gefragt, ob er ebenfalls für sie arbeiten würde. Kurios war, daß man keinen konkreten Geheimdienst nannte. Auch ich wußte nicht, bei welchem Dienst ich angebunden war. Ich fragte nicht nach, und auch Werner unterließ es.

Werner fragte lediglich, wofür man sich interessiere.

»Nichts Großes«, beschwichtigte man, »nur Alltägliches«.

Werner sollte militärische Bewegungen, Transporte und sowjetische Soldaten beobachten und ihnen das mitteilen. Ganz klar, es ging um Militärspionage. Für seine Tätigkeit sollte er eine Art »Entschädigung« erhalten, die der Dienst auf ein für ihn geführtes Konto einzahlen würde. Wir fuhren schweigend nach Hause. Man hatte ihm keine Zusage abgetrotzt, nur das Versprechen, es sich zu überlegen. Und ich wollte ihm nicht reinreden.

»Ich mach's«, sagte er schließlich. »Nicht aus Liebe zu den Amerikanern, wahrlich nicht. Aber die Kohle ist interessant, und die DDR ist ohnehin am Zusammenbrechen, da will ich gern ein wenig nachhelfen.«

Nachdem Werner zugestimmt hatte, folgten weitere Gespräche in verschiedenen Wirtschaften oder in Hotelzimmern, wo man ungestört reden konnte und Werner das Agentenhandwerk im Schnellverfahren beibrachte. In den zehn Tagen seines Aufenthalts trafen wir uns etwa fünfmal in Stuttgart und Umgebung zu Schulungen. Die Hotelzimmer wurden als Tageszimmer angemietet. Die Mitarbeiter hatten zuvor die Räume »gecheckt« und nach »Wanzen« abgesucht. Wer solche überhaupt angebracht haben könnte, sagten sie nicht. Diese Geheimnistuerei war schon merkwürdig.

In meinem Beisein wurde Werner erklärt, daß er vom Geheimdienst Nachrichten und Aufträge über einer bestimmte Kurzwellenfrequenz per Radio erhalten werde. Seine Beobachtungen sollte er per Geheimschrift in normalen Briefen an eine Deckadresse in der Bundesrepublik senden. Von dort gingen die Nachrichten weiter an den Dienst, wohin, an welche Auswertungsstelle, das blieb geheim.

Ich sollte als Werners Instrukteur fungieren. Der Einsatz toter Briefkästen wurde ebenfalls diskutiert, dann aber fallengelassen. »Leo« sagte: »Sie können im Prinzip alles bekommen, was Sie wollen, bis hin zu einer Pistole.«

Sowohl Werner als auch ich hielten diesen Idee für verrückt.

Werners erste Schulung fand in Stuttgart statt, in irgendeinem Hotelzimmer. Die Unterweisungen dauerten jeweils eine bis anderthalb Stunden und waren intensiv, aber man konnte das Meiste behalten, was man gelernt hat.

Werner erhielt ein Dechiffrierbuch ausgehändigt. Auf sechs mal vier Zentimetern standen unendliche Zahlenkolonnen, mit denen er die Radiosprüche dechiffrieren sollte. Jeden Montag sollte auf einer bestimmten Frequenz um 20.30 Uhr ein Funkspruch mit einer Wiederholung am Mittwoch durchgegeben werden. Das Dechiffrierbuch wurde zum unauffälligen Transport über die DDR-Grenze in einer Kaffeedose eingeschweißt. Den Schreibblock mit imprägniertem Papier zum Anfertigen der Geheimschriftbriefe nahm er zu seinen Reisesachen.

Zum Schluß gab man Werner einen Decknamen. Jetzt hieß er »Thomas«. Wenn Werner aus Sicht der Amerikaner in Gefahr geriete, sollte ich ihm ein Telegramm schicken und mitteilen, daß ich nicht kommen würde. Werner sollte daraufhin alle nachrichtendienstlichen Unterlagen verbrennen.

Allerdings gab es keine Instruktionen für den Fall, daß Werner enttarnt wurde. Diese Option kam in den Überlegungen der Amerikaner ganz offensichtlich nicht vor.

Mit dem Wissen von heute sage ich: Die Sicherheit ihrer Leute war den Amerikanern egal. Ihre Bekundungen in dieser Richtung waren allenfalls Lippenbekenntnisse. Es kümmerte sie nicht die Bohne, wenn ein Agent aufflog. Der war dann verbrannt. So what? Abgang war überall.

Das Klima zwischen mir und »Leo« war in jener Zeit sehr positiv. Wir unternahmen öfters Lokaltouren in Stuttgart, meist waren wir in seinem Dienstwagen unterwegs. Wenn es einen Unfall geben würde und ich wäre halbwegs okay, sollte ich abhauen. Ich dürfte in keinem Unfallprotokoll der Polizei als Beifahrer auftauchen. Wir waren schon ein merkwürdiges Team.

Werner war als Spion vom November 1980 bis Ostern 1982 aktiv. Zu Ostern überbrachte ich im Auftrag des Dienstes Geschenke und Bargeld, das in Stanniolpapier gewickelt und diese in eine Kaffeebüchse eingeschweißt war. Die sah wie original aus. In der Büchse steckten acht- oder zehntausend Ostmark, das weiß ich nicht mehr so genau. Ich übergab ihm noch einen Radiorecorder von »Sanyo« zum Empfang der Funksendungen des Geheimdienstes. (Der Umstand, daß wir immer nur zu Ostern nach Greiz kamen, hatte uns – wie einer der Vernehmer später meiner Frau offenbarte – verdächtig gemacht. Ich halte das noch immer für einen Bluff.)

In Greiz hatte Werner unmittelbar nach seiner Rückkehr aus Stuttgart die erste Nachricht empfangen. Wie sich später herausstellte, wurden alle – also auch diese – Sendungen des Rundspruchdienstes (RSD) in der DDR aufgezeichnet. Da die Funkabwehr des MfS, die HA III, auch »Blindsendungen« registrierte, konnte sie feststellen, wie viele Agenten die Amerikaner neu aktiviert hatten.

Daß die Amerikaner am Raum um Jena, Gera und Schleiz großes Interesse hatten, lag auf der Hand. Dort waren viele Einheiten der Gruppe der sowjetischen Streitkräfte in Deutschland (GSSD) konzentriert. Im Jenaer Forst lag eine Raketeneinheit.

In Jena-Zwätzen war eine Panzerdivision stationiert, sie gehörte zur 8. Gardepanzerarmee mit Sitz in Nohra bei Weimar. In Münchenbernsdorf bei Gera gab es ein Treibstofflager, in Gera-Tinz ein Panzer- und Pioniertruppen-Regiment und in der Gerhart-Hauptmann-Straße in Gera befanden sich die Einheiten der chemischen Aufklärung. In Stelzen bei Schleiz betrieb die Sowjetarmee eine eigene Radarstation, die nicht in das Diensthabende System der Warschauer Paktstaaten eingebunden war.

»Leo« und die anderen Geheimdienstmitarbeiter sagten, bei den Sowjetpanzern seien die Details wichtig, nicht der Typ. Werner sollte, wenn er Panzer sähe, die Achsen zählen. Die Amerikaner wüßten dann schon, um welche Typen es sich handelte. Wenn Werner einmal in der Woche durch Gera führe und nichts Auffälliges gesehen habe, solle er auch das schreiben. Sähe er Soldaten, müsse er sie beschreiben. Dabei sei alles von Belang: Nationalität (Europäer, Asiaten, Kaukasier usw.), kurze Haare oder lange. Daraus würden Rückschlüsse auf ihre Aufenthaltsdauer in der DDR gezogen. Soldaten mit kurzen Haaren oder Glatze wären Neuankömmlinge.

Werner unternahm fortan jede Woche eine Spionagefahrt zu den Kasernen. Da er ein ordentliches Familienleben führte, war es seine Frau nicht gewohnt, daß er allein in der Gegend herumfuhr. Deshalb weihte er seine Frau Renate ein. Sie war damit zwar nicht einverstanden, wie Werner mir erzählte, aber sie tolerierte es. Sie hätte im Falle des Falles für ihn die Unterlagen, die Werner in seinem »Reiselord« aufbewahrte, vernichtet.

Dadurch hielt sie ihm den Rücken frei. Die Amerikaner gaben ihren Segen und beruhigten uns mit der Zusicherung, es könne nichts passieren, alles sei sicher. Und wenn trotzdem etwas schiefgehe, wäre man nach sechs Monaten, längstens nach zwei Jahren wieder draußen, dafür würden sie schon sorgen.

An diese Zusage klammerten wir uns: Die holen uns raus! Wie sich zeigte, war dieses Versprechen nicht nur vage – es war auch in den Wind gesprochen. Obgleich es bezüglich der Dauer immer noch realistischer war als das, was man meinen »Kollegen« erzählt hatte. In Bautzen II hörte ich von Leidensgefährten, man habe sie mit der Zusicherung beruhigt, daß sie bei einer möglichen Festnahme allenfalls mit einer Befragung durch die Stasi rechnen müßten. Die wüßte aber nichts und könnte auch nichts nachweisen, folglich würde man sie auch wieder laufen lassen …

Ich fuhr regelmäßig zu Besuch nach Gera. Im Unterschied zu mir mißtraute Werner jedoch den Amerikanern. Deshalb verlangte er, daß ich ihm seine Entschädigung in bar überbrachte.

Nach Auskunft von »Leo« und den anderen Mitarbeitern erfüllte Werner seinen Auftrag zu voller Zufriedenheit. Der Inhalt der wöchentlichen Radiosendungen war dabei eher nebensächlich, Werner hatte einen Generalauftrag zur Beobachtung. Nur einmal erhielt er einen konkreten Auftrag, als in Grimma ein Truppenwechsel bei den Sowjetstreitkräften bevorstand.

Ein geheimschriftlicher Brief von Werner kam nicht an. Das hätte eigentlich eine Warnung sein müssen. Doch der Dienst nahm es nicht als Alarmzeichen. Ein paar Wochen später sind wir verhaftet worden. Ich vermute, daß die Amerikaner damit gerechnet haben.

Das MfS hatte meine Korrespondenz mit Werner aufmerksam verfolgt, man kannte dort alle Termine, observierte mich bei meinen DDR-Reisen und hatte, wie man so sagt, alles im Griff.

Ostern 1982 war ich erneut in Greiz. Mich begleiteten meine Frau Lore und die Kinder Andreas und Thomas. Der eine war sieben, der andere zehn Jahre alt. Ich übergab 3.000 Ostmark in der Kaffeedose an Werner. Am späten Vormittag des Ostersonntags gingen wir ein wenig spazieren. Der Weg war für den öffentlichen Verkehr gesperrt. Trotzdem kamen uns ein Auto und ein Motorrad entgegen. Das fand ich mindestens so merkwürdig wie die Nachbarn, die uns tags zuvor beim Grillen beobachtet hatten. Werner bot ihnen Wurst an, was sie jedoch ablehnten. Nach unserem Waldspaziergang besuchten wir die »Holzfäller-Klause«. Das Lokal war leer, als wir es betraten. Plötzlich füllte es sich. Lore teilte mein ungutes Gefühl und sagte: »Wir werden von der Stasi beobachtet.«

Am Nachmittag brachen wir auf. Wir fuhren Richtung Autobahn. Dabei bemerkte ich, daß uns ein PKW verfolgte. Und auch vor mir fuhr einer. Ich überholte, doch kurz vor der Autobahnauffahrt hatten sie uns. Wir wurden gestoppt. Lore und ich mußten aussteigen. Ich war irritiert: Was hatte ich falsch gemacht? Wir wurden in die beiden Autos verladen und dann zum Hermsdorfer Kreuz gefahren. Unweit der Raststätte befand sich ein großer Flachbau mit vielen Antennen auf dem Dach.

Wie ich später aus den Unterlagen erfuhr, war unsere Festnahme durch Mitarbeiter der HA VIII (Beobachtung und Ermittlung) bis ins letzte Detail geplant worden. Da man beispielsweise davon ausging, daß der interne Funkverkehr unserer Observanten im Westen mitgehört wurde, wurde er dadurch »vertuscht«, indem man auf diesen Frequenzen sowohl vor unseren Ein- als auch nach unseren (früheren) Ausreisen heftig kommunizierte. Dadurch war diesseits des Eisernen Vorhangs nicht feststellbar, wem das besondere Interesse in Thüringen galt …

Lore und ich wurden getrennt vernommen. Unsere beiden Kinder übergab man in Berlin an die Ständige Vertretung der Bundesrepublik. Dort wurden sie von meiner Schwester Irmgard abgeholt und nach Stuttgart gebracht.

Auch uns überführte man nach der ersten Vernehmung am Hermsdorfer Kreuz nach Berlin. Wir kamen in die Haftanstalt in Hohenschönhausen. Einer der Schließer forderte mich auf: »Hier haben Sie Bohnerwachs und einen Schrubber, machen Sie die Zelle sauber!« Ich antwortete scherzend, er solle das selber machen, ich wäre nur auf Besuch. Mir schien, daß er für diese Art Humor nicht empfänglich war, er griente nur gequält.

Berlin-Hohenschönhausen

In den Vernehmungen bestritt ich zunächst, etwas von einer vermeintlichen Agententätigkeit Werners zu wissen. Ich stellte mich einfach dumm. Täglich saß ich zwei bis drei Stunden auf dem Stuhl vor jenem Hauptmann, der mich bereits in Hermsdorf vernommen hatte. Die Befragung war sachlich, ich fühlte mich nicht schikaniert oder in die Mangel genommen, wenn man einmal die Tatsache beiseite ließ, daß ich mich erstens nicht freiwillig hier befand und zweitens nicht wußte, wo sich meine Familie augenblicklich aufhielt. Da müsse ich mir keine Sorgen machen, hieß die lapidare Auskunft, um die Kinder und meine Frau kümmere man sich. Ich halte es für ein Gebot der Fairness und der Wahrhaftigkeit ausdrücklich festzuhalten, daß sowohl Lore als auch ich in Hohenschönhausen immer korrekt und höflich behandelt worden sind.

Die Fragen vermittelten den Eindruck, als wisse man bereits alles von mir und wolle nur noch meine Bestätigung einholen. Trotzdem gab ich nur zu, 1953/54 in einer US-Kaserne gearbeitet zu haben. Alles andere bestritt ich. Zunächst.

Dann räumte ich ein, als Poststelle für einen mir nicht näher bekannten amerikanischen Geheimdienst fungiert zu haben. Das traf ja auch zu: Ich wußte nicht, für wen »Leo« arbeitete. Zu den Vernehmungen am Vor- und am Nachmittag, das nur nebenbei, gab es Bohnenkaffee, was mich angesichts der DDR-Mangelwirtschaft sehr verwunderte.

Inzwischen war ich von einer Einzel- in eine Zweimann-Zelle verlegt worden. Ich teilte den »Verwahrraum« mit Wolfgang Reif, der am 20. Dezember 1981 vom MfS verhaftet worden war. Reif hatte, mit Unterbrechungen, seit den frühen 70er Jahren in der DDR-Botschaft in Indonesien gearbeitet und sich 1978 der CIA angeboten. Seit April 1980 hatte er auch für den BND in der Botschaft spioniert. Die Zusammenarbeit setzte er nach seiner Rückkehr in die DDR Mitte 1981 fort. Und dort flog er auf – mit der Post. Auch bei ihm hatten die Geheimschreibmittel nicht funktioniert. (Reif sollte 1983 zu lebenslanger Haft verurteilt werden; 1987 reduzierte man auf 15 Jahren Haft, im Dezember 1989 kam er frei.)

Die Diplomaten der Ständigen Vertretung, die uns regelmäßig besuchten, erkundigten sich auch nach unserer medizinischen Versorgung. Die war in Hohenschönhausen recht gut, weit besser als später in Bautzen II im Strafvollzug. Vor allem der Zahnarzt genoß einen sehr guten Ruf.

Und als ich einmal eine Brille verlangte, weil ich die Niederschriften des Vernehmers nicht lesen konnte, reichte man mir ungerührt einen Kasten mit etlichen Lesehilfen unterschiedlicher Stärke, aus denen ich mir die passende auswählte. Sie schienen auf alles vorbereitet.

In der Nacht dachte ich mir immer neue Geschichten aus, doch der Hauptmann durchschaute mich. Er schüttelte nur den Kopf und sagte: »Herr Jonsek, Herr Jonsek. Ich habe viel Zeit.«

Darauf antwortete ich naßforsch: »Ich auch. Wenn es sein muß Jahre.« Er musterte mich mit zusammengezogenen Augen. Auch durch die Sehschlitze konnte ich ahnen, was er dachte. Und er hatte recht: Es waren ja meine Jahre, meine Lebenszeit, die dabei unwiederbringlich verlorenging. Wofür? Nur um ihm nicht das Gefühl zu geben, daß ich mich getäuscht, geirrt oder für eine aus seiner Sicht schlechte Sache engagiert hatte? Oder weil ich fürchtete, daß ich mit meinen Aussagen Lore und Werner belastete? Ich war kein Verräter und Denunziant. So spielten wir uns wechselseitig Theater vor. Der Hauptmann sagte: »Wir wissen, daß Sie ein Konto in der Schweiz haben«, was natürlich nicht zutraf. Und ich erklärte immer wieder: Mein Name ist Hase, ich weiß von nichts.

Einmal erschien auch Rechtsanwalt Wolfgang Vogel. Er klärte mich über das Rechtsverständnis der DDR und deren Gesetzeslage auf. »So, Jonsek, nun wissen Sie Bescheid«, sagte er. Und auf Nachfragen erzählte er mir nichts anderes als mein Vernehmer. Ich war verärgert, den Besuch bei mir hätte er sich wahrlich sparen können.

So vergingen die Wochen. Im Januar 1983, nach acht Monaten Untersuchungshaft, fand vorm Militärobergericht der Prozeß statt. Ich fiel dem Richter beim Vortrag der Klageschrift ins Wort. »Damit bin ich nicht einverstanden«, rief ich. Im Publikum murrte man. War es Zustimmung der Art: Der traut sich aber was? Oder bekundete man Unmut, welchen mein Widerspruch bei ihnen ausgelöst hatte?

Resignierend sagte ich schließlich: »Mir ist es völlig egal, was dort steht. Behaupten Sie, was Sie wollen: Es stimmt nicht!«

Ich bekam lebenslänglich, Lore acht Jahre.

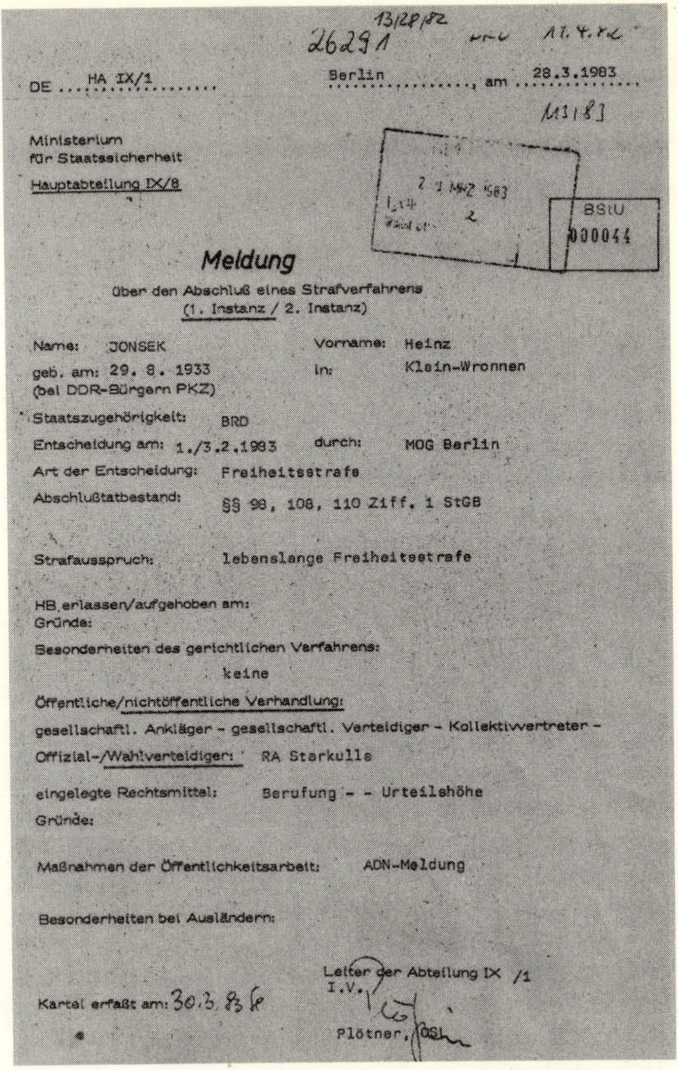

13/28/82
26291 … 11.4.82

DE ...HA IX/1........ Berlin ...., am ...28.3.1983......

M 318]

Ministerium
für Staatssicherheit
Hauptabteilung IX/8

2 1 MRZ 1983

BStU
000044

Meldung

über den Abschluß eines Strafverfahrens
(1. Instanz / 2. Instanz)

Name: JONSEK Vorname: Heinz
geb. am: 29. 8. 1933 in: Klein-Wronnen
(bei DDR-Bürgern PKZ)
Staatszugehörigkeit: BRD
Entscheidung am: 1./3.2.1983 durch: MOG Berlin
Art der Entscheidung: Freiheitsstrafe
Abschlußtatbestand: §§ 98, 108, 110 Ziff. 1 StGB

Strafausspruch: lebenslange Freiheitsstrafe

HB erlassen/aufgehoben am:
Gründe:
Besonderheiten des gerichtlichen Verfahrens:
keine
Öffentliche/nichtöffentliche Verhandlung:
gesellschaftl. Ankläger - gesellschaftl. Verteidiger - Kollektivvertreter -
Offizial-/Wahlverteidiger: RA Starkulla
eingelegte Rechtsmittel: Berufung - - Urteilshöhe
Gründe:

Maßnahmen der Öffentlichkeitsarbeit: ADN-Meldung

Besonderheiten bei Ausländern:

Leiter der Abteilung IX /1
I.V.
Kartei erfaßt am: 30.3.83
Plötner, OSL

Meldung nach Abschluß des Verfahrens, 20. März 1983

Werner wurde zu 15, seine Frau Renate zu acht Jahren Haft verurteilt. Sie wurden zum Strafvollzug ins Hauskommando von Hohenschönhausen überstellt. Lore und ich kamen nach Bautzen. Mich steckte man zu den 98ern ins IV. Kommando, Lore in die Frauenabteilung.

Als ersten lernte ich Werner Hüller kennen.
Er klopfte am Nachmittag meiner Ankunft an die Zellentür.
»Bist du der Jonsek?«
»Wer will das wissen?«
»Ich.«
»Und wer bist du?«
»Ich bin Werner Hüller, komme aus Westberlin und habe für die Amis gearbeitet.«
»Okay, ich bin es.«
»Wir haben schon lange auf dich gewartet.«
Was sollte denn das bedeuten?
In den folgenden Tagen lernte ich während des Freigangs die anderen Westagenten des IV. Kommandos kennen. Und die Schließer auch. Ich hatte keine Kontaktschwierigkeiten und kam mit jedem aus. Und sie behandelten mich anständig, weil ich sie anständig behandelte. Mein erster »Erzieher« war Oberleutnant Schulz, genannt »Komplex«, ihm folgte Oberleutnant Jahn, genannt »Bobby«.
Meine Frau sah ich einmal im Monat in den Besucherräumen, alle zwei Monate konnte ich Besuch von draußen empfangen. Lore arbeitete in der Gefängnisküche und kam nur mit Frauen aus dem Westen zusammen. Sie werde, wie sie sagte, anständig und korrekt behandelt. Bis auf den Umstand, daß sie eigesperrt sei, könne sie nicht klagen.
Überraschend wurde sie bereits am 12. Dezember 1983 in den Westen abgeschoben. Auch die Frauen von Wolfgang Bernier und Hans Klüß, die mit mir im IV. Kommando waren, kamen an jenem Tag frei.
Wie mir Lore später berichtete, waren sie von Rechtsanwalt Vogel an der Grenze an Beamte von BGS und BND übergeben worden. Man brachte sie nach Würzburg in ein Hotel, drückte ihnen eine Fahrkarte und Geld in die Hand, damit sie sich einkleiden konnten: Es war Winter und ziemlich kalt, doch Lore trug die Sachen, die sie Ostern 1982 bei ihrer Verhaftung anhatte. In einem Kaufhaus besorgte sie sich Mantel und Stiefel und fuhr nach Stuttgart, wo sie am 12. Dezember von unseren Kindern in die Arme genommen wurde.
Bald meldeten sich die Amerikaner bei ihr. Jetzt erst. Sie erklärten, es tue ihnen ganz furchtbar leid, was passiert sei. Doch

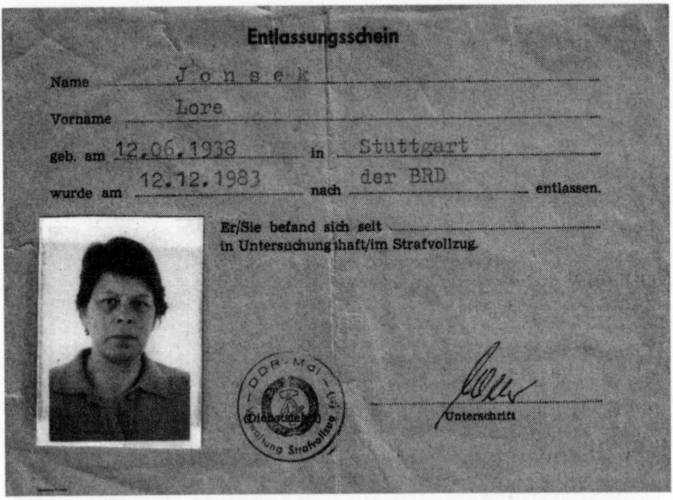

Entlassungsschein

Name J o n s e k

Vorname Lore

geb. am 12.06.1938 in Stuttgart

wurde am 12.12.1983 nach der BRD entlassen.

Er/Sie befand sich seit
in Untersuchungshaft/im Strafvollzug.

Unterschrift

Am 12. Dezember 1983 wurde Lore Jonsek entlassen und in die Bundesrepublik überstellt

es waren falsche Tränen, die sie vergossen. Da war nichts von Sorge oder Anteilnahme zu spüren, eine Pflichtübung, mehr nicht. Lore wurde auch vom Verfassungsschutz befragt. Man wollte unter anderem wissen, ob sie geschlagen oder mißhandelt worden sei, was sie verneinte.

Als ich erfuhr, daß Lore wieder daheim war, fiel der psychische Druck von mir ab. Die Hoffnung, daß die Amerikaner sich für meine Freilassung engagieren würden, wie sie es seinerzeit versprachen, hatte ich inzwischen fahren lassen. Ich besann mich auf den alten Grundsatz: Hilf dir selbst, dann hilft dir Gott … Ich ließ mich auf die Verhältnisse ein, baute Relais für den VEB Schaltelektronik Oppach, Betrieb des Kombinates VE Elektro-Apparate-Werke »Friedrich Ebert« Berlin-Treptow, und versuchte, nicht anzuecken. 1983 legte man uns 98ern mit den 105ern, die Spione mit den Schleusern, zusammen. 1984 bezog ich mit Hannes Sieberer, einem Österreicher, der ebenfalls für die Amerikaner gearbeitet hatte, im fünften Stock die Zelle 25.

Am 5. Juni 1985 forderte uns »Bobby« auf, unsere Sachen zu packen. Über Karl-Marx-Stadt ging es nach Potsdam. Die Stimmung an Bord des Busses war ausgelassen. Obgleich wir noch in der Obhut der Stasi und in der DDR waren, fühlten wir 25 Männer und Frauen uns frei, unendlich frei.

Der einzige Wermutstropfen war Renate, Werners Ex-Frau, meine ehemalige Schwägerin. Sie hatte sich in der Haft von meinem Bruder scheiden lassen und weigerte sich nun, in den Westen zu gehen. Wir versuchten sie zu überreden, mit uns zu kommen, um neu zu beginnen. Doch sie blieb bei ihrem Nein. Sie wolle und könne nicht ihre beiden Kinder, ihre Mutter und das Haus zurücklassen. Anfangen könne sie auch hier, in der DDR.

Dann warteten wir zwei Stunden vor der Glienicker Brücke. Rechtsanwalt Vogel war erschienen, US-Botschafter Burt und noch einige Offizielle, die wir mit Applaus begrüßten. Werner verhandelte dann noch mit Vogel und den Amerikanern wegen Renate in der Hoffnung, daß diese sie umstimmen und zum Gang über die Brücke bewegen könnten. Aber auch sie mußten Renates Entscheidung akzeptieren. Sie verließ den Bus und stieg in einen PKW, der mit quietschenden Reifen davonfuhr.

Der Bus fuhr auf die Brücke, eine Schranke hob sich, wir rollten zur Mitte. Das war die Grenze. Wir sahen einen Metallgitterzaun, der sich einen Spalt weit öffnete. Wir stiegen aus und schlüpften hindurch.

Auf Westberliner Seite wartete auf uns ein Bus. Wir verharrten noch einen Moment und beobachteten, wie unsere Faustpfänder – vier Ostagenten – hinüberwechselten. Die Kameras klickten, der »größte Agentenaustausch in der Geschichte des Kalten Krieges«, wie es bald heißen sollte, war ein mediales Ereignis. Aber wie immer bei solchen »Events« trat auch hier schon bald die Wahrheit hinter der Legende zurück. So sollte denn beispielsweise im Magazin der *Neuen Zürcher Zeitung (NZZFOLIO* 8/2006) ein Beitrag über Eberhard Fätkenheuer (»Ein kleiner Spion«) erscheinen. Das beigefügte Bild zeigt eine Männergruppe in Wintermänteln, einige tragen Pelzkappen. Dazu heißt es: »Der Spion Eberhard Fätkenheuer (ganz links) wird am 11. Juni 1985 in Berlin auf der Glienicker Brücke in Anwesenheit von Ronald Reagan und Michail Gorbatschow gegen Ostagenten ausgetauscht.« (Im Internet unter *www.nzz-folio.ch/www/d80bd71b-b264-4db4-afd0-277884b93470/showarticle/5adff7e8-b72c-4dff-9cb9-09daccc5c38e.aspx*)

Abgesehen davon, daß auch vor 1989 im Juni auf der sibirischen Glienicker Brücke keine Winterkleidung nötig war: Das Foto entstand am 11. Februar 1986, als fünf Ostspione gegen vier namhafte Personen, darunter der russische Dissident Anatolij Schtscharanski, getauscht wurden. Aber der US-Präsident und der sowjetische Staats- und Parteichef waren weder 1986 noch im Jahr zuvor, als wir hinüberwechselten, zugegen …

Mit Blaulicht lotste man unseren Bus zum Flughafen Tempelhof. Im Flughafengebäude konnten wir uns frisch machen. Wir bekamen ein paar D-Mark in die Hand und ein paar flotte Sprüche mit auf den Weg. (Burt: »Das ist Ihr Flugzeug. Es sieht zwar nicht sehr schön aus, wir hätten Besseres zu bieten, aber es ist das sicherste, das wir haben. Wir bringen Sie mit dieser Maschine nach Frankfurt.«)

Wir landeten im militärischen Teil des Frankfurter Flughafens, der von den Amerikanern genutzt wurde. Wir wurden weiträumig abgeschirmt, überall standen GIs mit MPis, wir glaubten, in einem James-Bond-Film gelandet zu sein. Von dort brachte man uns unter deutscher Obhut ins Auffanglager Gießen.

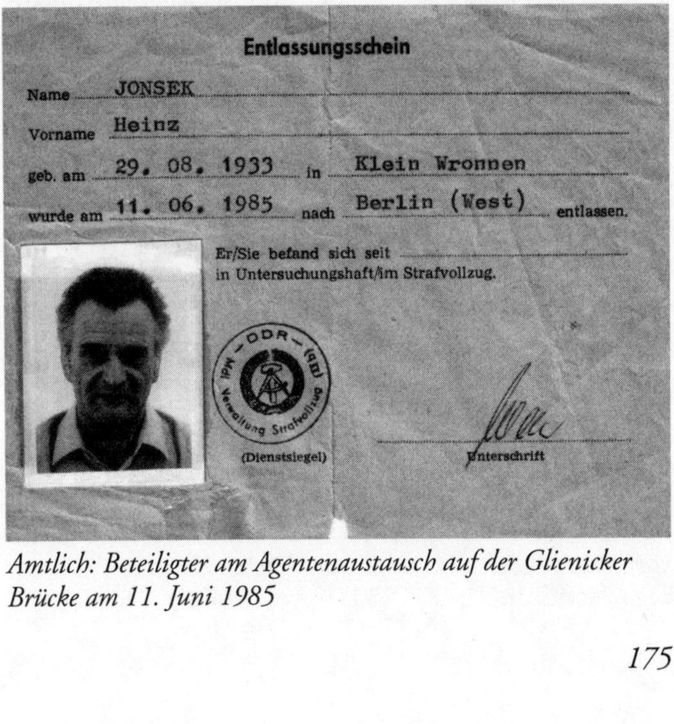

Entlassungsschein

Name JONSEK

Vorname Heinz

geb. am 29. 08. 1933 in Klein Wronnen

wurde am 11. 06. 1985 nach Berlin (West) entlassen.

Er/Sie befand sich seit ....
in Untersuchungshaft/im Strafvollzug.

DDR MdI Verwaltung Strafvollzug

(Dienstsiegel)

Unterschrift

Amtlich: Beteiligter am Agentenaustausch auf der Glienicker Brücke am 11. Juni 1985

Bereits am nächsten Tag, nachdem alle Formalitäten erledigt waren, fuhr ich mit meinem Bruder Werner nach Stuttgart. Ich wollte Lore überraschen: Sie hatte am 12. Juni Geburtstag.

Werner kam bei meiner Nichte in Oeffingen unter. Schon bald hatte ihn die westdeutsche Wirklichkeit eingeholt. Als Ostdeutscher war er die harten Bandagen nicht gewohnt, er beklagte sich über die »Ellenbogengesellschaft«, die es ihm nicht leicht machte, Fuß zu fassen. Irgendwann fand aber auch er einen guten Job.

Der Dienst meldete sich etwa 14 Tage nach unserer Entlassung. »Mr. John Kraus« und »Doug« kamen in meine Wohnung und drückten Werner und mir je 3.000 DM als »Überbrückungsgeld« in die Hand. Wie ich bald hörte, meldeten sich die beiden auch bei anderen Entlassenen. »Kraus« forderte uns auf, nach München zu kommen, wo wir getrennt befragt wurden.

Das Gespräch kreiste hauptsächlich um das Thema: Warum flogen wir auf? Können wir sagen, welche Fehler wir gemacht haben? Die Fragen zielten zweifellos auf ein vermeintliches Selbstverschulden unsererseits.

Unabhängig voneinander wiesen wir diesen Verdacht oder die Vermutung, wir seien von Werners Ex-Frau verraten worden, strikt von uns. Ebenso die Unterstellung, daß dieser oder jener unserer Kameraden in Bautzen II mit der Stasi vielleicht kooperiert habe oder angeworben worden sei.

Sodann stellte man mir Fragen zu »Leo«. Ohne mich zu informieren, wo dieser jetzt sei, was er mache und weshalb man über ihn Auskünfte einzog, stocherte man bei mir im Nebel in der Hoffnung, auf irgendetwas zu stoßen. Aber was?

Werner bat »Kraus«, ihm bei der Arbeitssuche behilflich zu sein. Ansinnen dieser Art prallten merklich bei den Amerikanern ab. »Wie stellen Sie sich das vor? Wie sollen wir das machen?«, lautete die lapidare wie verlogene Antwort: Es gab unzählige Einrichtungen, Kasernen und Stützpunkte der US-Army in der Bundesrepublik Deutschland, in denen deutsches Personal beschäftigt war. Da sollte sich nicht eine Stelle für einen Mann finden, der für die Amerikaner hinterm Eisernen Vorhang spioniert und dafür mit Haft gebüßt hatte? Das war doch lächerlich.

Heinz Jonsek (rechts) mit Hannes Sieberer und Hermann Reisch vor ihrer Zelle Nr. 25, September 2002

Bei einer der Fahrten nach München versagten plötzlich die Bremsen. Ich trat die Fußbremse bis aufs Bodenbrett durch, ohne daß etwas geschah. Ich zog die Handbremse – nichts. Gottlob war der Standstreifen der Autobahn frei, so daß ich gefahrlos ausrollen konnte. So etwas war mir noch nie passiert. Mein Mercedes war ein solides Fahrzeug.

Im Schritttempo steuerte ich die erstbeste Werkstatt am Stadtrand von München an. Der Mechaniker studierte erst die Bremsanlage, dann mich. »Waren Sie da dran?«

»Wie bitte?«, fragte ich konsterniert zurück.

»An der Bremsanlage ist manipuliert worden«, legte er nach. »Das geht nicht von allein kaputt. Sie sollten zur Polizei gehen und Anzeige erstatten.«

»Gegen wen denn, das Auto steht in Stuttgart auf der Straße?«

Er zuckte die Achsel. »Gegen Unbekannt.«

Ich glaubte, »Unbekannt« zu kennen, aber würde es nicht beweisen können.

1987, nach etwa anderthalb Jahren, legten uns die Amerikaner eine Art Endabrechnung vor. Mit meinem Sohn Thomas fuhr ich zu der vereinbarten Raststätte kurz vor München. »Mr. Kraus« legte mir mehrere Papiere vor, die ich unterschreiben sollte. Wenn ich mich zum Schweigen verpflichtete, auf Forderungen und Klagen verzichtete, würde man mir eine Haftentschädigung in bar zahlen. Die Summe, die man mir für vier Jahre meines Lebens zu zahlen bereit war, hielt ich für unangemessen gering. Was sei mit dem Verdienstausfall, fragte ich.

Kurz und gut, am Ende bekam ich summa summarum soviel, wie ich in einem Jahr in meinem Job in der Stuttgarter Stadtverwaltung vor meiner Verhaftung verdient hatte.

Berlin-Hohenschönhausen

Lore bekam für ihre Haftzeit in der DDR und dafür, daß sie mit mir viele Jahre für die Amerikaner »Deckadresse« gespielt hat, nicht einen Pfennig. Unser von der Stasi beschlagnahmtes Auto wurde nicht ersetzt. Wir fühlten uns von den Amis schamlos über den Tisch gezogen.

Noch heute reden meine Frau und ich sehr oft über das Thema, es belastet uns bis zum heutigen Tag. Auch wenn wir unverändert glauben, damals richtig gehandelt zu haben, als wir für die Amerikaner und gegen die Russen arbeiteten, bleibt dennoch Bitterkeit zurück. Der Geheimdienst hat uns ins Messer laufen und anschließend fallen lassen. Wir waren ihm nach der Haft lästig und nicht mehr zu gebrauchen, da wir »verbrannt« waren. Und als Mitwisser und Zeugen wurden wir mundtot gemacht mit einer Schweigeverpflichtung.

Wortmalerei in Schwarzweiß hat wieder Konjunktur

Von Hannes Sieberer

Hannes Sieberer, promovierter Politikwissenschafter, arbeitete zwischen 1976 und 1982 als Agentenführer des US-Geheimdienstes Military Intelligence *in der DDR. Er wurde am 24. Oktober 1982 in Rostock verhaftet und vom Militärobergericht Berlin am 12. August 1983 zu 15 Jahren Haft verurteilt. Nach zwei Jahren und acht Monaten in Bautzen II wurde er am 11. Juni 1985 auf der Glienicker Brücke ausgetauscht.*
Seine Erfahrungen mit den Geheimdiensten in Ost und West hat er 2005 in seinem Buch »Verheizt und vergessen. Ein US-Agent und die DDR-Spionageabwehr« publiziert.
Dr. Hannes Sieberer lebt in Schwaz in Tirol und arbeitet als Leiter von Sozialprojekten (Familien-/Männerberatung und Besuchsbegleitung für Scheidungsväter/-mütter).

Jüngeren Menschen, die die Zeit des Kalten Krieges nicht persönlich erlebt und die Teilung Deutschlands nur aus Geschichtsbüchern oder den Erzählungen der Eltern kennen, wird es schwerfallen, die Motive jener Männer zu verstehen, die hier berichten. Ihre Haltungen lassen sich nur aus den Biographien, aus Erlebnissen und Erfahrungen ableiten, die sie in den 40er, 50er und 60er Jahren machen mußten. Für den einen ist es der Verlust der Heimat im Osten: Er fühlt sich von den Russen vertrieben und beraubt – fragt aber nicht nach den Ursachen, warum die Russen überhaupt die deutsche Reichsgrenze überschritten.

Der andere fühlt sich von diesen Russen bedroht: Sie stehen rings um Berlin und schneiden die Zugänge ab, als in den Westsektoren neues Geld eingeführt wird. »Rosinenbomber« versorgen die Halbstadt monatelang mit allem Lebensnotwendigen aus der Luft. Die Hilfe, propagandistisch nach allen Regeln der Kunst aufgeblasen, zeigt Wirkung. Die »Moskowiter« sind Feinde der Westberliner und ihre Marionetten in Pankow ebenso. Er fragt nicht: Ist die separate Währungsreform nicht ein wesentlicher Schritt zur Spaltung des Landes? Warum überhaupt wurde das nicht im Alliierten Kontrollrat, dem gemeinsamen Führungsgremium der vier Siegermächte, besprochen?

Ein Dritter sieht im Bau der Mauer 1961 den schlagenden Beweis für die Unfreiheit im Osten. Wer seine Leute einsperrt und nicht frei reisen läßt, handelt zynisch und menschenverachtend. Er sieht nicht, daß diese Grenze keine innerdeutsche ist, sondern die Westgrenze des Warschauer Paktes und die Ostgrenze der NATO. Daß also hier die Verhältnisse nicht nur klar und eindeutig geregelt sein müssen, was in Moskau und Washington und eben nicht in Ostberlin und Bonn entschieden wird, sondern vor allem: Daß diese Scheidelinie die Folge des Zweiten Weltkrieges und damit eine von der Geschichte dem gesamtdeutschen Volke aufgebürdete Last ist. Der 13. August 1961 ist ohne den 8. Mai 1945 nicht denkbar, und dieser wiederum nicht ohne den 30. Januar 1933, als in Deutschland die Nationalsozialisten ihr verbrecherisches Regime aufrichteten mit Konzentrationslagern und Gaskammern.

Geschichte ist immer die kausale Abfolge von Vorgängen.

Doch wenn man Ereignisse von diesem Hintergrund löst, bleibt eben nur ein singulärer Vorgang mit Beteiligten und Betroffenen. Da ist, zum Beispiel, eben nur der Schmerz über die verlorene Heimat. Natürlich, der Verlust wird nicht dadurch erträglicher, daß man die Gründe kennt. Aber er wird eventuell verständlicher, was wiederum vor falschen Schlüssen schützen kann.

Oder die Luftbrücke: Sie wurde nicht aus reiner Menschenliebe zu den Westberliner »Insulanern« eingerichtet. Es waren Test und Bewährungsprobe für den mittels Radar gelenkten Blindflug, den man drei Jahre zuvor unter Kriegsbedingungen nicht mehr hatte ausprobieren können. Das logistische Meisterwerk bedeutete die Generalprobe für künftige militärische Auseinandersetzungen und traf die Russen auch psychologisch im Nerv. Ihr weltweites Ansehen, erworben bei der Niederringung des Faschismus, litt erheblich durch die Berlin-Blockade, die den

Vorwand für die Luftbrücke von Amerikanern und Briten geliefert hatte. Und nebenbei: Die in Tempelhof entladenen Transportflugzeuge flogen keineswegs leer in die Westzonen zurück: Sie hatten Fabrikausrüstungen, Maschinen und Mobiliar an Bord. Westberlins Unternehmer und Unternehmen verlegten ihren Sitz – und wurden später mit Berlin-Zulagen und Sonderabschreibungen wieder zurückgeholt. So kam Westberlin an den Tropf des Bundes, woran die Stadt noch heute leidet.

Das alles stand zwar in der Zeitung, doch die Zusammenhänge wurden immer komplexer und komplizierter. Was den Wunsch und die Neigung zur Vereinfachung förderte. Eine in Schwarz und Weiß geschiedene Welt war leichter zu erkennen als eine sehr gemischte und bunte, mithin unübersichtliche. Vor allem erleichterte es die Entscheidung, wofür und wogegen man war. Es gab die Guten und die Bösen. Wie im klassischen Western. Der gute Sheriff jagt den bösen Schurken, und am Ende siegt immer das Gute.

So simpel verhielt es sich im Kalten Krieg. Die Front war klar. Wer nicht für uns ist, ist gegen uns: So klang es in dem einen wie in dem anderen Lager.

Auf diese Weise rekrutierten auch die Geheimdienste ihr Personal. Uns fragte man: Willst du etwas gegen den Kommunismus, etwas für Demokratie und Freiheit tun? Und auf der anderen Seite hieß es: Du bist doch auch für eine bessere Welt. Kämpfe mit uns gegen die imperialistischen Kriegstreiber, engagiere dich für Frieden und Sozialismus!

Das ist die Folie, vor der sich die Schicksale von Menschen wie Fätkenheuer, Jonsek, Ünsalsudan und Tietz entfalteten. Sie reagierten auf das, was sie sahen, hörten, lasen, erfuhren. Was man ihnen erzählte. Darunter waren auch viele leere Versprechungen, wie sie sich nachher enttäuscht eingestehen mußten. Mit dem Wissen von heute fühlten sie sich benutzt und mißbraucht. Sie waren Bauern auf einem Schachbrett – die Spielzüge bestimmten andere, nicht sie.

Aber: Sie haben daraus auch gelernt wie jeder, der persönliche Niederlagen und Niederschläge überstand. Sie sehen nämlich, daß nicht nur damals gelogen wurde, sondern daß man es auch heute wieder tut. Und dies sagen sie auch so deutlich. Diese Einseitigkeit, diese Schwarz-Weiß-Malerei scheint nicht aus der Mode zu kommen, obgleich es doch die eine Seite nicht mehr gibt. Sie ist von der politischen Landkarte verschwunden.

Natürlich war die Stasi, mit der wir es als Westagenten zu tun bekamen, kein harmloser Gesangverein. Allerdings waren ihre Mitarbeiter, die wir zwangsweise kennenlernten, nicht jene Monstren, als die sie heute noch immer dargestellt werden.

Gewiß, die Erfahrungen, die hier mitgeteilt werden, sind persönlicher Natur. Der Mann in der Nebenzelle hat vielleicht eine ganz andere, unangenehmere Erinnerung. Auch sie gehört, nicht minder subjektiv, in das Bild, welches über jene Zeit gezeichnet wird.

Und genau hier liegt auch die Wurzel allen Übels in der Darstellung der Vergangenheit: daß man nur die eine Sicht zuläßt und die andere nicht, daß man nur der einen »Wahrhaftigkeit« zugesteht, während die andere a priori als falsch denunziert und ignoriert wird. Die Annäherung an die historische Wahrheit erfordert jedoch, alle Perspektiven wahrzunehmen – und sie mit den gleichen kritischen Maßstäben zu bemessen. Wenn man die Geschichte ausschließlich aus der Perspektive der Unterdrückten und Opfer erzählte, käme mindestens ein solches Zerrbild zustande wie jenes, das vielleicht die Unterdrücker und Täter

»Saubere Sache«: Plakative Indoktrination und subversive Komik in Berlin

zeichneten. Lassen Sie sich einmal die Geschichte der Bundesrepublik von jenen 20 Prozent der Bevölkerung berichten, die 80 Prozent des Vermögens dieses Landes besitzen. Und im Gegenzug hören Sie sich die Berichte von Menschen an, die nichts anderes kennen als ein Leben am Limit.

Sie werden zum Schluß kommen, daß es sich hier offenkundig um zwei ganz verschiedene Staaten in gegenteiligen Welten handeln muß. Lügen die einen und haben die anderen unrecht? Mitnichten. Jeder Gruppe, jedes Individuum hat seine Sicht auf die Dinge und darum seine eigene, seine höchst subjektive Wahrheit. Niemand käme beispielsweise auf die Idee, die Sicht des Vorstandssprechers der Deutschen Bank, Josef Ackermann, auf die deutsche Gesellschaft als die allgemeingültige, vollständig stimmige anzusehen. Und Ackermann ist intelligent genug, dies auch nicht zu verlangen. Aber die Sicht von Hubertus Knabe, der die Gedenkstätte in Berlin-Hohenschönhausen verwaltet, soll die einzig zulässige auf die Stasi sein.

Die insbesondere in Deutschland vorherrschende Neigung, bestimmte Sichten zu verabsolutieren, ist nicht zu übersehen. Die einen reden schön, die anderen schlecht. Und das jeweils extrem und mit ideologischem Eifer. Der macht blind und taub. Es geht ums Rechthaben, nicht um die Wahrheit.

Ein Rückblick

Das Verhältnis unseres Gegners – des Ministeriums für Staatssicherheit der DDR – zu den amerikanischen Diensten war ambivalent. Einerseits waren die USA ideologisch der größte Gegner, andererseits konnte das MfS wegen der globalen Tätigkeit der US-Dienste und ihrer materiellen Ressourcen nicht mithalten. Das Operationsgebiet der Aufklärung des MfS war die Bundesrepublik Deutschland und Westberlin, wo es die besten Bedingungen vorfand. Dort agierte auch die amerikanische *Intelligence Community*, für die wir tätig waren. So bekam man es eben auch dort miteinander zu tun.

Seit etwa 1970 wurde die DDR hauptsächlich von den deutschen Diensten – vom Bundesnachrichtendienst (BND), Militärischem Abschirmdienst (MAD) und vom Bundesamt für Verfassungsschutz (BfV) – bearbeitet. Die Amerikaner konzen-

Mitte der 50er Jahre gruben CIA und der britische SIS in Berlin einen 450 Meter langen Tunnel auf DDR-Gebiet, um dort sowjetische Telefonleitungen anzuzapfen. Im April 1956 flog alles auf. Planung und Ausführung hatten an die vier Jahre gedauert, die Kosten betrugen über sechs Millionen Dollar

trierten sich auf die UdSSR bzw. auf deren in der DDR stationierte Truppen, welche das primäre Ziel der an diesem Buch beteiligten Autoren darstellte. Der Schwerpunkt der amerikanischen Spionage lag immer auf der funkelektronischen Aufklärung. Trotzdem wurden hunderte Agenten in die DDR geschickt. Sie und ihre Schicksale spielten dabei keine große Rolle. Auch wenn es Außenstehenden kaum zu vermitteln ist: Die Konkurrenz einzelner Abteilungen bei den Nachrichtendiensten untereinander war maßgeblich die Ursache dafür, daß auch unnötig viele Menschen ins Feuer geschickt und damit verheizt wurden. Wie es beim BND Gerangel gab zwischen der Abt. II (Technik) und der Abt. I (Spionage mit menschlichen Quellen) – jener Abteilung, die die »Humanressourcen« verwaltete, und die sich intern als »Informationsgewinnler« behaupten mußte – war es bei den Amerikanern nicht anders. Trotz ausreichender funkelektronischer bzw. Überwachung via Satelliten glaubte man dort, zusätzlich Agenten in die DDR schicken zu müssen.

In den 50er Jahren, vor dem Mauerbau, operierten die Amerikaner hemdsärmelig; das war die Generation der OSS-Veteranen, jenes zwischen 1942 und 1945 tätigen *Office of Strategic Services,* des Vorgängers der CIA. Es gab »Massenanwerbungen« mit ein paar Dollar oder Zigaretten, aber keine klaren Instruktionen und Schulungen. Ohne Rücksicht auf Verluste, es fand sich ja genügend Nachschub, wurde Spionage in Richtung Osten betrieben. Die nachfolgende Werber-Generation, mit der wir es Ende der 70er, Anfang der 80er Jahre zu tun bekamen, verfügte über eine akademische Bildung und operative Schulung. Die grundsätzliche Haltung der Amerikaner zu den von ihnen geführten Agenten hatte sich aber nicht wesentlich verändert. Wir waren in ihren Augen nicht Partner, sondern Domestiken, die zu gehorchen und auszuführen hatten, was sie verlangten.

Aus allen hier publizierten Geschichten geht hervor, daß keinem einzigen Agenten explizit erklärt wurde, von welchem US-Dienst er eigentlich geworben und geführt wurde. Das läßt sich nicht mit dem Hinweis auf Konspiration erklären und entschuldigen. Das war unseriös (sofern sich der Begriff Seriosität im Zusammenhang mit Geheimdiensten eigentlich nicht von selbst verbietet), denn man ließ damit uns im unklaren, an wen wir uns im Ernstfalle hätten wenden können. Der einzelne Dienst segelte gleichsam unter fremder Flagge, weil er den Eindruck vermittelte, er sei die CIA. Denn deren Ruf war seinerzeit noch nicht so ramponiert wie heute. Wir hatten also einen Auftraggeber, der sich nicht zu erkennen gab – ein Umstand, der sich insbesondere nach unserer Haftentlassung als negativ erwies. Ich habe in meinem Buch »Verheizt und vergessen« ausführlich über meine Wege von Pontius zu Pilatus berichtet. Ich und meinesgleichen haben erst nach Öffnung der Stasiunterlagen, also aus den Akten unseres damaligen Gegners, erfahren, wer uns seinerzeit an der Leine und an der Nase herumgeführt hatte.

Wir waren nicht, wie von uns immer angenommen, für die CIA, sondern für die US-Army tätig. Unser Auftraggeber hieß in Wirklichkeit *Intelligence and Security Command* (INSCOM), welches die Arbeit mit menschlichen Quellen (HUMINT), Spionage- und Sabotageabwehr sowie fernmelde-/elektronische Aufklärung (SIGINT) organisierte. Die zentrale und operativ-administrative Dienststelle war die *66th Military Intelligence Brigade* (zuvor *66th MI-Group*) in der McGraw-Kaserne in München, die über eine Vielzahl von Außenstellen verfügte. Operative Aktivitäten gingen hauptsächlich vom *430th Military Intelligence Bataillon* (Standort München) und der Außenstelle in Westberlin mit den Deckbezeichnungen *USAREUR Security Detachment Berlin* (USDB) bzw. *Tactical Analysis and Security Detachment* (TASD) aus.

Die Dienste der US-Army agierten legal auf dem Territorium der Bundesrepublik, auch für sie galt das NATO-Truppenstatut. Die CIA hingegen konnte sich auf »Partnerdienst-Beziehungen« berufen, die zum Teil in Geheimverträgen fixiert waren. Objektiv kollidiert das mit dem Straftatbestand einer nachrichtendienstliche Tätigkeit für eine fremde Macht. Das Strafgesetzbuch (StGB) hält dafür die Paragraphen 94 und 99 bereit. Der Tatbestand der geheimdienstlichen Agententätigkeit (§ 99 StGB) stellt nicht auf konkreten Verrat ab, sondern erfaßt als abstraktes Gefährdungsdelikt jede auf die Beschaffung von Informationen für einen fremden Nachrichtendienst gerichtete Tätigkeit, die deutsche Sicherheitsinteressen beeinträchtigen kann. Geschütztes Rechtsgut ist die äußere Sicherheit Deutschlands im weitesten Sinne, heißt es in der Erläuterung des Generalbundes-

Die Botschaft der USA befindet sich seit 1977 in der Berliner Neustädtischen Kirchstraße 4/5, ehemals Warenhaus für Armee und Marine, erbaut 1886/87. Heute: fotografieren verboten

anwalts. »Dazu gehört nicht nur die Landesverteidigung, sondern jeder Bereich, der Auswirkungen auf die Stellung Deutschlands als souveränes Mitglied in der Staatengemeinschaft hat.«

In der Rechtssprechung ist das immer so ausgelegt worden, daß sich die Tätigkeit der Amerikaner nicht gegen das Interesse der Bundesrepublik richte. Aber wie souverän ist ein Staat, wenn fremde Dienste ungehindert und unkontrolliert auf seinem Territorium handeln? Selbst wenn es bei wichtigen Fragen durchaus Übereinstimmung von Interessen geben kann: Jeder Staat, jedes Volk hat eigene nationale Intentionen. Die USA handeln ausschließlich in nationalem Interesse und in der irren Annahme, was gut für die Vereinigten Staaten von Amerika sei, wäre auch gut für den Rest der Welt. Das ist reichlich anmaßend und erinnert fatal an jene Haltung, die weiland hierzulande zu Hause war: Am deutschen Wesen soll die Welt genesen.

Das hat weder etwas mit Demokratie noch mit dem universalen Selbstbestimmungsrecht der Völker zu tun.

Und deshalb ist der praktizierte juristische Kunstgriff, dessen man sich in der Bundesrepublik bedient, um die Tätigkeit amerikanischer Geheimdienste nicht verfolgen zu müssen, mindestens fragwürdig. Man drückte (und drückt) beide Augen zu, wenn deutsche Staatsbürger von amerikanischen Diensten abgeworben wurden und für diese arbeiteten. Man tat es selbst dann, wenn diese gegen die Bundesrepublik Deutschland eingesetzt wurden, was vielfach passiert ist. Allen W. Dulles, einflußreicher Direktor der CIA von 1953 bis 1961, fand es gut und richtig, über Verbündete und Freunde »einen Vorrat an Informationen auf Lager« zu haben, d. h. er ließ sie bespitzeln. Um Konflikte auf diplomatischer Ebene zu vermeiden, breitete man auch in der Bundesrepublik darüber den Mantel des Schweigens und unerschütterlicher Bündnistreue.

Sowohl deutsche wie auch Geheimdienste anderer Staaten schickten ihre Agenten von der Bundesrepublik aus in den Osten. Es ist nicht bekannt, ob und in welchem Maße sie sich dabei in die Quere kamen. Bei der Zusammenarbeit deutscher Dienste mit Amerikanern, Briten und Franzosen kam es gelegentlich zu »Doppelführungen«: diese Agenten glauben, nur für einen Dienst zu arbeiten, ihre Informationen gingen aber an mehrere. Der BND war gegenüber den Amerikanern besonders großzügig bei der Weitergabe von Informationen. Die Amerikaner haben im Gegenzug ihren Verbündeten nicht soviel mitgeteilt, vor allem hielten sie sich bei ihren Quellen bedeckt. Im Nachhinein kann man sagen: eine kluge Entscheidung, denn bekanntlich hatte das MfS Top-Quellen im BND und beim BfV. Die Amerikaner lieferten bei Austauschkonferenzen nur eine *Finished intelligence*, eine Zusammenfassung ihrer nachrichtendienstlich gewonnenen Erkenntnisse. Der BND beklagte oft, daß die Amerikaner alles haben und wissen wollen, aber nicht bereit wären, sich selbst in die Karten schauen zu lassen.

Dieser einseitige Informationshandel war beim CIA noch stärker ausgeprägt als als bei den militärischen Nachrichtendiensten. Wie ich erfuhr, zeigten sich insbesondere die Mitarbeiter in der Münchner McGraw-Kaserne gegenüber dem BND kooperativ, man tauschte sich sogar über Quellen aus. Das hing gewiß mit der Entstehungsgeschichte des deutschen Dienstes zusammen. Bekanntlich wurden aus dem Osten heimkehrende Kriegsgefangene und Übersiedler aus der sowjetischen Besatzungszone in den Aufnahmelagern intensiv von amerikanischen und britischen Geheimdienstlern befragt. Zunehmend brachten sich auch die Mitarbeiter der Organisation Gehlen – aus dem Mitte der 50er Jahre der Bundesnachrichtendienst wurde – in diese systematische Informationsbeschaffung mit ein. Dabei vermittelten sie nachrichtendienstlich interessante Personen an die US-Military Intelligence. Und diese honorierten das mit einer vertrauensvollen, partnerschaftlichen Zusammenarbeit.

Die Entstehungsgeschichte dieses Buches

Den letzten Anstoß lieferte eine Textsammlung, die 2003 bei der edition ost erschien. In dem Sammelband »Kundschafter im Westen« hatten ehemalige Ostagenten über ihren Einsatz im »Operationsgebiet« berichtet. Sie schrieben über ihre Motive, warum sie fürs MfS gearbeitet hatten, ließen in ihr Inneres blicken und verschwiegen auch nicht die schwachen Momente. Mancher dieser im Osten als »Kundschafter« bezeichneten Spione war aufgeflogen, verurteilt und inhaftiert worden.

Mit dem Buch hatten sie sich selbst ein Denkmal gesetzt. Denn das ist ja das Schicksal jedes aktiven (und unbekannt gebliebenen) Agenten: Nach seinem Tode weiß niemand, was er eigentlich getan hat. Nun mag nicht alles, was er im Auftrag seines Dienstes tat, sinnvoll und nützlich gewesen sein. Aber in summa, darin sind sich inzwischen nicht nur die Historiker einig, haben die Dienste auf beiden Seiten dafür gesorgt, daß ihre Militärs nicht übermütig wurden. Auf diese Weise halfen die Agenten des Ostens und des Westens den Frieden zu sichern.

Bis auf wenige Ausnahmen blieben die Westagenten im Dunkeln und damit unbekannt. Das ist ungerecht. Auch ihnen gebührt ein Platz in der deutschen Zeitgeschichte. Und wenn wir nicht selbst aufschreiben, was wir erlebten, wird es niemand tun. Wir würden unser Wissen eines Tages mit ins Grab nehmen, wenn wir denn weiter schwiegen.

Heinz Jonsek, Gerhard Tietz und Erol Ünsalsudan lernte ich in Bautzen II kennen. Eberhard Fätkenheuer, inhaftiert in Pankow, begegnete ich erst später. Die Einladung, ihre Geschichte niederzuschreiben, richtete ich an alle ehemaligen Mitgefangenen, soweit ich noch Kontakt zu ihnen hatte.

Angenommen wurde sie ausschließlich von solchen, die für die Amerikaner gearbeitet hatten. Einer sprang ab, weil er – nach meiner Sicht aus falscher Loyalität – seinem Auftraggeber noch immer die Treue hält. Und dabei hätte er noch weitaus triftigere Gründe als wir, diesem Illoyalität vorzuwerfen. Er ist fahrlässig ins Feuer geschickt und verbrannt worden.

Der Autor Hannes Sieberer bei der Pressearbeit für sein 2005 erschienenes Buch. Im Jahr darauf, am 23. März 2006, fragte er schriftlich beim Department of the Army *in Washington an, welche amerikanischen Geheimdienst-Mitarbeiter schuldhaft an seiner und der Verhaftung von Agentenkollegen mitgewirkt haben, wofür es den juristischen Begriff der »Beihilfe zur Freiheitsberaubung« gibt. Die Antwort steht noch immer aus*

Diejenigen, die für US-Dienste tätig waren, sind enttäuscht, weil sie sich getäuscht fühlen. Man hat ihnen das Risiko, dem sie ausgesetzt waren, verschwiegen. Deshalb fühlen sie sich auch nicht an eine Schweigepflicht gebunden. Die Zusammenarbeit war eine wechselseitige Verabredung. Wir handelten in Treu und Glauben und unterstellten, daß dies auch unsere Auftraggeber so hielten. Daraus erwuchs für sie eine Obhutspflicht. Diese aber nahmen sie nicht wahr. Warum also sollten wir uns noch immer einseitig an unser Versprechen halten, wenn sie es nie taten? Und nebenbei: Was vor einem Vierteljahrhundert noch als »geheim« galt, ist heute längst schon öffentlich und darum Schnee aus dem Kalten Krieg. Würden wir allerdings verschweigen, wie fahrlässig die amerikanischen Dienste mit ihren Leuten umgingen, würden wir ihnen schon wieder helfen – diesmal dabei, die Wahrheit weiter zu verschleiern.

Ich bat auch ehemalige Mitgefangene, die für deutsche Dienste unterwegs waren, um ihre Mitwirkung. Sie verweigerten sich komplett. Dabei stellte diese Gruppe das Gros in Bautzen II und in Hohenschönhausen. Was auch nicht überraschte: Die deutschen Dienste beschäftigten weitaus mehr Agenten in der DDR als die amerikanischen. In der Bundesrepublik gab es eine Datenbank, einen »Pool«, mit schätzungsweise rund 100.000 Personen, die für eine Agententätigkeit potentiell in Frage kamen. Die »Tipp-Basis« der Amerikaner war schmaler und somit auch die Zahl ihrer Agenten, die Richtung Osten geschickt wurden.

Befragt nach den Gründen, weshalb sie nicht an einem solchen Sammelband mitwirken wollten, hieß es: Wir wurden von unserem Auftraggeber nicht so schoflig behandelt wie ihr durch den euren. Die deutschen Dienststellen hätten sich auch nach der Freilassung um sie gekümmert. Man half mit Jobs, Wohnungen und beim Aufbau einer neuen Existenz. Selbst um die Rentenansprüche habe man sich gekümmert.

Das wäre doch in Ordnung, hielt ich dagegen. Wenn sich die deutschen Auftraggeber seriös verhalten hätten, sollte man das ebenso offen mitteilen, wie wir »Amerikaner« Kritisches über die unsrigen sagen würden. Es gehe doch lediglich darum, Erfahrenes und Erlebtes festzuhalten, also zu dokumentieren.

Nun ja, hieß es dann, vielleicht sähe man das in deutschen Dienststellen nicht ganz ebenso und man riskiere mit seiner Offenheit unangenehme Konsequenzen bis hin zum Entzug staatlicher Leistungen …

Das habe ich akzeptiert. Trotzdem drängen sich die Fragen auf: Woher diese Furcht? Sind wir nicht ein freies Land, werden nicht Meinungs- und Pressefreiheit vom Grundgesetz gefordert und geschützt? Warum trägt auch 18 Jahre nach dem Ende des Kalten Krieges noch mancher einen Maulkorb? Oder ist der Kalte Krieg noch gar nicht vorüber, obwohl alle Welt dies seit 1990 freudig bekundet?

In diesem Verdacht wurde ich auch noch durch ein anderes Faktum bestätigt. Eberhard Fätkenheuer und Erol Ünsalsudan recherchierten ihre Geschichte in der Birthler-Behörde. Sie gehörten zu den Hunderttausenden Antragstellern, von denen die Behördenchefin gern öffentlich spricht, wenn sie um Geld und Segen für die Fortsetzung ihrer Tätigkeit bittet. Den beiden half man noch. Doch als bei der BStU bekannt wurde, was aus dieser Akteneinsicht werden sollte, trat man bei den Antragstellern Gerhard Tietz und Heinz Jonsek spürbar auf die Bremse. Tietz bekam überhaupt nichts zu sehen, Jonsek nur belangloses Zeug. Die Behörde hielt Akten zurück.

Wie man sieht: Nicht nur Zeugen werden zensiert, sondern auch bei der Auswahl der Akten wird Zensur ausgeübt.

Aus Gründen der Geheimhaltung?

Und wozu das alles?

Wenn man das militärstrategische Gleichgewicht, das Großeganze, woran wir Agenten mitgewirkt haben, einmal außer acht läßt und den Blick auf unser kleines Leben, auf das einzelne Schicksal lenkt, relativiert sich alles. Im Prinzip waren wir, die wir in diesem Buch berichten, in nachrichtendienstlich nahezu sinnlose Aktionen eingebunden. Das Panzerachsen-Zählen von Jonsek, das Ausspähen militärischer Einrichtungen durch Fätkenheuer oder Tietzes Vorbeimarsch an einer Russenkaserne in Frankfurt an der Oder: das war doch ohne jeden praktischen Wert. Alle wichtigen Erkenntnisse lagen durch funkelektronische und Satellitenaufklärung schon längst auf den Tischen der

Die Glienicker Brücke heute – mit Wieland Försters Plastik »Nike«, die zum 10. Jahrestag des Mauerfalls 1999 als Freiheitssymbol errichtet wurde. Der Agentenaustausch 1985 brachte »den Amerikanern« die Freiheit und Grüße von Präsident Reagan. Dabei war viel Heuchelei im Spiel: Die DDR in Gestalt von Rechtsanwalt Wolfgang Vogel hatte seit fünf Jahren in Washington nachgesucht, daß die USA etwas für ihre in der DDR einsitzenden Spione unternahm. Fünf lange Jahre – ehe sich die US-Administration endlich zu ihrer Verantwortung bekannte. Zumindest teilweise …

Geheimdienste. Bereits in den späten 70er Jahren verfügten die USA über Photosatelliten vom Typ KH-11 (Keyhole »Big Bird«), die aus einer Höhe von 245 Kilometern bis zu 10 Zentimetern kleine Objekte präzise abbilden konnten und ohne Zeitverzögerung zur Erde funkten. Das Nachfolgemodell KH-12 war in der

Lage, mit Infrarot-Hilfe ungleich schärfere Aufnahmen sogar in der Nacht zu machen. Vier Satelliten waren derart stationiert, daß innerhalb kürzester Zeit jeder Punkt der Erde abgelichtet werden konnte. Schon damals wurden rund 85 Prozent nachrichtendienstlich relevanter Erkenntnisse auf elektronischem Wege oder per Satelliten-Spionage gewonnen.

Viele von uns, die wir Jahre in DDR-Gefängnissen zubrachten, fragten und fragen sich, warum man uns dennoch hinter den Eisernen Vorhang schickte. Die »Erfolge« standen in keinem Verhältnis zu den Verlusten. Wir bezahlten eine unsinnige Strategie mit unserer Lebenszeit, mit unserem privaten Glück. Wir verloren oft die Gesundheit, den Job, unseren Freundeskreis. Was mit uns geschah, war in gewisser Weise menschenverachtend. Und auch wenn man damals und heute so tut, als trügen ausschließlich die DDR und die Stasi daran die Schuld, kann ich dem nicht folgen. Die, die uns einsperrten, reagierten, sie taten ihre Pflicht. Ursächlich Schuld an unserem mißlichen Schicksal haben jene, die agierten, die uns in die DDR schickten und uns fallen ließen, als wir enttarnt wurden.

Die Glienicker Brücke am 11. November 1989, zwei Tage nach Öffnung der Grenze. Für jene, die viereinhalb Jahre zuvor die Brücke passierten, beginnt nun die Zeit des Nachfragens und Nachforschens: Was ist damals mit uns geschehen?

Jetzt kommt der berechtigte Einwand, daß wir selber daran Schuld trügen, denn schließlich hätten wir aus freien Stücken und erkennbar ohne Not uns mit den Geheimdiensten vermählt. Wenn einer mit seinem Auto gegen den Baum fährt, kann er dafür nicht den Verkäufer haftbar machen.

Ich denke schon – wenn dieser mit Vorsatz beim Verkauf verschwieg, daß das Auto keine Bremse hat und auch die Lenkung nicht in Ordnung ist.

Die Tatsache, daß gutgläubige Menschen ohne Rücksicht auf deren Schicksal, Familien und Existenz in den Osten geschickt wurden, zieht sich wie ein roter Faden durch alle mit bekannten Geschichten und hatte offenkundig System. Die Werbung erfolgte oft unter der Flagge der CIA, die vom militärischen Geheimdienst *Military Intelligence* offenkundig als Aushängeschild genutzt wurde. Und nachdem wir endlich wieder daheim waren, wurden wir – obgleich wir meist vor dem Nichts standen – mit einem Butterbrot abgespeist. Man hatte eine »Verzichtserklärung« zu unterschreiben und »die Vereinigten Staaten, sämtliche Behörden usw. von allen Handlungen«, wie es dort hieß, »für jetzt und alle Zeiten (zu) entlasten, (zu) entbinden und für immer (zu) befreien«.

Nach dem Studium der Stasi-Unterlagen, was seit 1992 möglich ist – nicht allen, wie wir inzwischen wissen –, liegen die Fehler nachprüfbar auf dem Tisch.

Mancher Vorgang allerdings ist unverändert ungeklärt. Nehmen wir nur den Fall des US-Geheimdienstmitarbeiters »Leo«, der das Geld seiner Agenten unterschlagen hat und laut Recherchen einer Schweizer Journalistin vor Jahren unter mysteriösen Umständen ums Leben kam. Noch immer wird das von den Amerikanern (wie manch anderes auch) gedeckelt. Das Eingeständnis eines ehemaligen hohen US-Diplomaten bei einer privaten Gartenparty am 10. Juni 2006 in Berlin gegenüber einem Autor, daß die Dienststelle München des MI damals nicht »sauber« gearbeitet und Fehler gemacht habe, bestätigte meine These, die ich wiederholt in Washington deponierte. Jedoch: Der Diplomat möchte namentlich nicht zitiert werden.

Entschuldigend heißt es noch: Die Aktionen wären seinerzeit nicht mit der Zentrale abgestimmt gewesen, man sei sich bewußt, daß sie viele Agenten die Freiheit gekostet hätten. Eine

Offenlegung der Akten wäre darum »peinlich«. Wäre es anders gelaufen, wenn die Aktionen mit der Zentrale abgestimmt worden wären? Und: Was wiegt schwerer – die Peinlichkeit oder die Wahrheit?

Auch ohne Bestätigung durch jenen Diplomaten, der selbst seinerzeit auf der Glienicker Brücke zugegen war, ist inzwischen weitgehend bekannt, was damals alles schiefgelaufen ist. John Mapother, Deutschlandexperte und Chefanalyst bei der CIA, stellt zudem infrage, ob es sich bei den damaligen Gefangenen in der DDR um Mitarbeiter der CIA gehandelt habe, wie man es ihnen seinerzeit weißzumachen versucht habe und delegiert folglich auch die Schuld an eine andere Adresse: »Einige andere Nachrichtendienste übernahmen weniger Verantwortung für Operationen, die sie ausführten.« Ihnen habe die Professionalität gefehlt. Manche Agenten, die in der DDR aufgeflogen seien, so Mapother, blieben dennoch auf der Honorarliste ihrer amerikanische Führungsoffiziere. So hätten die Geheimdienstzentralen in den USA nichts von dem Personalschwund erfahren.

Die Gelder für die Eingesperrten hätten sich zudem die Führungsoffiziere in die eigene Tasche gesteckt.

Der gleichen Ansicht ist US-Diplomat Richard Barkley, stellvertretender Leiter der Zentraleuropa-Abteilung im State Department, wenn er feststellte, daß die meisten Agenten »für das Verteidigungsministerium gearbeitet« hätten. »Alle diese Leute wurden in der DDR sehr bald geschnappt, entweder weil sie von Spitzeln verraten wurden oder weil die Agentenführer zu naiv waren und ihnen das handwerkliche Können fehlte. Viele Leute hatten keine Ahnung, sondern wollten nur Spion spielen. Die Stasi war auf Draht, die hat unsere Leute sofort enttarnt.« So zitiert ihn Norbert F. Pötzl in seinem 1996 erschienenen Buch »Basar der Spione. Die geheimen Missionen des DDR-Unterhändlers Wolfgang Vogel«.

Sofern es in Washington so etwas wie eine Dienstaufsicht über die verantwortlichen Stellen in der Bundesrepublik gegeben hat, so habe diese nachweislich versagt.

Der Agentenaustausch am 11. Juni 1985 wurde politisch und medial als »Befreiungsaktion« der Amerikaner verkauft, die sich um ihre Leute bemüht hätten. Dies ist nicht wahr. Die

»Grüße von Präsident Reagan«, die Richard Burt und John Kornblum noch im Bus überbrachten, waren wohlfeil und für die Medien bestimmt. Pötzl, der den Austausch penibel recherchierte, belegte, daß DDR-Rechtsanwalt Vogel die USA im Sommer 1980 nachdrücklich aufforderte, sich endlich um ihre in der DDR einsitzenden Spione zu kümmern, wie es weltweit auch andere Staaten mit ihren aufgeflogenen Agenten zu halten pflegen.

Washington tat unwissend. Vogel war zurecht verärgert und drohte mit einem Skandal, stellte aber dem U.S.-State Department über den ARD-Korrespondeten Lothar Loewe eine Liste über die in der DDR einsitzenden US-Agenten zu. Daraufhin zeigten die Amerikaner erstmals Interesse. Mehr aber auch nicht. Denn: Angeblich habe man keine geeigneten Tauschobjekte.

Ich erinnere mich eines Gespräches mit Rechtsanwalt Vogel in der Untersuchungshaft im Jahr 1983, bei dem er mir erklärte, »die Amerikaner reagieren und kümmern sich nicht, die rühren keinen Finger für ihre Agenten«.

Ohne Vogel hätten wir wohl bis 1989 gesessen.

Nach dem Austausch verging wieder eine lange Zeit, ehe etwas passierte. Bei einigen Freigetauschten dauerte es bis zu zwei Jahren, ehe sich die Amerikaner meldeten und mit einem Geldköfferchen vorbeikamen, mit denen nicht etwa der angerichtete Schaden kompensiert werden sollte. Man wollte uns mit eher lächerlichen Summen den Mund stopfen. Als Erklärung hieß es, wir seien schließlich selbst Schuld an unserer Verhaftung gewesen: Wir hätten Fehler gemacht. Nicht der Dienst, sondern der Einzelne habe sich in seine mißliche Lage gebracht.

Am 23. März 2006 schrieb ich an das Department of the Army in Washington und bat um Prüfung der Schuldfrage.

Natürlich erhielt ich keine Antwort.

Aber auch das Schweigen ist beredt.

Es hat damals weder in Deutschland noch in den USA interessiert, wenn US-Agenten hinterm Eisernen Vorhang vergessen wurden. Aus Sicht der Bundesrepublik Deutschland kann ich das fast noch nachvollziehen: Diese Leute haben schließlich für eine wenngleich befreundete, gleichwohl fremde Macht gearbeitet. Und als Personengruppe waren wir zu klein, um daraus ein Problem zu machen. Und für die Medien? Wer legte sich schon mit der Führungsmacht und auch noch auf diesem Felde an. Zudem: Auch wenn der Begriff *embedded journalist* (embedded – eingebettet, integriert) erst 2003 aufkam, womit man zivilen Kriegsberichterstatter im Irak bezeichnete, die einer kämpfenden Militäreinheit zugewiesen worden waren, praktizieren das die Geheimdienste weltweit schon immer. Sie haben ihre Leute in den Redaktionen, über die sie Themen und Nachrichten lancieren oder auch verhindern, daß über bestimmte Dinge berichtet wird. Friedrich Nowottny, bis 1995 Intendant des *WDR*, kommentierte diese Haltung mit dem treffenden Satz: »Der Blick des Journalisten fällt durch den Sehschlitz des Panzers. Und der ist nicht sehr groß.«

Denkbar ungünstige Voraussetzungen, hierzulande unser Problem damals und heute publik zu machen.

Anlagen

Zu einigen Aktivitäten der CIA im Kalten Krieg

Milton Bearden, dessen Vater am »Manhatten-Projekt, der Entwicklung der Atombombe, beteiligt war, ist seit 1964 bei der CIA. Er war deren Resident in Nigeria, im Sudan, in Pakistan und in der Bundesrepublik Deutschland. In Pakistan (1986-1989) spielte er eine maßgebliche Rolle beim Training der Mujaheddin in deren Kampf gegen die sowjetische Armee. Seinen Beitrag als Leiter der Abteilung Sowjetunion/Osteuropa der CIA – seine letzte Funktion – würdigte die BRD mit dem Bundesverdienstkreuz.
Bearden lebt heute als Berater und Publizist in Reston, Virginia. Er nahm am 7. Mai 2004 teil an einer internationalen Konferenz in Berlin, auf der sich ehemalige und aktive Geheimdienstler zum Thema »Spionage für den Frieden« austauschten. Bearden sprach englisch, sein Diskussionsbeitrag übersetzte Rainer Rupp, der für den DDR-Geheimdienst unter dem Decknamen »Topas« im NATO-Hauptquartier gearbeitet hatte.

Ich bedanke mich herzlich für die Ehre, mich heute mit Ihnen treffen zu können. Leider hatte ich in den letzten zehn Jahren fast gar keine Gelegenheit gehabt, Deutsch zu sprechen. Im Interesse der Klarheit, werde ich heute meinen Beitrag auf Englisch halten.

Meine Vorredner haben uns mitgenommen auf eine Reise zu den verschiedenen, interessanteren Teilen des Kalten Krieges, und insbesondere haben sie jene Perioden hervor gehoben, in denen die Arbeit der Geheimdienste ein gewichtige Rolle gespielt hat, damit der Kalte Krieg kalt blieb und nicht zu einer gefährlichen Konfrontation zwischen den verfeindeten Supermächten wurde. Ich möchte dieses Thema aus einer etwas anderen Richtung beleuchten und auf die Momente während des Kalten Krieges eingehen, bei denen meiner Meinung nach die Geheimdienste die entscheidende Rolle gespielt haben, damit die politischen und militärischen Führungen auf beiden Seiten

Milton Bearden, in den 80er und 90er Jahren Leiter der Abteilung Sowjetunion und Osteuropa der CIA, seit 1964 im amerikanischen Geheimdienst tätig, Träger des Bundesverdienstkreuzes

der Supermächte-Konfrontation die Wirklichkeit, d. h. die tatsächliche Lage verstanden haben. Dazu möchte ich einen Vers aus der Bibel zitieren, der an der Wand in der Empfangshalle des CIA-Hauptquartiers in Langley, Virginia, steht. Es ist der Vers 32 aus dem Evangelium des Apostels Johannes, Kapitel 8. Dort heißt es: »Ihr werdet die Wahrheit erkennen, und die Wahrheit wird euch frei machen.«

Die Rolle der Spionage während der 45 Jahre dauernden Konfrontation, die wir als Kalten Krieg bezeichnen, begann, als die Vereinigten Staaten nach dem Ende des Zweiten Weltkriegs das Kernwaffenmonopol besaßen. Zu diesem Zeitpunkt machte der damalige Kriegsminister der Vereinigten Staaten, Henry Stimpson, seinem Präsidenten Harry Truman einen Vorschlag: »Warum nehmen wir nicht die gesamten Pläne für unsere Atombombe, fliegen nach Moskau und legen sie auf den Tisch der Sowjetunion?«

Minister Stimpson war ein tiefgründiger Mann, der glaubte, daß man auf diese Weise in der Zukunft eine schwerwiegende Konfrontation irgendwie würde vermeiden oder möglicherweise einen frühzeitigen Ausbruch von bewaffneten konventionellen Auseinandersetzungen zwischen den amerikanischen und sowjetischen Streitkräften würde verhindern können, die sich zu diesem Zeitpunkt in großer Zahl nicht weit von hier gegenüber standen. Sein Vorschlag wurde zurückgewiesen.

Von da an, denke ich, kam die Spionage ins Spiel.

Die Sowjetunion, die bereits an ihrem eigenen Atomprogramm arbeitete, versuchte fieberhaft, sich alle zum Bau von Atomwaffen notwendigen Geheimnisse zu beschaffen, um so ihre eigenen Nuklearwaffen zu entwickeln. Und das haben sie mit einem sehr komplexen Netzwerk aus Agenten in den Vereinigten Staaten, an deren Spitze Julius und Ethel Rosenberg standen, in die Tat umgesetzt.

Die Rosenbergs wurden später enttarnt, festgenommen, vor Gericht gestellt, verurteilt und in den Vereinigten Staaten hingerichtet. Aber statt diesen Fall einseitig und lediglich aus der Sicht der Vereinigten Staaten zu sehen, sollte man zumindest bedenken, daß durch diesen Akt der Spionage wieder einmal das Kräfteverhältnis zwischen den USA und der Sowjetunion ins Gleichgewicht gerückt worden war. Aus dieser Sicht der Dinge könnte man die »Julius und Ethel-Rosenberg-Operation« des KGB als einen Akt sehen, der sehr viel damit zu tun hatte, den Kalten Krieg kalt zu halten und zu verhindern, daß er sich in Europa zu einer konventionellen Konfrontation entwickelte.

Wir hatten bereits über die Berlin-Krise und die kubanische Raketenkrise in den frühen 60er Jahren gesprochen. Die Spionage spielte wieder einmal eine Hauptrolle, um zu verhindern, daß die Konfrontation außer Kontrolle geriet. Der neue Präsident, John F. Kennedy war zu jener Zeit mit einer Reihe von Herausforderungen konfrontiert, einschließlich der kubanischen Raketenkrise und der Berlin-Krise. Und sein Nachrichtendienst

CIA war zu jener Zeit dazu fähig – das glaube ich zumindest –, ihn mit Informationen zu beliefern, die in beiden Fällen verhinderten, daß die Situation aus dem Ruder lief.

In jener Zeit gab es den sowjetischen Oberst Oleg Penkowskij, der mit den amerikanischen und britischen Geheimdiensten zusammenarbeitete und uns während der Kuba-Krise mit Insiderwissen über das Denken und die Absichten hinter der offiziellen sowjetischen Fassade versorgte. Vor dem Hintergrund der spärlichen Kontakte, die John F. Kennedy zu jener Zeit mit der sowjetischen Regierung hatte, glaube ich, daß wir es dem Umstand, daß die Amerikaner Agenten im Inneren des sowjetischen Entscheidungsapparats hatten, verdanken, daß (in Washington) die richtigen Entscheidungen getroffen wurden, um die Eskalation zurückzudrehen, die Spannungen zu senken und so eine friedliche, wenn auch komplizierte Lösung der kubanischen Raketenkrise herbeizuführen.

Die Periode des Kalten Kriegs, die der Kuba-Krise folgte, sorgte für eine Reihe von Ablenkungen, einschließlich der amerikanischen Engagements in Vietnam von den frühen 60er Jahren bis 1975. In jener Zeit festigte die Sowjetunion ihre Position in Osteuropa, indem sie in der Tschechoslowakei das, was wir den Prager Frühling nennen, niederschlug. Aber 1981 war es in Europa wieder – so glaube ich – zu einer neuen, extrem gefährlichen Situation gekommen, und die war durch die Ausrufung des Kriegsrechts in Polen verursacht worden. Der ursprüngliche sowjetische Plan, Truppen nach Warschau zu schicken, um die Probleme dort niederzuschlagen, war bereits festgeschrieben.

Dank einer anderen Geheimdienstoperation – es handelte sich um Oberst Ryszard Kuklinski vom polnischen Generalstab – kannte die amerikanische Regierung diesen Plan in allen Details. So konnte sie die Sowjetregierung hinter verschlossenen Türen damit konfrontieren und ihr klar machen, daß die sowjetischen Absichten gegenüber Polen zu diesem Zeitpunkt nicht akzeptabel waren. Unabhängig davon, ob die Sowjetunion damals tatsächlich beabsichtigte, in Polen einzumarschieren oder nicht – ich glaube, daß eine gefährlich Konfrontation durch die Arbeit der Geheimdienste verhindert wurde.

Während der frühen 80er Jahre, glaube ich, gab es ein anderes Moment des möglichen Mißverständnisses zwischen den

Vereinigten Staaten und der Sowjetunion. Und Mißverständnisse führen zu Fehlkalkulationen und Fehlkalkulationen konnten den Kalten Krieg anheizen.

Zu Zeiten Juri Andropows gab es in der Tat die Befürchtung, daß die Vereinigten Staaten einen Präventivschlag gegen die Sowjetunion planten. Unter dem Decknamen »Ryan« bekam das KGB als Dringlichkeitsmaßnahme die Aufgabe, alles über mögliche amerikanische Erstschlag-Absichten zu sammeln. Und die Vereinigten Staaten hatten keinerlei Informationen über diese spezielle Entwicklungen innerhalb des KGB.

Die Briten hatten jedoch einen KGB-Offizier, Oleg Gordijewski, der mit ihnen in London zusammenarbeitete, und der erklärte ausführlich, daß die Sowjetunion sich auf dieser hohen Alarmstufe befand und in Vorbereitung auf den erwarteten US-Präventivschlag alle Aspekte der militärischen Einsatzbereitschaft der amerikanischen Streitkräfte genau beobachtete.

Die Briten aber hatten Gordijewsky als eine derart sensible Quelle eingestuft, daß wir die von ihnen gewonnenen geheimdienstlichen Erkenntnisse nicht rechtzeitig erhielten, um sie in Betracht ziehen zu können, als wir 1983 in Europa den Startschuß zum NATO-Großmanöver »Able Archer« gaben. Auf diese Weise begannen wir ein militärisches Manöver, einschließlich der Beteiligung von amerikanischen NATO-Truppen in Deutschland, das den Maßnahmen, welche die Sowjets von uns als Vorbereitungen für den Präventivschlag erwarteten, sehr ähnlich war.

Die meisten von uns durchlebten diese Zeit Anfang der frühen 80er Jahre ohne zu wissen, daß das Verhältnis zwischen der Sowjetunion und den Vereinigten Staaten wegen des »Able Archer«-Manövers bis zum äußersten gespannt war, weil wir nicht wußten, ob die Sowjetunion in ihren Einschätzungen zu dem Schluß gekommen war, wir würden einen Erstschlag vorbereiten. Unsere Nachrichtendienste hatten in dieser Angelegenheit zu wünschen übriggelassen.

Aber die Vernunft hat gesiegt, und wir konnten jegliche größere Konfrontation verhindern, bevor es zu dem Unaussprechlichen hätte kommen können.

Ich habe bereits über einige Fälle gesprochen, von denen ich denke, daß die nachrichtendienstliche Arbeit absolut gerechtfertigt war, auch das geheimdienstliche sowjetische Eindringen in das amerikanische »Manhattan-Projekt«, wodurch die Atomgeheimnisse von 1945 publik wurden.

Aber es gibt auch andere Beispiele, wo nachrichtendienstliche Einschätzungen fehl liefen und ziemlich gefährlich wurden. Auf amerikanischer Seite denke ich da an die Vorbereitungen zu den Präsidentschaftswahlen, die John F. Kennedy gewann. Damals war die Frage der sogenannten Raketenlücke zwischen der Sowjetunion und den USA zu einem heiß debattierten, politischen Thema geworden.

Die amerikanische Einschätzung basierte in jener Zeit, so glaube ich, auf der Tatsache, daß drei Jahre vor dieser Wahl die Sowjets den Sputnik ins All geschickt hatten, was uns alle in Amerika vollkommen überrascht hatte. So haben wir denn versucht, die uns bekannten Punkte der sowjetischen Fähigkeiten zu verbinden und das dazwischen Liegende zu schätzen. Dabei sahen wir den Sputnik, und wir sahen die militärischen Entwicklungen und wir kamen zu dem Schluß, daß die Sowjetunion so ziemlich alles machen konnte, und daß wir uns bei der Raketenentwicklung gegenüber den Sowjets im Nachteil befanden, wodurch der Begriff »Raketenlücke« geboren wurde.

Tatsächlich gab es damals eine Raketenlücke, aber sie war auf der anderen Seite. Die USA waren zu jenem Zeitpunkt mit ihren Raketen immer noch weit überlegen. Aber das ganze Konzept mit der Raketenlücke auf unserer Seite wurde dennoch weiterentwickelt und hat das Wettrüsten verstärkt.

Die gesamten Einschätzungen der militärischen Fähigkeiten der Sowjetunion während der zweiten Hälfte des Kalten Krieges waren mehr von politischen Motiven getrieben als von dem Zitat an der Wand in der Eingangshalle der CIA.

Dabei waren die CIA-eigenen Einschätzungen der sowjetischen Raketenkapazitäten immer weniger dramatisch gewesen als jene, die innerhalb der amerikanischen Regierung zirkulierten, wo man der Sowjetunion stets viel robustere militärische Fähigkeiten beigemessen hat, als das jemals der Fall gewesen ist.

Aber Fehleinschätzungen gab es nicht nur in den Vereinigten Staaten. Auch die Sowjetunion hat schwerwiegende Fehlkalkulationen gemacht. Die bedeutendste und teuerste war Afghanistan. Auf der Basis von Informationen von vielen Kollegen, ehemaligen KGB-Offizieren, ist mit klargeworden, und nicht nur mir, daß die Sowjetunion Ende der 70er Jahre davon ausging, daß die USA den pro-sowjetischen Afghanenführer Taraqui stürzen und an seiner Stelle Hafiz El Amin in Kabul an die Macht bringen wollten. Anschließend – so die damalige sowjetische Einschätzung – würden die USA mit großer Wahrscheinlichkeit amerikanische Truppen samt Pershing-Mittelstreckenraketen und anderer militärischer Ausrüstung nach Afghanistan verlegen, um von dort gegen den sogenannten »weichen Unterleib« der Sowjetunion eine neue Front zu eröffnen.

Diese Einschätzung war total falsch. Hafiz Al Amin hatte zwar an der Columbia Universität in den USA studierte, aber auf die Amerikaner höchstwahrscheinlich einen größeren Haß als auf die Sowjetunion. Columbia verweigerte ihm selbst nach dem dritten Versuch seinen Doktortitel, und es gab keinen einzigen Grund anzunehmen, daß er von der CIA als Agent angeworben worden war.

Davon aber war das KGB ausgegangen. Egal, was nun tatsächlich die Wahrheit in Afghanistan war: Im Dezember 1979 unterzeichneten die Mitglieder des Politbüros in Moskau den Befehl, Truppen nach Afghanistan zu verlegen. Leonid Breshnew setzte seine Unterschrift unter das Dokument, und der Rest ist Geschichte. Am Weihnachtsabend 1979 marschierte die Sowjetunion mit einem begrenzten Kontingent in Afghanistan ein, und fast genau zehn Jahre später zogen sie wieder aus Afghanistan ab.

Und innerhalb von vier Monaten nach jenem Rückzug im Februar 1989 entschloß sich die ungarische Regierung, ihren ersten Schritt zu machen, indem sie den Stacheldraht entlang der Grenze mit Österreich zerschnitt. Und in Polen hatte das polnische Volk den Elektriker von Danzig an die Macht gebracht. Dann, im November 1989, fiel hier in Berlin die Mauer. Und das war das Ende des Kalten Kriegs.

Die Nachrichtendienste haben während dieser Periode ihre Rolle gespielt. Ehrlicherweise muß die Rolle der Nachrichtendienste beider Seiten – lassen Sie mich hinzufügen: aller Nachrichtendienste in Ost und West – als Beitrag dazu gesehen werden, daß der 45 Jahre dauernde Kalte Krieg kalt blieb und nicht heiß wurde.

Ich denke, daß es eine Untertreibung wäre, wenn ich sagte, daß mein Freund Markus Wolf und sein Dienst während dieser gesamten Periode die NATO recht gut abgedeckt hat.

In der Tat ist hier die Frage angebracht, wie sehr das allgemeine Niveau des Verständnisses, das den Kalten Krieg kalt hielt, durch die von der HVA unter Leitung von Markus Wolf und später von Werner Großmann gesammelten nachrichtendienstlichen Erkenntnisse zusätzlich gefördert wurde.

Lassen Sie mich noch eine andere kleine Geschichte aus dem Kalten Krieg erzählen. Das war während der 80er Jahre, nachdem ich vom afghanischen Kriegsschauplatz nach Washington zurückgekehrt war. Damals erbte ich ein Vorhaben, dem wir den Codenamen »Gawrilow« gegeben hatten. Das war der Name eines russischen Dichters aus dem 19. Jahrhundert.

Tatsächlich handelte es sich dabei um einen sehr geheimen Kontakt zwischen den Führungsspitzen von CIA und KGB, der alle paar Monate auf neutralem Boden irgendwo auf der Welt stattfand. Bei diesen Gelegenheiten saßen wir uns gegenüber und sahen uns in die Augen und fragten uns: »Treten wir uns nicht hier oder dort zu feindselig gegenüber? Sollten wir uns nicht etwas beruhigen?«

Oder die sowjetische Seite fragte mich: »Was ist mit Oberst X oder Oberstleutnant Y geschehen? Wo sind sie verblieben?«

So, das ist die letzte sensible Information aus dem Kalten Krieg vom Chef der Sowjetischen und Osteuropäischen Abteilung der CIA: Auf dem Panzerschrank in der Ecke meines Büros stand ein schwarzes Telefon, und wenn es klingelte, dann hatte sich entweder jemand verwählt – oder es war das KGB.

Und ich bekam eine Reihe von Anrufen vom KGB. Und nach dem Anruf verschwanden wir, die Zuständigen auf beiden Seiten, für eine Weile von der Bildfläche und führten in Helsinki oder in anderen Hauptstädten ungesehen Gespräche, diskutierten die Probleme der Welt und versuchten, diese ein bißchen sicherer zu machen.

Zum Schluß möchte ich noch sagen, daß – unabhängig von der ideologischen Ausrichtung der während des Kalten Krieges gegeneinander angetretenen Nachrichtendienste – diese Dienste nicht nur ihren Völkern, sondern auch der Sache des Friedens gut gedient haben.

Was war »Able Archer«?

Rainer Rupp, der Milton Bearden auf der Konferenz 2004 gedolmetscht hatte, kam drei Jahre später auf einer anderen Konferenz auf das von Bearden angesprochene NATO-Manöver »Able Archer« noch einmal zurück. Der CIA-Spitzenmann hatte damals in Berlin eingeräumt, daß dieses 1983 erfolgte Großmanöver des Westens so angelegt war, daß die Gegenseite annehmen konnte, es handele sich um den Beginn eines Krieges. Es war jene Zeit, in der die Autoren dieses Buches als Militärspione hinterm Eisernen Vorhang aktiv waren – gleichsam die Bodentruppen, die im Vorfeld in Marsch gesetzt worden waren. Rainer Rupp, von 1977 bis 1993 in der Politischen Abteilung im NATO-Hauptquartier in Brüssel tätig, referierte dazu im dänischen Odense Mitte November 2007.

In keinem seriösen politisch-wissenschaftlichen Diskurs käme jemand auf den Gedanken, den Auslandsnachrichtendienst bzw. die Spionageabwehr eines souveränen Staates in Frage zu stellen, insbesondere nicht unter den Bedingungen des Kalten Krieges. Und würde dies doch jemand tun und z. B. die Existenzberechtigung der britischen, dänischen, spanischen oder polnischen Geheimdienste grundsätzlich anzweifeln, dann würde zu Recht an seinem Menschenverstand gezweifelt. Dennoch passiert genau dies seit 17 Jahren im wiedervereinten Deutschland mit den Geheimdiensten der DDR. Dabei werden die Vorwürfe immer grotesker; schlimmer als zu den kältesten Zeiten des Kalten Kriegs.

Ausgerechnet die reaktionärsten Kreise in diesem Land, die Kriege von deutschem Boden aus wieder möglich gemacht haben, ausgerechnet diese Kreise haben es sich zum politischen Ziel gesetzt, den Auslandsnachrichtendienst der DDR, die HVA, zu delegitimieren, zu verhöhnen und zu kriminalisieren. Daß ihnen das bisher nicht so ganz gelungen ist, hat auch damit zu tun, daß der HVA selbst von ehemaligen Gegnern Respekt gezollt wird, nicht nur wegen ihrer außerordentlichen Effizienz und großen Professionalität, sondern auch wegen ihrer Erfolge bei der Sicherung des Friedens in den gefährlichsten Zeiten des Kalten Krieges.

Ein Beispiel dafür ist Milton Bearden, der u. a. in Deutschland Stationschef der CIA war und später zum Leiter der Sowjet- und Osteuropaabteilung im Hauptquartier des US-Geheimdienstes avancierte. Bei der Internationalen Spionagekonferenz am 7. Mai 2004 in Berlin sagte Bearden, daß es während des Kalten Krieges in brisanten Situationen sowohl auf seiten der USA als auch der Sowjetunion immer wieder zu gefährlichen »Fehleinschätzungen« und »schwerwiegenden Fehlkalkulationen« gekommen sei. Abschließend gestand er auch der HVA zu, nicht nur der DDR, »sondern auch der Sache des Friedens gut gedient« zu haben.

»Did East German Spies Prevent A Nuclear War? – Haben ostdeutsche Spione einen Atomkrieg verhindert?« So lautet der Titel einer Studie des US-Strategen Vojtech Mastny, in der er die hochgefährliche »Ryan«-Krise im Zusammenhang mit dem US-geführten provokativen NATO-Manöver »Able Archer« 1983 untersucht. Er verweist dabei auf die Dokumentation, die zum 20. Jahrestag dieses Manövers auf den Webseiten des *Parallel History Project* (PHP) veröffentlicht wurde und die von einer »unglaublichen Durchdringung der NATO durch Agenten des Warschauer Vertrags«, aber insbesondere der DDR zeugen. Mastny ist Historiker und außenpolitischer Experte, der u. a. an renommierten US-Universitäten wie Columbia oder der Johns Hopkins School of Advanced International Studies gelehrt hat. Und als Professor für Strategie an der Kriegsakademie der US-Marine ist er auch ganz bestimmt kein Linker oder gar Freund der DDR.

Von den fast 30 Ost-West-Krisen im Kalten Krieg wird gemeinhin die Kuba-Krise als die gefährlichste Konfrontation zwischen den Blöcken gesehen. Das ist leicht verständlich, da die Krise in der Öffentlichkeit ausgetragen wurde und die gesamte Menschheit mit bangte. Die »Ryan«- beziehungsweise »Able Archer«-Krise blieb jedoch nicht nur vor der Öffentlichkeit vollkommen verborgen, auch die meisten Politiker und Militärs erfuhren nichts davon. Dennoch, bei keiner anderen Ost-West-Krise »hat die Welt so nahe vor einem Atomkrieg gestanden, wie bei dem ›Able Archer‹-Vorfall«, schreibt Mastny.

Und mit dieser Einschätzung steht er nicht allein, weder in West noch Ost.

Auch der ehemalige Chef der I. Hauptverwaltung (Auslandsaufklärung) des sowjetischen KGB zu jener Zeit, Wladimir Alexandrowitsch Krjutschkow, hatte dies noch im vergangenen Jahr deutlich gemacht, als er zum Themenkomplex »Ryan« für den deutschen Dokumentarfilm »Agenten im Kalten Krieg« interviewt wurde. Dieser Film, der ebenfalls zu dem Schluß kommt, daß Kundschafter der HVA womöglich »den Dritten Weltkrieg verhindert« haben, ist kürzlich auf dem renommierten osteuropäischen Filmfestival in der Kategorie TV-Dokumentation ausgezeichnet worden. In der ARD wurde er kurz vor Mitternacht gezeigt, wenn es kaum noch Zuschauer gibt.

»Ryan« ist das russische Akronym für die Operation »Raketno Yadernoye Napadenie«, was soviel wie »nuklearer Raketenangriff« bedeutet, den die sowjetische Führung ab 1981 – ein Jahr nach Amtsantritt von US-Präsident Ronald Reagan und seiner eiskalten Krieger – jeden Augenblick erwartete. Dafür hatte Moskau gute Gründe, denn unter Reagan wurde die Entspannungspolitik für tot erklärt. Zugleich wurden mit aggressiven Maßnahmen wie dem militärischen Überfall auf die unabhängige Inselrepublik Grenada 1983 die internationalen Beziehungen vergiftet. Eine gigantische Aufrüstung wurde eingeleitet, inklusive SDI (Star Wars), mit dem Ziel die Sowjetunion »totzurüsten« und damit das strategische Gleichgewicht zugunsten Washingtons zu kippen.

Zugleich prahlten die mit Reagan in Washington an die Macht gekommenen Neokonservativen mit fertig ausgearbeiteten Plänen für den »begrenzten Nuklearkrieg«, der für die USA »führbar und gewinnbar« sei. Schlimmer noch, im Rahmen der sogenannten nuklearen Modernisierung der NATO hatten die Kriegstreiber in Washington die Weichen gestellt, um sich mit Hilfe der Stationierung von Pershing-II-Mittelstreckenraketen in Europa ein vorzügliches Erstschlagspotential für den atomaren Überraschungsangriff auf die zivilen und militärischen Kommando-, Kontroll- und Kommunikationszentren der Sowjetunion zu schaffen.

Hier sei daran erinnert, daß nicht nur die Sowjets über diese Entwicklungen höchst alarmiert waren, sondern auch die

Rainer Rupp vorm Portal der Süddänischen Universität, Zentrum für Untersuchungen zum Kalten Krieg

europäische Öffentlichkeit. Insbesondere in Westdeutschland gingen damals aus Sorge über einen bevorstehenden Krieg, der nicht nur unser Land, sondern ganz Europa vernichtet hätte, Hunderttausende auf die Straße. Gegen die NATO-Politik machten damals in der BRD insbesondere die Grünen mobil. Sie stellten im April 1981 beim Generalbundesanwalt in Karlsruhe Strafanzeige gegen die Bundesregierung, in der es u. a. hieß: »Da die neuen US-Waffen […] ausschließlich und eindeutig die Eigenschaften von Erstschlagswaffen besitzen, die das bislang herrschende atomare Gleichgewicht durchbrechen, macht sich die deutsche Bundesregierung durch ihre Zustimmung zu diesem Stationierungsbeschluß der Vorbereitung eines Angriffskrieges schuldig.«

Im Rahmen der Operation »Ryan«, die als die größte Aktion der sowjetischen Aufklärung in Friedenszeiten im April 1981 startete, wurde versucht, möglichst umfassende Erkenntnisse über die Alarm- und Kriegsplanung der NATO und ihre Angriffsvorbereitungen in Erfahrung zu bringen, um auf dieser Basis im Ernstfall rechtzeitig reagieren zu können. Allerdings ging man in Moskau bereits davon aus, daß man aufgrund der in Europa stationierten US-amerikanischen atomaren Präventiv- und Präemptivschlagskapazitäten nur noch fünf bis acht Minuten Vorwarn- bzw. Reaktionszeit hatte. Bereits bei einem Mißverständnis konnte die nukleare Katastrophe drohen, denn die Sowjets waren natürlich nicht bereit, den drohenden amerikanischen Erstschlag einfach zu absorbieren, ohne vorher mit gleicher Münze zurückzuschlagen.

In der KGB-Instruktion Nr. 6282/PR/52 vom 17. Februar 1981 hieß es daher: »Die Tatsache, daß der Feind einen beträchtlichen Teil seiner strategischen Streitkräfte in erhöhter Gefechtsbereitschaft hält, [...] macht es notwendig, Hinweise für die Vorbereitung eines atomaren Raketenangriffs zu einem sehr frühen Zeitpunkt zu entdecken, noch bevor der Befehl an die Truppen zum Einsatz nuklearer Waffen erteilt wurde.«

Daher wurden die sowjetischen Geheimdienstniederlassungen im Ausland angewiesen, auf den kleinsten Hinweis für einen bevorstehenden Atomangriff zu achten. So erhielten die KGB-Residenten am 17. Februar 1983 die Direktive Nr. 374/PR/52, die zwanzig Indikatoren für einen unmittelbaren Kriegsbeginn auflistete, u. a.: »Halte die wichtigsten Regierungsinstitutionen, Hauptquartiere und anderen Anlagen, die an der Vorbereitung eines atomaren Raketenangriffs beteiligt sind, unter ständiger Beobachtung. [...] Bestimme das ›normale Tätigkeitsniveau‹ dieser Ziele während und außerhalb der Arbeitsstunden, z. B. die äußeren Merkmale ihrer täglichen Aktivitäten unter normalen Bedingungen (Differenzen der Zahl der dort geparkten Autos am Tage und am Abend, die Zahl der beleuchteten Zimmer während und nach der Arbeitszeit und Aktivitäten um diese Ziele herum an arbeitsfreien Tagen). Finde auf Basis der festgestellten ›normalen Tätigkeitsniveaus‹, jede Veränderung dieser

Merkmale bei Sonderkonferenzen in einer Krisensituation heraus.«

Der Kulminationspunkt der sowjetischen Kriegsangst kam im Herbst 1983 mit der NATO-Übung »Able Archer«. Ausgerechnet zum Zeitpunkt, da die sowjetischen Aufklärer unter Hochdruck nach Anzeichen für einen nuklearen Erstschlag Ausschau hielten, begann die NATO unter US-Führung ein Manöver, in dem ein solcher Erstschlag unter sehr realistischen Bedingungen geübt wurde. Bereits im Vorfeld des Manövers zeichnete sich ab, daß »Able Archer« dem Szenario folgen würde, das aus der Sicht Moskaus die Vorbereitungsphase für einen atomaren Erstschlag war. Daher befürchtete Moskau, daß unter dem Deckmantel der regelmäßig wiederkehrenden Routineübung der nukleare Überraschungsangriff vorgetragen werden sollte.

Nach Meinung der sowjetischen Führung wurden diese Befürchtungen auch durch ungewöhnliche Neuerungen bei »Able Archer 83« bekräftigt.

Das zehn Tage dauernde NATO-Manöver begann am 2. November 1983 und umspannte ganz Westeuropa. Zweck der Übung war die Simulation einer koordinierten Freigabe von Atomwaffen und deren Einsatz. Das war Routine. Alarmierend waren jedoch die neuen Elemente der Übung. So wurden nukleare Mittelstreckenraketen ins Feld geführt, und zugleich wurde absolute Funkstille befohlen. Außerdem wurde zum ersten Mal ein neues Kodierungsformat für die Nachrichtenübermittlung eingesetzt. Zudem waren zum ersten Mal die Staats- und Regierungschefs der NATO-Mitgliedsländer in die Übung eingebunden, woraus man in Moskau auf deren ungewöhnlich hohe politische Bedeutung schloß. Last but not least gingen die Sowjets – fälschlicherweise – davon aus, daß die USA ihre höchste Alarmstufe »DEFCON 1« ausgerufen hatten, was für einen unmittelbar bevorstehenden Angriff steht. Tatsächlich aber wurde »DEFCON 1« während »Able Archer« nur simuliert.

Die sowjetische Führung war offensichtlich vom unmittelbar bevorstehenden US-Angriff überzeugt; sie hatte ihre eigenen strategischen Atomstreitkräfte in den Alarmzustand versetzt und zudem ihre Luftstreitkräfte in der DDR und in Polen alarmiert. Das kleinste Versehen, und die Katastrophe wäre nicht mehr aufzuhalten gewesen.

Es sei sicher »keine Übertreibung«, daß die HVA während des Kalten Krieges »die NATO recht gut abgedeckt hatte«. Das hatte Ex-CIA-Abteilungsleiter Milton Bearden in seiner bereits erwähnten Rede in Berlin festgestellt. Auch Prof. Mastny schreibt, daß »ostdeutsche Spione sogar an die am besten gehüteten Geheimnisse der NATO herankamen«, um sie dann an die Sowjetunion weiterzugeben. In diesem Zusammenhang stellt er dann die »spannende Frage«, ob DDR-Kundschafter mit Hilfe der von ihnen besorgten Informationen womöglich »die Empfänger in Moskau beruhigt« und auf diese Weise »einen Atomkrieg verhindert« haben.

Unter dem Decknamen »Topas« arbeitete ich von 1977 bis 1993 in der Politischen Abteilung im NATO-Hauptquartier in Brüssel. Zu meinen Aufgaben gehörte der Vorsitz der CIG (*Current Intelligence Group*) im NATO-Lagezentrum. Dieses war das »innerste Sanktum«, das »Allerheiligste«, in dem alle Nervenstränge der NATO zusammenliefen. Zu normalen Zeiten sichteten die Mitglieder der CIG bei Arbeitsbeginn am frühen Morgen die Meldungen, die während der letzten 24 Stunden von den Nachrichtendiensten der NATO-Mitgliedsländer eingegangen waren.

Unter meinem Vorsitz, den ich auf wöchentlicher Rotationsbasis ausübte, wurde dann eine Zusammenfassung der wichtigsten Entwicklungen und nachrichtendienstlichen Erkenntnisse angefertigt, die anschließend an die entsprechenden NATO-Dienststellen und an alle Mitgliedsländer geschickt wurde.

Bei NATO-Stabsübungen wie WINTEX/CIMEX oder in Krisensituationen war die CIG ständig besetzt, denn die Gruppe stellte das Nervenzentrum der NATO dar. Ihr Vorsitzender hatte in solchen Fällen die Aufgabe, den NATO-DPC (Verteidigungsplanungsrat), der normalerweise auf oberster Ebene tagte, regelmäßig über die eigene und die Feindlage zu unterrichten. So war ich in der hervorragenden Position, alle aktuellen Entwicklungen und Indikatoren, die eventuell auf einen nuklearen Überraschungsschlag der NATO hingewiesen hätten, rechtzeitig zu erkennen, dokumentarisch zu sichern und nach Ostberlin zu übermitteln. (Ein Alleingang der USA, an der NATO vorbei, wäre für mich jedoch nicht erkennbar gewesen.)

Zugleich war ich vollkommen in den alljährlichen integrierten Verteidigungsplanungszyklus der NATO einbezogen. Damit standen mir stets sämtliche diesbezüglichen Dokumente zur Verfügung, die ich auch in ihrer Gesamtheit für die HVA sichern konnte.

Bei den Jahrestreffen mit meinen Führungsoffizieren der HVA hatten diese mir bereits die großen Sorgen der sowjetischen Genossen bezüglich »Ryan« ans Herz gelegt. Nichts in meinem Umfeld deutete aber auf die unmittelbare Vorbereitung eines NATO-Erstschlages hin, was ich anhand der gesicherten Materialien dokumentarisch zu untermauern suchte.

Dann kam der Herbst 1983, und »Able Archer« rückte näher. Über einen Kurier wurde mir die Dringlichkeit der sowjetischen Befürchtungen nochmals nachdrücklich verdeutlicht.

Da es so gut wie unmöglich war, die Abwesenheit der Gefahr eines Erstschlages durch Beteuerungen zu beweisen, ging ich dazu über, systematisch alle CIG-Dokumente und Intelligence Memoranda aus dem Lagezentrum, samt aller anderen NATO-Dokumente über die aktuellen politischen Entwicklungen, zu sichern und an die HVA zu schicken. Da ich kein Dokument, egal, wie wichtig oder unwichtig, ausließ, und dazu auch noch meine persönlichen Einschätzungen mitlieferte, waren die Genossen in der HVA auf dem gleichen Wissensstand wie ich, und sie konnten daher gegenüber unseren sowjetischen Freunden entsprechend deutlich Stellung beziehen.

Wie Werner Großmann, der Nachfolger von Markus Wolf an der Spitze der HVA, in seinem Buch »Bonn im Blick« deutlich macht, kamen auch von anderen HVA-Aufklärern entwarnende Meldungen. Dennoch waren die Sowjets nur zögerlich bereit, selbst nach Beendigung von »Able Archer«, sich zu »entspannen« und zum »normalen« Rhythmus des Kalten Kriegs zurückzufinden. Erst zwei Jahrzehnte später wird der bereits erwähnte ehemalige Chef der KGB-Auslandsaufklärung, Wladimir Krjutschkow, in dem ebenfalls bereits genannten Dokumentarfilm die besondere Rolle der HVA bei der Meisterung dieser schweren Krise öffentlich würdigen.

In seiner auf der offiziellen CIA-Webseite veröffentlichten Studie über die »Ryan«- bzw. »Able Archer«-Krise mit dem Titel »A Cold War Conundrum« bestätigt der CIA-Historiker Ben

Fisher, daß die US-Führung überhaupt nichts von der sowjetischen Alarmstimmung gewußt hatte und erst viel später von den Briten davon erfuhr, wie nahe wir vor dem Dritten Weltkrieg gestanden haben.

Von Selbstbesinnung oder gar Selbstkritik läßt sich in der ersten offiziellen Auswertung der Krise durch die CIA jedoch keine Spur finden. In der Studie »Implications of Recent Soviet Military-Political Activities«, die im Mai 1984 vom CIA-Sowjetologen Fritz W. Ermarth verfaßt worden ist, heißt es: »Wir kommen zu dem Schluß, daß weder die sowjetischen Aktionen von einer ernsten Gefahr eines unmittelbar bevorstehenden Konfliktes mit den USA inspiriert sind noch die sowjetische Führung von einer solchen Bedrohung ausgeht.« Stattdessen tut die CIA-Studie alle Berichte über angebliche sowjetische »Kriegsängste« als anti-amerikanische »Propaganda« ab.

Robert Gates, stellvertretender CIA-Chef während der »Able Archer«-Episode und derzeit Präsident George W. Bushs Verteidigungsminister, kam zu einem anderen Schluß – allerdings erst viele Jahre später. Nach dem Ende des Kalten Krieges und nachdem er Einsicht in eine Reihe von Dokumenten aus jener Zeit genommen hatte, die von Moskau zugänglich gemacht worden waren, räumte Gates ein, daß die Situation damals »sehr gefährlich« war und die sowjetische Führung 1983 »geglaubt hat, daß ein Angriff der NATO zumindest möglich war«. Der Fehler der US-Nachrichtendienste war laut Gates, das »wahre Ausmaß« der sowjetischen Ängste »nicht erfaßt« zu haben.

Wichtig zum Verständnis der Reaktion der sowjetischen Führung im Rahmen der »Ryan«- bzw. »Able Archer«-Krise ist die Tatsache, daß die Neokonservativen in Washington sich nicht damit begnügten, über den begrenzten Atomkrieg zu reden, sondern sie bereiteten ihn offensichtlich auch systematisch vor. Ab Mitte Februar 1981 begannen sie eine Politik ständiger militärischer Provokationen entlang der sowjetischen Grenzen. Dabei drangen US-Einheiten immer wieder im Rahmen streng geheimer Operationen tief in sowjetische Territorialgewässer und in den sowjetischen Luftraum ein, wie das beim bereits genannten CIA-Historiker Ben Fisher nachzulesen ist.

Insbesondere im schwach verteidigten sowjetischen Norden gab es ständige Vorstöße amerikanischer Bomber, die oft viele

Kilometer in den sowjetischen Luftraum eindrangen, bevor sie abdrehten. Diese Vorstöße sollten nicht nur die Fähigkeiten der sowjetischen Radar- und Luftabwehrsysteme testen, sondern mit Hilfe von Satellitenaufklärung auch die Kommando- und Kommunikationszentren der strategischen Luftverteidigung der Sowjetunion aufspüren, was für die Vorbereitung eines Angriffskrieges von entscheidender Bedeutung war.

[...] Während die DDR-Aufklärung verunglimpft wird, arbeiten die Bundesregierung und ihre Geheimdienste, insbesondere der BND, mit den USA und deren Diensten aufs engste zusammen. [...] Doch im Unterschied zum »demokratischen« BND hat die »unrechtsstaatliche« HVA niemals freundschaftliche und enge Beziehungen zu Geheimdiensten wie der CIA unterhalten, die kein Hehl daraus macht, Menschen zu töten, zu foltern oder in geheime Foltergefängnisse zu entführen. Im Unterschied zum BND hat die HVA z. B. keinen illegalen Waffenhandel betrieben oder gesetzwidrig Plutonium in einer Passagiermaschine nach Deutschland eingeschmuggelt. Im Unterschied zum BND hat die HVA keinem fremden Dienst geholfen, die eigenen entführten und gefolterten Staatsbürger zu verhören.

Im Unterschied zu den bundesdeutschen Geheimdiensten ist alles bekannt, was die HVA je getan hat. Die Akten sind offen. Die HVA hat keine Morde, keine Totschläge, keine anderweitigen Kapitalverbrechen zu verantworten, sie hat weder mit Menschenhändlern, Drogenbaronen noch anderen Schwerkriminellen zusammengearbeitet. Sie hat auch keine Killer- oder Terroristenkommandos ausgebildet.

Weder hauptamtliche und inoffizielle Mitarbeiter noch Kundschafter wurden jemals für derartige Delikte strafrechtlich belangt.

Abkürzungen

AEROFLOT	Russische Luftfahrtunternehmen, früher sowjetische Staats-Airline
AFN	American Forces Network (Radiosender der U.S.-Streitkräfte)
AUA	Austrian Airlines
BDVP	Bezirksdirektion der Deutschen Volkspolizei
BfV	Bundesamt für Verfassungsschutz
BND	Bundesnachrichtendienst
BRD	Bundesrepublik Deutschland
BStU	Der/die Bundesbeauftragte für die Unterlagen der Staatssicherheit der ehem. Deutschen Demokratischen Republik
CDA	Sozialausschüsse der CDU
CDU	Christlich Demokratische Union
CIA	Central Intelligence Agency, Auslandsnachrichtendienst der USA
CSA	Luftfahrtunternehmen der Tschechoslowakei
DEKRA	Deutscher Kraftfahrzeug-Überwachungsverein
DDR	Deutsche Demokratische Republik
DIA	Defense Intelligence Agency, zentraler Geheimdienst des U.S.-Verteidigungsministeriums
ESGO	vormals VEB Elektroschaltgeräte Oppach
FDJ	Freie Deutsche Jugend (DDR)
GRU	Glavnoje Rasvedyvatelnoje Upravlenie, militärischer Auslandsnachrichtendienst der UdSSR/Rußlands
GSSD	Gruppe der sowjetischen Streitkräfte in Deutschland, zeiweilige Benennung der in der DDR stationierten Einheiten. Später hießen sie Westgruppe der sowjetischen Truppen (WGT)
GÜST	Grenzübergangsstelle

HA	Hauptabteilung des MfS
HO	Handelsorganisation, staatliche Handelskette
HUMINT	Human Intelligence
HVA	Hauptverwaltung Aufklärung des MfS, zuständig für Auslandsspionage
IGfM	Internationale Gesellschaft für Menschenrechte
IM	Inoffizieller Mitarbeiter des MfS
INSCOM	Intelligence and Security Command; zentraler Geheimdienst der US-Landstreitkräfte
Intershop	DDR-Einrichtungen für konvertierbare Währungen
JVA	Justizvollzugsanstalt
KGB	Komitet Gossudarstwennoi Besopasnosti (KGB), Komitee für Staatssicherheit der UdSSR
KH-11, KH-12	Keyhole »Big Bird«, US-Spionagesatellit
KP	Kontaktperson, MfS-Kürzel
LPG	Landwirtschaftliche Produktionsgenossenschaft
MAD	Militärischer Abschirmdienst (BRD)
MDR	Mitteldeutscher Rundfunk, ARD-Sendeanstalt
MfS	Ministerium für Staatssicherheit
NATO	North Atlantic Treaty Organization, westliches Verteidigungsbündnis
NVA	Nationale Volksarmee der DDR
OibE	MfS-Offizier im besonderen Einsatz
OSS	Office of Strategic Services; U.S.-Geheimdienst im Zweiten Weltkrieg
OTS	operativ-technische Sicherung des MfS
RSD	Rundspruchdienst der westl. Geheimdienste
PX/AAFES	Postal Exchange/Army and Airforce Exchange Service
SBZ	Sowjetische Besatzungszone
SDI	Strategic Defense Initaitive; ein von US-Präsident Ronald Reagan in den 80er Jahren geplantes satellitengestütztes Raketenabwehrsystem
SED	Sozialistische Einheitspartei Deutschlands
SIGINT	Signal Intelligence; Fernmelde-/elektronische Aufklärung

SPD	Sozialdemokratische Partei Deutschlands
Stasi	umgangssprachliche Bezeichnung für MfS
StG	Strafgesetz
StGB	Strafgesetzbuch
StVE	Strafvollzugseinrichtung
SV	Strafvollzug
SWR	Slushba Vneishnei Rasvedki, ziviler Auslandsnachrichtendienst Rußlands, Nachfolger des KGB
TASD	Tactical Analysis and Security Detachment; Tarnung der agentursteuernden Westberliner Dienstelle von INSCOM
THY	Fluggesellschaft der Türkei
TÜV	Technischer Überwachungsverein
UdSSR	Union der sozialistischen Sowjetrepubliken
UHA	Untersuchungshaftanstalt
U. S.	United States (of America)
USDB/USAREUR	Security Detachment Berlin; ursprüngliche Tarnung der agentursteuernden Westberliner Dienststelle von INSCOM
VP	Deutsche Volkspolizei
WAPA	Warschauer Pakt, östliches Verteidigungsbündnis, auch Warschauer Vertrag
ZDF	Zweites Deutsches Fernsehen

ISBN 978-3-360-01092-6

Umschlaggestaltung: www.buchgestalter.net, unter Verwendung eines Fotos der Glienicker Brücke von Robert Allertz
Fotos Inhalt: Aus dem Privatbesitz der Autoren, ausgenommen die von Robert Allertz auf den Seiten 36, 95, 106, 108, 150, 168, 178, 184, 192 und Gabriele Senft S. 204
Satz: edition ost, Berlin
Druck und Bindung: Druckerei Finidr

Ein Verlagsverzeichnis schicken wir Ihnen gern:
Das Neue Berlin Verlagsgesellschaft mbH
Neue Grünstr. 18, 10179 Berlin
Tel. 01805/30 99 99
(0,14 Euro/Min. aus dem deutschen Festnetz, abweichende Preise für Mobilfunkteilnehmer)

Die Bücher des Verlags Das Neue Berlin und der edition ost erscheinen in der Eulenspiegel Verlagsgruppe.

www.edition-ost.de